CASAL E FAMÍLIA

Permanências e Rupturas

Terezinha Féres-Carneiro
(org.)

CASAL E FAMÍLIA
Permanências e Rupturas

Casa do Psicólogo®

© 2009, 2010 Casapsi Livraria e Editora Ltda.
É proibida a reprodução total ou parcial desta publicação, para qualquer finalidade, sem autorização por escrito dos editores.

1ª Edição
2009

1ª Reimpressão
2010

Editores
Ingo Bernd Güntert e Christiane Gradvohl Colas

Assistente Editorial
Aparecida Ferraz da Silva

Capa
Danilo Pasa

Editoração Eletrônica
Sergio Gzeschnik

Produção Gráfica
Ana Karina Rodrigues Caetano

Preparação de original
Geisa Mathias de Oliveira

Revisão
Flavia Okumura Bortolon

Dados Internacionais de Catalogação na Publicação (CIP)
(Câmara Brasileira do Livro, SP, Brasil)

Casal e família : permanências e rupturas /
Terezinha Féres-Carneiro (org.). -- São Paulo : Casa do Psicólogo®, 2010.

1ª reimpr. da 1. ed. de 2009.
Bibliografia.
ISBN 978-85-7396-639-8

1. Casais - Aspectos psicológicos 2. Família - Aspectos psicológicos 3. Pesquisa psicológica 4. Relações intergeracionais I. Féres-Carneiro, Terezinha.

10-09945   CDD-158.24

Índices para catálogo sistemático:
1. Família e casal : Psicologia aplicada 158.24

Impresso no Brasil / *Printed in Brazil*

Reservados todos os direitos de publicação em língua portuguesa à

Casapsi Livraria e Editora Ltda.
Rua Santo Antônio, 1010
Jardim México • CEP 13253-400
Itatiba/SP – Brasil
Tel. Fax: (11) 4524-6997
www.casadopsicologo.com.br

Sumário

Apresentação 7
Terezinha Féres-Carneiro

1 - Gênero e família na construção de relações democráticas 9
Maria de Fátima Araújo

2 - Transmissão psíquica: uma via de mão dupla? 25
Silvia Maria Abu-Jamra Zornig

3 - Netos criados por avós: motivos e repercussões 41
Cristina Maria de Souza Brito Dias, Ana Gabriela de Souza Aguiar
e Flávia Fernanda Araújo da Hora

4 - Adoção internacional: filiação e processo de luto 59
Lidia Levy

5 - Os filhos da homoparentalidade: elementos para pensar o
processo de subjetivação 71
Maria Consuêlo Passos

6 - Conjugalidades contemporâneas: um estudo sobre os
múltiplos arranjos amorosos da atualidade 83
Terezinha Féres-Carneiro e Cílio Ziviani

7 - Atitudes e expectativas de jovens solteiros frente à família
e ao casamento: duas décadas de estudos 109
Bernardo Jablonski

8 - O casamento contemporâneo em revista 135
Gláucia Diniz

9 - A conjugalidade dos pais percebida pelos filhos: questionário de avaliação.. 157
Cilio Ziviani, Terezinha Féres-Carneiro e Andrea Seixas Magalhães

10 - A promoção da qualidade conjugal como uma estratégia de proteção dos filhos... 169
Adriana Wagner e Clarisse Mosmann

11 - Psicoterapia de casal: uma revisão sobre a eficácia e a eficiência terapêuticas... 181
Orestes Diniz Neto

12 - Conjugalidade e parentalidade na clínica com famílias...... 205
Andrea Seixas Magalhães

13 - De volta ao lar: mulheres que se afastaram de uma carreira profissional para melhor se dedicar aos filhos. Retrocesso ou um "novo" modelo de família?.. 219
Maria Lúcia Rocha-Coutinho

14 - Trabalho de turno de operários metalúrgicos e a dinâmica familiar: quinze anos depois... 237
Isabel Cristina Gomes

15 - Pais e filhos adolescentes construindo sentidos, ideais de trabalho e projetos profissionais... 253
Teresa Cristina Carreteiro

16 - Memória e violência fetal: algumas considerações............. 273
Maria do Carmo Cintra de Almeida Prado

17 - Familiares de idosos com demência moderada e grave: uma proposta de cuidado multidisciplinar no centro de medicina do idoso.. 293
Vera Lucia Decnop Coelho, Maristela Coimbra e Luciana Maria Santos Cesário

Sobre os autores... 311

Apresentação[1]

Desde 1988 os Simpósios da Associação Nacional de Pesquisa e Pós-graduação em Psicologia – ANPEPP ocorrem de dois em dois anos. Neste evento, pesquisadores de diversas universidades brasileiras se reúnem em Grupos de Trabalho temáticos, para discutirem resultados de pesquisas e planejamentos de novas investigações em diferentes subáreas da psicologia.

Este livro divulga as pesquisas discutidas pelos componentes do Grupo de Trabalho "Casal e Família: Estudos Psicossociais e Psicoterapia", que se reuniu no XII Simpósio Brasileiro de Pesquisa e Intercâmbio Científico da ANPEPP, em Natal/Rio Grande do Norte, de 25 a 28 de maio de 2008. Participaram deste Grupo de Trabalho dezoito professores-pesquisadores de doze instituições universitárias: PUC-Rio, UERJ, UFRJ, UFF, UCP, UFGRS, UFMG, UnB, USP, UNESP, UNIMARCO e UNICAP, localizadas em seis estados brasileiros (Rio de Janeiro, São Paulo, Minas Gerais, Rio Grande do Sul, Distrito Federal e Pernambuco).

1 Participaram da organização deste livro os bolsistas de Iniciação Científica: Aline Vieira de Souza (FAPERJ), Adriana Raeder Gabriel (PUC-Rio), Ana Carolina B. de Queiroz Campos (CNPq/PIBIC), Ana Carolina Galano Ferrer (FAPERJ), Carolina Suarez Parada (FAPERJ), Edjane Rocha (CNPq/PIBIC), Jacqueline Victoriense (CNPq/PIBIC), Laura Marques Rizzaro (CNPq), Luciana Janeiro Silva (CNPq/PIBIC), Paula Kraiser Borges (CNPq/PIBIC), Rodrigo Gonçalves Roma (FAPERJ), Vanessa Diniz da Silva (CNPq/PIBIC) e as bolsistas de Apoio Técnico: Mariana Reis Barcellos (FAPERJ) e Vanessa Augusta de Souza (CNPq).

É objetivo do referido Grupo de Trabalho desenvolver estudos sobre casal e família fundamentados, sobretudo, nos enfoques psicossocial e clínico, assim como promover a discussão entre pesquisadores brasileiros nesta área. A partir destas discussões buscou-se articular os diferentes resultados obtidos e planejar iniciativas conjuntas de investigações futuras.

No XII Simpósio discutimos diversas temáticas contemporâneas de grande relevância social, as quais se apresentam aqui nos diferentes capítulos desta coletânea, dentre elas: gênero e família; transmissão psíquica e clínica das relações precoces; netos criados por avós; adoção internacional e processo de luto; filhos da homoparentalidade; conjugalidades contemporâneas; atitudes de jovens solteiros frente ao casamento; casamento contemporâneo em revista; conjugalidade dos pais percebida pelos filhos; qualidade conjugal; eficácia em psicoterapia de casal; conjugalidade e parentalidade na clínica com famílias; o afastamento das mulheres da carreira para dedicarem-se aos filhos; trabalho operário e dinâmica familiar; trabalho e juventude; memória e violência fetal; cuidados com idosos com demência moderada e grave.

Na discussão destes temas ficaram evidentes aspectos relativos às permanências e rupturas que coexistem nas múltiplas configurações conjugais e familiares da contemporaneidade. Tais rupturas e permanências têm-se refletido nas relações de gênero, na subjetivação, na parentalidade, na filiação, no trabalho e na saúde emocional dos sujeitos envolvidos na trama familiar.

Em *Família e casal: permanências e rupturas*, o leitor terá acesso ao debate promovido pelos membros do GT e aos desdobramentos da pesquisa sobre família e casal, onde são contemplados diferentes temas da área estudados no Brasil.

Terezinha Féres-Carneiro
Pontifícia Universidade Católica do Rio de Janeiro

1

Gênero e família na construção de relações democráticas

Maria de Fátima Araújo
Universidade Estadual Paulista

As mudanças contemporâneas da família e das relações de gênero têm sido objeto de inúmeros estudos e reflexões desenvolvidos sob diferentes ângulos e perspectivas analíticas. Este trabalho propõe-se a abordar o tema a partir das perspectivas do igualitarismo e da democracia, ideais e valores que tiveram (e têm) uma influência determinante nas atuais transformações das relações sociais e familiares. Toma como recorte de análise o processo de democratização da família, destacando duas influências igualmente importantes: o papel do feminismo na luta pela igualdade de gênero e a expansão da democracia política.

No Brasil, a mudança da família hierárquica, organizada em torno do poder patriarcal, para uma forma de organização mais democrática e igualitária é relativamente recente. Ela vem acontecendo *pari passu* ao processo de democratização da sociedade e, da mesma forma, também enfrenta muitos desafios e contradições.

Embora a assimilação dos ideais feministas e democráticos não ocorra da mesma maneira nos diferentes segmentos e contextos sociais e culturais, é inegável o seu impacto na busca por relações mais igualitárias nas relações familiares, especialmente na reorganização das relações de poder, no questionamento da dominação masculina, no declínio do poder paterno e na revisão de papéis tradicionalmente atribuídos ao masculino e ao feminino. Nesse processo, as mulheres têm sido as grandes revolucionárias. Com sua inserção no mundo profissional e do trabalho e a conquista de novas posições sociais e econômicas, elas aumentaram o seu poder de negociação e decisão dentro da família. Ao se tonarem co-provedoras, as mulheres passaram não só a compartilhar despesas, mas, também, a exigir dos homens uma divisão mais igualitária das tarefas domésticas e dos cuidados com os filhos (Ruvalcaba, 1996; Goldani, 2002; Oliveira, 2005). É evidente que tais mudanças não acontecem de forma tranqüila e sem resistências. Na realidade, o reordenamento mais igualitário de papéis, posições e relações envolve um enfrentamento diário de conflitos e contradições visíveis na reprodução e cristalização de práticas desiguais, no cotidiano familiar.

Feminismo e democracia

O feminismo teve uma influência fundamental na transformação de valores, crenças, costumes, relações e práticas sociais e familiares, e, também, no processo de redemocratização do país, a partir dos anos 1970. É impossível pensar nas mudanças recentes da sociedade brasileira, nas transformações da família e no trabalho, e em tantas outras instâncias da vida social, sem ter como referência as mulheres e a luta feminista pela igualdade de gênero e reconhecimento. O feminismo é, sem dúvida, uma das importantes dimensões do projeto político mais amplo da democracia e justiça social, no mundo contemporâneo, como ressalta a filósofa norte-americana Nancy Fraser (2002).

Segundo Pinto (2002), a discussão feminista sobre o processo democrático vai além das questões de gênero: parte do princípio de que somente a democracia formal (político-representativa) não é suficiente para acabar com as assimetrias e desigualdades sociais. É preciso uma democracia mais ampla, que atinja as diversas instâncias da vida pública e privada, com a ampliação de direitos civis e da cidadania, incluindo novas demandas, dentre as quais o reconhecimento das diferenças e eqüidades de gênero, classe, raça/etnia, sexualidade etc.

Muitas das reivindicações surgidas no bojo da transição democrática e intensa mobilização social vivida pela sociedade brasileira, nos anos 1970 e 1980, foram incorporadas à Constituição de 1988, que proclamou a vigência do "Estado Democrático de Direito" (Martins, 2005).

Hoje, vinte anos depois, são inegáveis os avanços em termos de democracia política e direitos sociais, apesar das críticas feitas ao regime "liberal-democrático" em vigor no país, conforme Paulo Netto (1990) e Martins (2005). Todavia, o resultado disso, em termos de transformações concretas, ainda é muito pequeno, principalmente no que se refere à redução das desigualdades sociais.

O fortalecimento da democracia política – método democrático com eleições regulares, pluripartidarismo, garantia de direitos constitucionais – não resultou efetivamente no fortalecimento da democracia social. A distinção aqui feita entre essas duas dimensões toma como referência a conceituação de Cerroni (citado por Paulo Netto, 1990). Segundo ele, a *democracia-método* é um conjunto de medidas institucionais que, sob formas diversas, permite, conforme a vigência de garantias individuais, a livre expressão de opiniões políticas e sociais; enquanto a *democracia-condição social* é mais do que um simples conjunto de institutos cívicos, organizados num dado ordenamento político. Ela é um ordenamento societário em que todos, a par da livre expressão de opiniões e opções políticas e sociais, têm iguais chances de intervir, ativa e efetivamente, nas decisões que afetam a gestão da vida social.

Considerada um valor universal, a democracia foi o grande ideal inspirador das Revoluções Francesa e Americana, mas seu desenvolvimento pleno apenas ocorreu no século XX, e sua expansão no mundo só se deu a partir da década de 1970,

11

acentuando-se mais recentemente, com o avanço da comunicação global, como ressalta Giddens (2000). Desde então, ela tem exercido uma influência determinante nas transformações políticas, sociais, culturais, pessoais e familiares de grande parte das sociedades ocidentais.

Para Giddens (2000), de todas as transformações que estão acontecendo no mundo, nenhuma é mais importante do que aquelas que acontecem em nossas vidas pessoais – nos papéis de gênero, na sexualidade, no casamento e na família – influenciadas pelos valores e princípios democráticos. Isso tem provocado uma revolução no modo como pensamos sobre nós mesmos e no modo como estabelecemos laços e ligações com os outros. Porém, é uma revolução que avança de maneira desigual nas diferentes culturas, regiões e segmentos sociais, com resultados imprevisíveis, uma vez que envolve muitas incertezas e problemas.

A incorporação dos princípios democráticos à vida cotidiana, diz Giddens (2000), é tão importante quanto a democracia política e social para o aperfeiçoamento de nossas vidas, pois melhora a qualidade dos relacionamentos conjugais e familiares e demais relações sociais. A igualdade, diz ele, não é apenas um princípio essencial à democracia, ela é relevante para a felicidade e para a realização pessoal.

O processo de democratização das relações tem resultado em profundas transformações na intimidade e nas formas de relacionamento afetivo-sexual. Dentre elas, Giddens (1993; 2000) destaca o surgimento do "relacionamento puro". Construído sobre bases implicitamente democráticas, o "relacionamento puro" tornou-se sinônimo de "bom relacionamento". Caracteriza-se pela valorização do diálogo, do respeito à igualdade de direitos e deveres, do respeito à individualidade e às diferenças e da isenção do poder arbitrário, coerção ou violência.

Fundado sobre novos valores, o "relacionamento puro" confere um novo significado ao casamento e altera as expectativas tradicionalmente a ele atribuídas, em especial a obrigatoriedade de dar origem a uma nova família com filhos. O "relacionamento puro" não visa necessariamente à procriação, nem se pauta pela indissolubilidade do casamento – a relação pode ser desfeita a qualquer momento, quando não for mais gratificante para qualquer uma das partes. O casal (formalmente casado ou não) fundamenta sua união na relação conjugal e não propriamente na família. A noção de conjugalidade é compreendida aqui como relacionamento afetivo-sexual que prima pela qualidade da relação, que tem como fundamento a liberdade, a igualdade, a confiança, a intimidade e a comunicação emocional.

No entanto, reconhece Giddens, a idéia de "relacionamento puro" é uma idéia abstrata; na verdade, é um ideal buscado por todos, mas poucos se aproximam dele. Suas características e qualidades correspondem aos valores e princípios da democracia política, que também são ideais e, com freqüência, distantes da realidade.

Igualdade, liberdade e democracia

O problema da igualdade e da liberdade remete a questões antigas ainda não resolvidas. Marcos da Revolução Francesa, essas históricas bandeiras logo mostraram seu engodo, pela dificuldade de se concretizar.

No mundo industrializado, segundo Feher & Heller (1977), o fantasma do igualitarismo presente em teorias e movimentos sociais libertários, que buscam sustentar uma igualdade social, é uma ilusão. Todos tentam realizá-lo como princípio geral de organização social, mas esbarram em desigualdades concretas impostas pelo imperativo do poder econômico (e de outros, como classe, gênero e raça/etnia). A única igualdade realmente sustentável é a do homem como indivíduo, que se funda no conceito de humanidade, segundo o qual todos os homens são iguais. Essa idéia apareceu primeiro no Cristianismo e foi reforçada pelo Direito Constitucional; o princípio básico que a sustenta é a abstração da pessoa da posição social que ocupa na sociedade.

Embora igualdade e liberdade sejam os princípios básicos da democracia, eles mantêm entre si uma contradição intrínseca. Segundo o filósofo italiano Norberto Bobbio (1988), igualdade e liberdade são valores antitéticos – um não se realiza plenamente sem limitar o outro. Na doutrina liberal, a única forma de igualdade compatível com a liberdade é a igualdade de liberdade. Cada um deve gozar de tanta liberdade quanto compatível com a liberdade dos outros, podendo tudo fazer de forma que não ofenda a liberdade dos outros.

Para Bobbio (apud Benevides, 2004), a idéia de democracia está intrinsecamente relacionada às idéias de cidadania e liberdade. A democracia é o caminho para educar cidadãos para a liberdade. Ela ensina os cidadãos a serem livres e, ao mesmo tempo, coloca os limites dessa liberdade na relação com os outros e no exercício da liberdade com responsabilidade. A liberdade é o valor que define a igualdade social, em que todos os cidadãos podem ter igual participação no poder, nas relações, decisões e execuções.

Trazendo essas reflexões para o âmbito da instituição familiar, pode-se dizer que é a democracia que coloca a possibilidade de reivindicação e concretização de relações mais democráticas e igualitárias no seio da família, em que a busca por igualdade em geral parte das mulheres, segmento mais afetado pelas desigualdades sociais e de gênero.

Família e democracia: dilemas e impasses na construção de relações democráticas

Na sociedade brasileira, o modelo de família hierárquica e autoritária, construído segundo os princípios da ordem patriarcal, predominou até os anos de 1960. A sua transição para uma organização familiar mais igualitária tem início nos anos 1970, sob a influência das mudanças sociais, econômicas e culturais trazidas pelo processo de "modernização conservadora", implementado pelo governo militar, dentre elas, a expansão da industrialização e urbanização, a difusão dos meios de comunicação de massa, da indústria cultural, da indústria de serviços, da inserção da mulher no mercado de trabalho etc. Foi nesse cenário que se gestou o ideal igualitário de liberdade e igualdade, forças propulsoras da ampla mobilização social e política pela retomada da democracia no país.

Inicialmente articulada em torno do movimento pela anistia e eleições diretas, a luta pela democracia ampliou-se para outras instâncias da vida social, com a participação ativa de novos atores sociais – entidades representativas de classe e da sociedade civil, movimentos sociais libertários, como o feminismo, os movimentos negro, *gay*, lésbico – cujas reivindicações tiveram papel relevante na transformação da sociedade.

Contudo, o processo de democratização da família só começa a ganhar corpo, de fato, a partir dos anos 1980. Desde então, tem-se observado uma tendência das famílias, guiadas pelo ideal igualitário, a adotarem valores, discursos e práticas educativas mais democráticas. Essa tendência tem resultado na construção de um novo modelo de família que, em trabalhos anteriores (Araújo, 1993; 1999), chamei de "família democrática", em contraposição à "família igualitária" – termo mais usado na literatura dos anos de 1980 (Figueira, 1985; 1987; Salem, 1989) – por entender que é a democracia que coloca a possibilidade de reivindicação de relações igualitárias. Tal tendência, observada principalmente nos segmentos médios urbanos, é mais visível entre os casais mais jovens, com maior nível de escolaridade e que desenvolvem atividades profissionais mais qualificadas (e remuneradas). Mais afinados com o discurso "psi", eles são, também, os maiores defensores da igualdade de gênero e dos discursos e práticas que valorizam a liberdade, a igualdade e a individualidade.

A "família democrática" pode ser definida como uma forma de organização familiar que busca construir relações mais igualitárias, pautadas no diálogo e no respeito às diferenças e aos direitos e deveres, de modo que as responsabilidades e os papéis sejam divididos de modo mais igualitário e flexível, as decisões sejam tomadas em conjunto, e os conflitos administrados de maneira que cada um possa exercitar seu poder de argumentação, liberdade e individualidade. Nessa configuração familiar, não há supremacia do homem sobre a mulher; o poder e a autoridade são democratizados, podendo ser exercidos por ambos os pais.

Considerando que a família, como instância primária de socialização e subjetivação, tem um papel fundamental na produção e reprodução de valores, comportamentos e práticas que regem a vida social, pode-se dizer, pelo menos teoricamente, que as mudanças na subjetividade decorrentes de uma convivência familiar democrática deveriam resultar na formação de indivíduos mais críticos, independentes e participantes. E, conseqüentemente, na produção de "sujeitos sociais democráticos" (Touraine, 1997), ou seja, cidadãos ativos comprometidos com a construção de uma sociedade mais igualitária e democrática.

Infelizmente, não é o que acontece. Primeiro, porque a chamada "família democrática", assim como o "relacionamento puro", é um ideal difícil de se realizar. Muitos a buscam, mas poucos conseguem se aproximar dela. Segundo, porque a democratização das relações, quando acontece, em geral fica restrita ao âmbito do privado e não se expande para o coletivo. Nas relações sociais e nos espaços públicos, continua prevalecendo a perversa lógica da desigualdade, do individualismo e do desrespeito aos direitos e liberdades individuais, que afeta, principalmente, os segmentos menos favorecidos que sequer têm acesso às conquistas da democracia formal garantidas pela Carta Magna.

E, mesmo no âmbito privado (no interior da família), a incorporação de valores e práticas democráticas enfrenta muitas dificuldades para se concretizar. Dentre elas, gostaria de destacar duas, particularmente importantes, relacionadas com os impasses enfrentados na busca da igualdade de gênero e na adoção de práticas educativas democráticas.

Com relação à igualdade de gênero, não se pode deixar de reconhecer que houve avanços significativos, especialmente em termos de reorganização das relações de poder, redefinição de papéis e igualdade de direitos e deveres – direitos, inclusive, garantidos pela Constituição de 1988. Porém, na prática, a incorporação dessas mudanças é ainda problemática, sobretudo quando envolve a tradicional divisão sexual do trabalho doméstico. Embora trabalhando fora e investindo na carreira profissional tanto quanto os homens, as mulheres continuam sendo as principais "cuidadoras", responsáveis pela educação dos filhos e administração da casa – os homens apenas "ajudam", quando podem ou após muita insistência e negociação por parte delas.

Segundo pesquisa realizada por Bruschini (2007) sobre a distribuição, por sexo, do tempo dedicado às atividades domésticas, apesar de a participação masculina nas tarefas domésticas ter aumentado significativamente nos últimos anos, a divisão ainda é tremendamente desigual. Enquanto as mulheres dedicam uma média de 21,9 horas semanais às atividades domésticas, os homens dedicam apenas 10 horas. E, mesmo assim, eles o fazem de forma bastante seletiva – em geral, desempenham funções específicas de conserto ou manutenção e, eventualmente, colaboram com alguma tarefa doméstica rotineira. Como observou Sorj (2004), em outra pesquisa, os homens em geral preferem atividades interativas, como levar os filhos para passear, auxiliar nas tarefas escolares, fazer as compras ou mesmo realizar atividades culinárias mais sofisticadas, e nunca atividades rotineiras de organização da casa e de limpeza.

A dificuldade em conciliar vida profissional e vida familiar (e doméstica) é uma preocupação que afeta predominantemente as mulheres, principalmente em países onde há carência de políticas públicas de gênero. As mulheres pobres são as mais penalizadas, em especial quando têm filhos pequenos, uma vez que, além de não contarem com aparatos sociais – como creches, escolas em tempo integral etc. – não dispõem de recursos financeiros para delegar a outros (babás e empregados domésticos) as tarefas domésticas e de cuidado dos filhos e da casa, como fazem as mulheres dos segmentos mais favorecidos (Hirata & Kergoat, 2007).

Os conflitos decorrentes da dificuldade de conciliar o trabalho remunerado com o trabalho doméstico e cuidados com filhos deram origem a diferentes soluções, por parte dos governos. Em geral, envolvem políticas públicas voltadas para a concessão de benefícios, como licença-maternidade, flexibilização dos horários de trabalho de mães com filhos pequenos e ampliação de vagas em creches, pré-escolas e escolas em tempo integral. Em alguns países, particularmente no norte da Europa, observa-se o desenvolvimento de políticas públicas preocupadas não somente com a conciliação trabalho e família, mas também em atenuar os efeitos negativos da desigualdade de gênero. Empenhadas em desconstruir o mito de que a mulher é a principal "cuidadora", tais políticas estendem igualmente os benefícios para homens e mulheres. Em outros países, como nos Estados Unidos, o governo desempenha um papel mínimo no suporte às famílias, perpetuando a crença de que o cuidado com a família é um assunto privado e, sobretudo, afeito às mulheres. No Brasil, apesar do reconhecimento dessa problemática, por parte do governo, ela ainda não é uma prioridade das políticas públicas de forma que atinja todas as mulheres. Por exemplo, um benefício básico, como a licença-maternidade, atinge apenas mulheres com vínculo formal de trabalho; as que estão na informalidade e/ou sem garantias contratuais não têm acesso a ele. Além disso, na rede pública, há uma enorme carência de vagas em creches e pré-escolas, e as escolas funcionam predominantemente em tempo parcial. Dados de pesquisa nacional, realizada em 2001 (citada por Sorj, Fontes & Machado, 2007), apontam que, dos domicílios com crianças de 0-6 anos, apenas 39% freqüentavam creches e pré-escolas.

Assim, sem a participação efetiva do Estado no desenvolvimento de políticas públicas de gênero que garantam práticas de conciliação trabalho remunerado e cuidados dos filhos, as famílias procuram soluções de âmbito privado. Entre os arranjos, o modelo dual igualitário – homem e mulher provedores e cuidadores – continua sendo o ideal buscado, mas distante da realidade. O modelo mais comum é o de homem provedor e mulher co-provedora e principal cuidadora. No máximo, quando é possível, a mulher reduz a sua carga horária, no emprego remunerado, o que em geral interfere em sua capacidade produtiva e competitiva no mundo do trabalho.

O segundo aspecto que gostaria de destacar, no processo de democratização da família, relaciona-se com as mudanças nas práticas educativas. Desde os anos 1980, as pesquisas vêm apontando uma tendência e/ou preocupação das famílias de se distanciarem dos modelos educativos coercitivos e autoritários e adotarem estratégias mais democráticas na educação dos filhos e na resolução de conflitos (Nicolaci-da-Costa, 1987; Araújo, 1993; Romanelli, 1995; Zagury, 2000; Wagner, 2005).

Tais mudanças são um avanço, sem dúvida, apesar dos problemas e dilemas enfrentados pelos pais, diante da dificuldade de lidar com os conflitos naturalmente decorrentes da aplicação dos valores e princípios democráticos na educação e na convivência familiar. Ao abandonarem as referências tradicionais, muitos pais sentem-se desorientados e inseguros, especialmente diante de situações de conflito, que exigem autoridade e imposição de limites aos filhos, e, freqüentemente, oscilam entre atitudes autoritárias e extremamente permissivas. Preocupados em serem democráticos, muitas vezes, confundem afetividade com aprovação incondicional e esquecem que ser afetivo e amoroso com os filhos não significa ausência de autoridade. Esquecem, também, que qualquer pai, mãe ou adulto responsável pela educação de uma criança, pela posição geracional que ocupa, tem a obrigação de exercer sua autoridade parental e impor limites, sempre que necessário. A recusa em fazê-lo, como alerta Kehl (2008), pode deixar os filhos em estado de abandono e desamparo, não por falta de amor, mas por falta de uma autoridade responsável, que dê sustentação aos seus impulsos, fragilidade e onipotência infantil.

Portanto, a adoção de práticas educativas democráticas não implica o abandono da autoridade e muito menos a ausência de conflitos. Ao contrário, envolve um enfrentamento constante de conflitos, com muito diálogo, negociação e respeito às liberdades e individualidades. A democracia, como se sabe, é uma forma política não só aberta aos conflitos, mas essencialmente definida pela capacidade de conviver com eles e de acolhê-los. Supõe a convivência constante com as diferenças e divergências de opiniões. Como lembra Chauí (1980), o desejo de unidade é o maior engano que nos afasta da democracia. Pode-se dizer que, hoje, a incorporação dos princípios e valores democráticos à convivência familiar cotidiana – nas relações entre os casais, entre pais e filhos e nas práticas educativas – é um dos maiores desafios das famílias. Esse desafio é maior ainda se levarmos em conta o papel da família na educação para a democracia e para a cidadania. É verdade que hoje, diante da complexidade dos processos de socialização e subjetivação, a influência da família é realmente menor, não apenas pela dificuldade de exercer seus papéis, mas, principalmente, porque ela é atravessada por outras instâncias igualmente produtoras de valores e referências culturais – a mídia é a principal delas (Setton, 2002). Todavia, é exatamente por isso que a família (assim como a escola), mais do que nunca, precisa assumir a responsabilidade por uma formação democrática, posto que a democracia é uma estratégia política fundamental para a transformação da sociedade.

Referências bibliográficas

ARAÚJO, M. F. *Família igualitária ou democrática?* As transformações atuais da família no Brasil. Dissertação de Mestrado – Programa de Pós-graduação em Psicologia Clínica, PUC/SP, 1993.

ARAÚJO, M. F. Família democrática: uma nova tendência? *Vertentes*, v. 5, p. 31-37, 1999.

BENEVIDES, M. V. Educação para a democracia. *Revista Cultura e Política*, 2004, n. 38, p. 223-237,

BOBBIO, N. *Liberalismo e democracia*. São Paulo: Brasiliense, 1988.

BRUSCHINI, M. C. A. Trabalho e gênero no Brasil nos últimos dez anos. *Cadernos de Pesquisa*, 2007, v. 37, n. 132, p. 537-572.

CHAUÍ, M. A questão democrática. In: *Cultura e Democracia. O discurso competente e outras falas*. São Paulo: Moderna, 1980.

FEHER, F. & HELLER, A. Forms of equality. *Telos*, 1977, n. 32, p. 21-78.

FIGUEIRA, S. A. Modernização da família e desorientação: uma das raízes do psicologismo no Brasil. In: FIGUEIRA, S. A. (Org.). *Cultura da psicanálise*. São Paulo: Brasiliense, 1985.

_____. O moderno e o arcaico na nova família brasileira: notas sobre a dimensão invisível na mudança social. In: FIGUEIRA, S. A. (Org.). *Uma nova família?* O moderno e o arcaico na família de classe média brasileira. Rio de Janeiro: Jorge Zahar, 1987.

FRASER, N. Políticas feministas na era do reconhecimento: uma abordagem bidimensional da justiça de gênero. In: BRUSCHINI, C. & UNBEHAUM, S. G. (Orgs.). *Gênero, democracia e sociedade brasileira*. São Paulo: Editora 34, 2002.

GIDDENS, A. *A transformação da intimidade*. Sexualidade, amor e erotismo nas sociedades modernas. São Paulo: Editora Unesp, 1993.

_____. A. *Mundo em descontrole*. Rio de Janeiro: Record, 2000.

GOLDANI, A. M. Família, gênero e políticas: famílias brasileiras nos anos 90 e seus desafios como fator de proteção social. *Revista Brasileira de Estudos da População*, 2002, v. 19, n. 1, p. 29-48.

HIRATA, H.; KERGOAT, D. Novas configurações da divisão sexual do trabalho. *Cadernos de Pesquisa*, 2007, v. 37, n. 132, p. 595-609.

KEHL, M. R. Em defesa da família tentacular. In: *Artigos e Ensaios*, 2008. Disponível em: http://mariaritakehl.psc.br. Acesso em: 15 ago. 2008.

MARTINS, C. E. Vinte anos de democracia? *Lua Nova*, 2005, n. 64, p. 1-26.

NICOLACI-DA-COSTA, A. M. Família e pedagogia: nostalgia do tradicional ou carência do novo? In: FIGUEIRA, S. A. (Org.). *Uma nova família?* O moderno e o arcaico na família de classe média brasileira. Rio de Janeiro: Jorge Zahar, 1987. p. 31-42.

OLIVEIRA, Z. L. C. A provisão da família: redefinição ou manutenção de papéis? In: ARAÚJO, C. & SCALON, C. (Orgs.). *Gênero, família e trabalho no Brasil*. Rio de Janeiro: Editora FGV, 2005.

PAULO NETTO, J. *Democracia e transição socialista*. Belo Horizonte: Oficina de Livros, 1990.

PINTO, C. Teoria política feminista, desigualdade social e democracia no Brasil. In: BRUSCHINI, C. & UNEBEHAUM, S. G. (Orgs.). *Gênero, democracia e sociedade brasileira*. São Paulo: Editora 34, 2002.

ROMANELLI, G. Autoridade e poder na família. In: CARVALHO, M. C. (Org.). *A família contemporânea em debate*. São Paulo: Editora Cortez, 1995, p. 73-88.

RUVALCABA, R. M. Hogares com primacía de ingreso femenino. In: *Hogares, famílias:* Desigualdade, conflito, redes solidárias e parentales. México: Somede, 1996.

SALEM, T. O casal igualitário. *Revista Brasileira de Ciências Sociais*, 1989, v. 9, n. 3, p. 24-37.

SETTON, M. G. J. Família, escola e mídia: um campo de novas configurações. *Educação e Pesquisa*, São Paulo, 2002, v. 28, n. 1, p. 107-116.

SORJ, B. Trabalho remunerado e trabalho não-remunerado. In: OLIVEIRA, S.; RECAMÁN, M.; VENTURI, G. (Orgs.). *A mulher brasileira nos espaços público e privado*. São Paulo: Editora Fundação Perseu Abramo, 2004.

_____. FONTES, A.; MACHADO, D. C. As políticas e as práticas de conciliação entre família e trabalho no Brasil. *Cadernos de Pesquisa*, v. 37, 2007, n. 132, p. 573-594.

TOURAINE, A. *Igualdade e diversidade*. O sujeito democrático. Bauru: Editora Edusc, 1997.

WAGNER, A. Família e educação: aspectos relativos a diferentes gerações. In: FÉRES-CARNEIRO, T. (Org.). *Família e casal*: efeitos da contemporaneidade. Rio de Janeiro: Editora PUC-Rio, 2005, p. 33-49.

ZAGURY, T. *Sem padecer no paraíso*: em defesa dos pais ou sobre a tirania dos filhos. Rio de Janeiro: Record, 2000.

2

Transmissão psíquica: uma via de mão dupla?

Silvia Maria Abu-Jamra Zornig
Pontifícia Universidade Católica do Rio de Janeiro

Introdução

A prática psicanalítica com crianças aponta para uma especificidade que não se deve ao fato de estarem em processo de desenvolvimento, mas, sim, à articulação estrutural entre o sintoma da criança e o discurso e desejo parental. Em uma pesquisa anterior (Zornig, 2008), argumentamos que é possível fazer operar uma clínica do sujeito sem desconsiderar o enlace fundamental entre a criança e o adulto, indicando como o narcisismo e o investimento dos pais têm uma função determinante na construção da subjetividade da criança.

Neste texto pretendemos avançar nessa discussão, analisando não só a vertente estrutural da transmissão psíquica, mas também a modificação produzida no psiquismo parental pelo nascimento de um filho.

Nas últimas décadas, a assistência oferecida aos recém-nascidos teve uma evolução tecnológica sem precedentes. A modificação nas condutas clínicas, o surgimento de procedimentos importantes, como as cirurgias, as anestesias e a prevenção de defeitos congênitos permitem a sobrevivência de bebês prematuros. O índice de mortalidade foi drasticamente reduzido pelo surgimento de monitores precisos, respiradores eficientes, incubadoras sofisticadas, coincidindo com o aparecimento de drogas importantes. A introdução da ultra-sonografia nos exames pré-natal deu uma consistência real e concreta ao feto, antecipando sua dimensão subjetiva e permitindo pesquisas sobre a vida intra-uterina e sobre as origens do psiquismo.

No âmbito da pesquisa psicanalítica e psicológica, autores como Brazelton (1988) e Bowlby (1969; 1973), entre outros, demonstraram que o estabelecimento de vínculos iniciais seguros é fundamental para o desenvolvimento do bebê, sendo crucial para sua sobrevivência física e psíquica. Neste contexto, a obra de Donald W. Winnicott sobre as relações precoces e as pesquisas desenvolvidas por Daniel Stern sobre as competências e as capacidades dos bebês atestam a importância das relações estabelecidas na primeira infância e, até mesmo, antes do nascimento do bebê. Logicamente é impossível chegar ao ponto zero, à origem propriamente dita, mas a importância de tais pesquisas é nos ajudar a refletir sobre as inscrições precoces, sobre a dimensão da transmissão, sobre o que se transmite.

Os efeitos desta busca das origens se refletem na clínica por meio do surgimento de modalidades terapêuticas com bebês, que partem do pressuposto de que as vicissitudes na relação mãe-bebê se relacionam às psicopatologias precoces e à etiologia de distúrbios graves, como a psicose e o autismo. A partir desta perspectiva, torna-se importante pesquisar a questão da transmissão psíquica como estrutural, enquanto possibilidade simbólica de atribuir um determinado lugar ao filho, mesmo antes de seu nascimento, assim como ressaltar como o nascimento e a presença real do bebê podem modificar os fantasmas dos pais sobre a parentalidade.

Transmissão psíquica e filiação

Bernard Golse (2003), psicanalista e psiquiatra infantil de origem francesa, faz uma distinção importante entre transmissão transgeracional e transmissão intergeracional. Segundo o autor, a transmissão transgeracional é a que se realiza num sentido descendente, entre gerações que muitas vezes não se encontram em contato direto (avós e bebês ou bisavós e tataravôs sujeitos de uma dada geração). Esta transmissão se passa entre indivíduos não-contemporâneos, mas ligados por uma corrente de palavras, por efeito do discurso.

O termo transmissão intergeracional refere-se aos fenômenos de transmissão entre duas gerações de contato, em relação direta, funcionando nos dois sentidos – dos pais para o filho, mas também da transmissão do filho em direção aos pais. Esta dupla possibilidade tem sido trabalhada dentro do campo das intervenções precoces, que se dirigem a um tipo de relação e não a um indivíduo, e partem do pressuposto de que o nascimento de um bebê provoca uma neoformação psíquica nos pais. A inclusão do bebê na organização psíquica da mãe é o elemento capital na criação desta neoformação. Assim sendo, as intervenções precoces se dirigem ao *enfans* (aquele que não utiliza a palavra como seu instrumento principal de comunicação e representação), em um momento de vida em que a dependência do Outro materno é predominante, sendo impossível atender o bebê sem atender a mãe ou os pais.

A obra de Winnicott é amplamente conhecida; baseia-se na relação precoce mãe-bebê, na qual o psiquismo do bebê se estabelece a partir dos cuidados maternos e do espaço transicional que faz parte desta relação. Utilizando-se do conceito de "preocupação materna primária", o autor descreve um estado de sensibilidade exacerbada da mãe em relação ao seu bebê, que possibilita o vínculo inicial e a identificação materna às necessidades físicas e psíquicas do recém-nascido. Esta "loucura" temporária da mãe é fundamental para o estabelecimento do vínculo inicial, apesar de algumas mulheres não conseguirem ocupar este lugar, procurando compensar, mais tarde, o que não pôde ser feito inicialmente.

A noção de preocupação materna primária é ampliada por Daniel Stern (1997), que a inclui na constelação da maternidade, organização psíquica temporária que determina uma nova série de tendências de ação, sensibilidades, fantasias, medos e desejos. Segundo o autor, durante o primeiro ano de vida do bebê, a constelação da maternidade torna-se o eixo organizador dominante da vida psíquica da mãe, deixando em segundo plano o complexo edípico (enquanto eixo organizador nuclear). Ou seja, a tríade edípica mãe, mãe-da-mãe, pai-da-mãe e sua reedição mãe-pai-bebê saem de cena para dar lugar a uma nova tríade psíquica: mãe-da-mãe, mãe-bebê.

O autor relaciona a constelação da maternidade a três preocupações e discursos diferentes, mas relacionados, que acontecem interna e externamente: o discurso da mãe com sua própria mãe, especialmente com a mãe de sua infância; seu discurso com ela mesma, especialmente com ela mesma como mãe; e seu discurso com o bebê. Essa trilogia da maternidade passa a ser sua maior preocupação, requerendo um profundo realinhamento de seus interesses e desejos.

Neste contexto o pai surge como um elemento fundamental de sustentação à função materna, colocando-se como um pára-choque físico e psicológico que permite à mãe se despir de um fazer fálico para concentrar-se fundamentalmente em seu bebê. No texto "Contribuição da mãe para a sociedade", Winnicott afirma:

> Todos nós devemos juntar forças que capacitem o início e o desenvolvimento natural da relação emocional entre a mãe e seu bebê. Esse trabalho coletivo é uma extensão do trabalho do pai, desde o início, quando a mãe está carregando, sustentando e amamentando seu bebê; no período anterior ao qual o bebê vai poder usar o pai de outras maneiras (1999, p. 122).

Winnicott e Stern apontam para a dimensão intergeracional da transmissão psíquica ao indicarem como o nascimento de um bebê traz consigo um contexto evocativo para os pais, reativando suas representações mentais. Stern salienta que a experiência de evocar acontece no presente e não no passado e, neste sentido, as interações cotidianas com o bebê constituem o contexto evocativo presente. Os atos diários de maternagem propiciam não só uma interação presente, mas se constituem como episódios de memórias do período de bebê da mãe e, ao mesmo tempo, da maternagem que ela recebeu da própria mãe. O que transforma o contexto presente no gatilho dessas recordações é que ambos consistem nas experiências dos dois lados da interação – da mãe e do bebê – através de uma geração.

O autor dá exemplos desses episódios de memória por meio da narrativa de mães que, ao interagirem com seus filhos, subitamente começam a brincar com eles da mesma maneira que sua mãe brincou com elas no passado, sem saberem por que a memória surgiu naquele momento. Neste sentido, como indica Golse (2003), a transmissão não passa somente pela linguagem, mas por uma série de mecanismos comportamentais interativos, tais como os que estão em jogo nos processos de sintonia afetiva.

A noção de "sintonia afetiva" desenvolvida por Daniel Stern (1982) refere-se a uma troca intersubjetiva em relação ao afeto, na qual o progenitor deve ser capaz de ler o estado de sentimento do bebê a partir de seu comportamento manifesto, realizar algum comportamento que não seja uma imitação do comportamento do bebê, mas que corresponda a este comportamento, e o bebê deve ser capaz de ler essa resposta parental correspondente relacionada à sua experiência de sentimento original e não apenas como imitação. Como a possibilidade de interagir afetivamente com o bebê depende da escolha (muitas vezes inconsciente) dos pais em selecionar e interpretar uma gama variada de afetos apresentados por ele, as sintonias se tornam um dos principais veículos para a influência das fantasias dos pais em relação a seus bebês. Como enfatiza Stern (1982), "através do uso seletivo da sintonia, a responsividade intersubjetiva dos pais age como um modelo para formar e criar experiências intrapsíquicas correspondentes na criança" (p. 186).

Assim sendo, apesar da sintonia afetiva se aproximar da função de um espelhar parental – ponto de ancoragem simbólica para o bebê –, a escolha seletiva dos pais poderá excluir do

29

compartilhar intersubjetivo algumas experiências fundamentais para a construção do senso de identidade. Nesta perspectiva, as fantasias parentais sobre o bebê (bebê fantasmático), incluindo seus medos, sonhos, lembranças da própria infância, modelos de pais, ou seja, o mundo mental de suas representações assume o estatuto de uma ancoragem fundamental à construção do senso de *self* do sujeito. Da mesma forma, como ilustrou magistralmente Selma Fraiberg (1975), as fantasias maternas podem aparecer como "fantasmas que rondam o quarto do bebê", contribuindo para distúrbios no relacionamento pais-bebê e na formação de sintomas na primeira infância.

A construção da parentalidade

"A pré-história da criança trata da história do homem, da mulher e do casal que eles formam, desde seu encontro até o projeto comum, ou não, de gravidez" (Szejer, 2002, p. 188).

Esta citação de Szejer, psiquiatra infantil e psicanalista, assinala o longo percurso relativo à construção da parentalidade, na qual se tornar pai e mãe implica em uma neoformação psíquica, decorrente do encontro do casal, da posição ocupada por cada um deles em sua linhagem familiar, do projeto de gravidez, de um banho afetivo de linguagem (Dolto, 1984) de onde a criança surgirá. Este banho de linguagem refere-se a um discurso dentro do qual o bebê terá um lugar, uma pré-história que lhe servirá de ancoragem para poder, mais tarde, contar, narrar sua própria história. Podemos dizer que a pré-história da criança se inicia na história individual de cada um dos pais, em que o desejo de ter um filho reatualiza as fantasias de sua própria infância e do tipo de cuidado parental que puderam ter. Como indica Stern, as representações parentais sobre o bebê iniciam-se muito antes de seu nascimento, e se pensarmos nas brincadeiras de boneca ou nas fantasias das adolescentes, as representações maternas podem anteceder longamente a concepção.

A obra freudiana é extremamente fecunda e sua teorização sobre o complexo de Édipo e sobre o narcisismo indica como a prática analítica é movida pelo fator infantil que permanece no adulto. Em 1914, no texto sobre o narcisismo, Freud sugere que o amor parental nada mais é do que um retorno e reprodução do narcisismo dos pais que colocam o filho no lugar de "Sua Majestade, o Bebê". Em "Dissolução do Complexo de Édipo" (1924) aponta como a posição ocupada pela criança a partir do Édipo determina e influencia a concepção de seu lugar futuro como pai e mãe.

Monique Bydlowski (1989), psicanalista e psiquiatra francesa, introduz uma noção interessante para refletirmos sobre a questão da parentalidade ao diferenciar "desejo de gravidez" e "desejo de ter um filho". Segundo a autora, a gravidez pode ser um objetivo em si mesmo, não havendo outro projeto além o de experimentar o sentimento de potência, de plenitude, relacionado à gestação. Como exemplo, podemos pensar nas mulheres que se submetem a tratamentos de reprodução assistida, em que o desejo de ficar grávida aparece em primeiro plano, até pela dificuldade relacionada a tal processo. Tais mulheres, quando iniciam um atendimento psicoterapêutico, se surpreendem ao serem questionadas quanto ao seu desejo de ter um filho como um ser separado de si, já que seu investimento se encontra direcionado ao processo da gestação em primeiro plano. Na gestação de risco podemos observar o mesmo processo, ou seja, as dificuldades inerentes ao processo de gravidez podem colocar em segundo plano a possibilidade da mãe de investir narcisicamente em seu bebê, fazendo com que as representações negativas venham à tona e dificultem a transposição da gravidez penosa e difícil para o desejo de ter um filho.

Retomando a argumentação de Bydlowski, o desejo de ter um filho pode ter dois significados: um consciente de ser mãe, ligado à perpetuação da espécie, e outro inconsciente relacionado à elaboração da feminilidade, às representações da maternidade, ao lugar designado ao filho no inconsciente dos pais. A gravidez, por ser um momento de permeabilidade entre as representações

31

conscientes e inconscientes, permitiria uma investigação maior sobre as significações inconscientes do desejo de ter um filho.

Bernard Golse (2002) propõe quatro tipos de representações parentais sobre o bebê: a criança fantasmática, relacionada à criança que os pais separadamente têm em mente a partir de sua própria história; a criança imaginária como uma representação menos inconsciente que pertence ao casal, como traços imaginados, sexo etc.; a criança narcísica ligada à representação de seus ideais, de como o filho irá sucedê-los; e a criança mítica ou cultural, que se refere a um grupo de representações coletivas de uma determinada sociedade em um determinado momento.

Essas representações influenciam os diferentes tipos de interação que ocorrem entre o bebê e seus cuidadores, podendo possibilitar a instauração de vínculos afetivos seguros ou dificultar seu processo. Por exemplo, se ocorre o nascimento de um bebê após a morte de outro, as representações e os medos relativos à morte podem contaminar a relação com o novo bebê. Da mesma forma, as representações mentais que fazemos sobre os homens e as mulheres irão influenciar o tipo e o estilo interativo que teremos com nossos filhos, para procurar com que se pareçam ou se distanciem destas representações. Ou seja, o nascimento de um filho provoca uma reorganização das identificações familiares, uma reativação dos fantasmas infantis dos pais (fantasmas que rondam o berço, como indicou S. Fraiberg), fazendo com que o investimento dos adultos cuidadores do bebê seja marcado pela ambivalência, já que cuidar de um bebê real implica em trazer à tona o bebê que outrora fomos.

Os afetos ambivalentes marcam a relação entre os pais e o bebê, pois ao mesmo tempo em que o nascimento de um filho traz consigo expectativas de que o bebê possa reparar falhas da história parental e consiga ir além dos pais, provoca também uma ruptura no equilíbrio do casal, fazendo com que os fantasmas edípicos sejam reativados. Assim, é comum que o pai se sinta excluído da díade mãe-bebê e vivencie o bebê como um rival, reativando sua própria vivência infantil de se sentir excluído da relação dos pais; ou que a mãe se sinta inadequada na função materna por não conseguir abrir mão de um modelo de maternagem idealizado.

Winnicott, no texto "O ódio na contratransferência" (1947/1978), indica que a mãe não só ama como odeia seu bebê desde o início, justamente por ter de aceitar seu "amor cruel" sem retaliação, tendo de sustentar a função de *holding* sem reciprocidade. O luto pela não-correspondência entre o bebê imaginado e o bebê real é muito difícil, pois o nascimento confronta os pais com a dura tarefa de, ao mesmo tempo, investir seu bebê com suas representações narcísicas e fantasmáticas e de reconhecer sua alteridade como alguém separado deles, que eles precisam conhecer, respeitar e aceitar em sua individualidade.

Neste sentido, o nascimento de um filho implica em uma dupla dimensão: para que um bebê sobreviva física e psiquicamente é necessário inscrevê-lo em uma história familiar e transgeracional. No entanto, a dimensão ascendente da transmissão (filhos-pais) é igualmente fundamental, pois só o reconhecimento do filho em sua diferença permite aos pais construir uma relação com a marca do novo e da criatividade, indo além de uma repetição do passado e permitindo que o bebê se aproprie das marcas e inscrições de sua história relacional inicial.

Monique Bydlowski (2002) sugere o conceito de "transparência psíquica" para descrever um estado particular do psiquismo na gravidez, um estado de transparência em que "os fragmentos de pré-consciente e do inconsciente chegam facilmente à consciência" (p. 203). Este estado de transparência psíquica se estabelece porque, na gravidez, o equilíbrio psíquico encontra-se abalado pelo duplo *status* do bebê: ela está presente no interior do corpo da mãe e em suas representações mentais, mas está ausente da realidade visível. Ou seja, a criança só pode ser representada por elementos do passado. A gestante faz uma ponte entre a situação da gravidez atual e lembranças de seu passado, diminuindo seu investimento no mundo exterior e permitindo que reminiscências antigas e fantasmas geralmente esquecidos surjam à tona sem serem barrados pela censura.

Neste contexto, as consultas terapêuticas são fundamentais, pois permitem à gestante expressar suas fantasias e afetos (muitas vezes dolorosos), num momento de vida em que a família e o médico dedicam suas atenções ao futuro bebê. Angústias primitivas (anteriores à linguagem), insegurança, depressões podem surgir e se não foram trabalhadas, podem ser projetadas sobre o bebê nas interações precoces ou serem vivenciadas como um medo de desmoronamento psíquico se a gravidez seguir seu curso.

Em gestações de risco, o equilíbrio narcísico da mãe torna-se ainda mais precário, pois sua confiança é abalada pelas dificuldades impostas pelo processo de gestação. Assim, os medos, as angústias e os fantasmas do passado podem retornar de forma avassaladora, causando intensa preocupação e agravando o quadro clínico gestacional. Bydlowski ressalta que a gravidez é um "momento privilegiado durante o qual, graças à transparência psíquica, uma aliança terapêutica pode estabelecer-se com o narcisismo materno" (p. 211). Através do acompanhamento psicoterapêutico e da troca entre gestante-terapeuta, as lembranças patogênicas perderão sua carga afetiva e a grávida poderá ter maior disponibilidade em relação ao seu recém-nascido.

Golse & Bydlowski (2002) postulam que a maternidade introduz uma dialética entre o bebê interno e o bebê enquanto objeto externo, ou seja, entre o bebê que a mãe foi ou que acredita ter sido e seu bebê de carne e osso. Essa passagem testemunha o trabalho psíquico efetuado pela mãe, que se inicia na gravidez com uma reativação do objeto interno (metáfora de seu passado, de sua infância) para o gradual reconhecimento do bebê como alteridade, tendo uma dimensão subjetiva que vai além das representações parentais. Logicamente esta passagem não ocorre abruptamente, mas decorre da possibilidade de um desinvestimento progressivo do objeto interno em benefício do bebê, externo à mãe. Nem sempre esse processo coincide com o nascimento do bebê, sendo comum algumas mães tentarem reter o objeto interno perdido, tendo dificuldade em olhar para seu bebê.

A função paterna pode ser repensada na dinâmica da relação entre objeto interno/objeto externo, como possibilitando a externalização do objeto (bebê) ao direcionar o olhar da mãe para um terceiro termo. Neste sentido, se a maternidade pode ser uma solução para a castração por seu estatuto ilusório de completude narcísica, a função paterna confronta a mulher com seu estatuto de sujeito desejante, ao indicar um espaço que se coloca entre a mãe e o bebê. A angústia provocada pelo nascimento de um filho atesta para esta dupla inserção do bebê – enquanto produto e enquanto alteridade – e é justamente esta tensão entre ausência e presença, entre dentro e fora, que permite ao bebê aceder ao processo de subjetivação.

O pai, enquanto função, possibilita ao bebê aceder ao simbólico e, posteriormente, narrar sua própria história. Assim, existe uma diferença entre a função paterna que sustenta a relação mãe-bebê e o pai do complexo de Édipo que limita, interdita e permite que a criança se descole da relação dual e "fusional" com a mãe, para, a partir da operação edípica, expandir seu universo subjetivo e suas relações objetais.

Conclusão

Lebovici (1987), ao ressaltar que o objeto é investido antes de ser percebido, indica que o psiquismo se constitui através de sensações e inscrições corporais e relacionais antes da percepção de um eu auto-reflexivo e diferenciado de seu entorno. Ou seja, é necessário um *holding* materno que funcione inicialmente como um continente para possibilitar a atividade de pensar, que transforma o continente em conteúdo. Em outras palavras, é preciso uma experiência de sustentação materna para que a criança possa internalizar a mãe e se 'automaternar'.

O trabalho magistral de Aulagnier (1979) permite-nos articular melhor a relação entre a função materna e a constituição do sujeito, por meio da noção de violência primária e de representação pictográfica, representação postulada por ela em um sentido mais amplo, já que é primordialmente uma atividade de metabolização.

Para a autora, o espaço psíquico do bebê é constituído a partir da violência primária e necessária da mãe sobre o infante. "O fenômeno da violência, tal como o entendemos, refere-se essencialmente à diferença que separa o espaço psíquico da mãe, onde já houve a ação da repressão e a organização própria do infans" (p. 36). Assim sendo, o termo de "violência primária" designa o discurso materno que vem do exterior e se impõe sobre o psiquismo em constituição do *infans* como necessário.

A mãe aparece como um 'Eu falando' ou 'Eu falo', que faz do infans o destinatário de um discurso, quando ele é ainda incapaz de apreender sua significação e quando todo 'escutado' só pode ser metabolizado num material homogêneo à estrutura pictográfica" (p. 35).

Nesta concepção, o pictograma ou representação pictográfica refere-se a uma atividade de representação originária definida como o equivalente psíquico do trabalho de metabolização orgânico, através da qual um elemento heterogêneo pode ser transformado num material homogêneo. Esta noção é extremamente instigante por apontar dois eixos fundamentais na constituição do sujeito: 1) a noção da atividade de representação enquanto engendrada pela sensorialidade e correlativa às vivências sensoriais do infante e 2) a necessidade de uma antecipação narrativa da mãe para sustentar a amarração entre a psique e o corpo.

Assim, se a atividade inaugural da psique se apresenta como uma representação pictográfica, como uma figuração de toda experiência sensorial, é preciso ressaltar que não é possível separar a vivência corporal da vivência afetiva, já que a experiência sensorial do bebê inclui os efeitos de sua relação com o objeto.

A violência primária do discurso materno que investe pulsionalmente o infante dá sentido às vivências sensoriais do bebê, colocando-as dentro de um campo representativo e relacional.

A violência está no âmbito do inconsciente materno, já que o bebê antecipado por ela é colorido por sua própria infância, por suas relações objetais precoces, por sua relação com o pai da criança, pelas vicissitudes edípicas de sua sexualidade feminina. No entanto, quando postulamos a concepção de transmissão psíquica como uma via de mão dupla, pretendemos ressaltar a dimensão dialética da transmissão, ou seja, não só a importância fundamental da antecipação parental sobre o sujeito em constituição, como a força da presença do bebê real enquanto catalisador da transformação dos fantasmas parentais em uma parentalidade que reconhece a dimensão de alteridade do filho.

Se podemos aproximar a noção de transmissão psíquica da concepção de violência primária proposta por Aulagnier como necessária e estruturante para a constituição do sujeito, advogamos, no entanto, que a influência da presença do bebê real sobre a construção da parentalidade é fundamental por permitir aos pais uma retificação de sua própria infância, e ao bebê a possibilidade de passar da repetição dos fantasmas parentais à de se inventar como sujeito.

Referências bibliográficas

AULAGNIER, P. *A violência da interpretação*: Do pictograma ao enunciado. Rio de Janeiro: Imago, 1979.

BOWLBY, J. *Attachment and loss*. New York: Basic Books, v. 1, 1969.

_____. *Attachment and loss*. New York: Basic Books, Vol. 2, 1973.

BRAZELTON, T. *Narcisismo*: Uma introdução, v. XI, 1914.

_____. *Dissolução do complexo de Édipo*, v. XIX, 1923.

_____. *O desenvolvimento do apego*. Porto Alegre: Artes Médicas, 1988.

BYDLOWSKI, M. Désir d'enfant, désir de grossesse, évolution des pratiques de procréation. In: LEBOVICI, S e WEIL-HALPERN, F. *Psychopathologie du bébé*. Paris: PUF, 1989.

_____. O olhar interior da mulher grávida: transparência psíquica e representação do objeto interno. In: CORRÊA FILHO, L.; CORRÊA GIRADE, M. H.; FRANÇA, P. (Orgs.). *Novos olhares sobre a gestação e a criança até 3 anos*: Saúde perinatal, educação e desenvolvimento do bebê. Brasília: L.G.E. Editora, 2002.

DOLTO, F. *L'image inconsciente du corps*. Paris: Ed. Le Seuil, 1984.

FRAIBERG, S.; ADELSON, E.; SHAPIRO, V. Ghosts in the nursery: a psychoanalytic approach to the problems of impaired infant-mother relationships. *Journal of the american academy of child psychiatry*, 1975, n. 14.

FREUD, S. (1914). Narcisismo: uma introdução. In: *Obras Completas, Edição Standard Brasileira*, Vol. XI. Rio de Janeiro: Imago, 1976.

_____. (1924/1923). Dissolução do Complexo de Édipo. In: *Obras Completas, Edição Standard Brasileira*, Vol. XIX. Rio de Janeiro: Imago, 1976.

GOLSE, B. Depressão do bebê, depressão da mãe. In: CORRÊA FILHO (Org.). *Novos olhares sobre a gestação e a criança até os 3 anos*. Brasília: L.G.E. Editora, 2002.

_____. *Sobre a psicoterapia pais/bebê*: Narratividade, filiação e transmissão. São Paulo: Casa do Psicólogo, 2003.

_____.; BYDLOWSKI, M. Da transparência psíquica à preocupação materna primária: uma via de objetalização. In: CORRÊA FILHO, L.; CORRÊA GIRADE, M. H.; FRANÇA, P. (Orgs.). *Novos olhares sobre a gestação e a criança até 3 anos*: saúde perinatal, educação e desenvolvimento do bebê. Brasília: L.G.E. Editora, 2002.

LEBOVICI, S. *O bebê, a mãe e o psicanalista*. Porto Alegre: Artes Médicas, 1987.

STERN, D. *A Constelação da maternidade*. Porto Alegre: Artes Médicas, 1997.

_____. *O mundo interpessoal do bebê*. Porto Alegre: Artes Médicas, 1982.

SZEJER, M. Uma abordagem psicanalítica da gravidez e do nascimento. In: *Novos olhares sobre a gestação e a criança até 3 anos*: saúde perinatal, educação e desenvolvimento do bebê. Brasília: L.G.E. Editora, 2002.

WINNICOTT, D. W. O ódio na contratransferência. In: *Da pediatria à psicanálise*. Rio de Janeiro: Francisco Alves, 1978.

_____. Preocupação materna primária. In: *Da pediatria à psicanálise*. Rio de Janeiro: Francisco Alves, 1978.

_____. A contribuição da mãe para a sociedade. In: *Tudo começa em casa*. São Paulo: Martins Fontes, 1999.

ZORNIG, S. *A criança e o infantil em psicanálise*. 2. ed. São Paulo: Escuta, 2008.

3

Netos criados por avós: motivos e repercussões[1]

Cristina Maria de Souza Brito Dias,
Ana Gabriela de Souza Aguiar
e Flávia Fernanda Araújo da Hora
Universidade Católica de Pernambuco

As constantes transformações pelas quais os seres humanos vêm passando resultaram na modificação do olhar acerca da velhice e do papel do idoso na sociedade. O aumento da expectativa de vida, os avanços médicos, a preocupação cada vez maior com a saúde e a qualidade de vida, bem como as mudanças no contexto social e cultural, alteraram a experiência do processo de envelhecimento e, conseqüentemente, a representação da velhice. Tais alterações influenciaram as organizações das famílias e também o tipo de cuidado que os avós dedicam aos seus netos.

Na revisão de literatura realizada por Dias & Silva (1999), foram constatadas as diferentes atribuições dos avós durante as últimas décadas. No final da década de 1960, os avós tinham papéis tradicionais, tais como provedores de presentes e mimos, contadores de histórias infantis e cuidadores da criança na ausência dos pais. Já nas décadas de 1970 e 1980, foram focados

[1] As autoras agradecem ao CNPq pelo apoio concedido à pesquisa.

múltiplos âmbitos, como o social, o emocional e o simbólico. Os tipos de avós eram estabelecidos de acordo com o seu estilo de vida e os principais papéis desempenhados foram os de babá, figura de apoio emocional e financeiro, historiadores e modelos de papéis a serem seguidos, por conta das experiências adquiridas e da importância do meio sociofamiliar. Na década de 1990, seu papel fundamental era o de mediador entre os pais e os netos, como fonte de apoio e compreensão nos momentos tempestuosos vividos pela criança, e como perpetuadores da história familiar. Foi constatado que os avós desta última década preocupavam-se em proporcionar muito afeto e pouca repreensão aos netos. "A posição dos avós na família pode ser central ou periférica e envolve questões de autoridade, hierarquia, tradição e relações entre as gerações ao longo do tempo" (Falcão, Dias, Bucher-Malusckhe & Salomão, 2006, p. 64).

André Pessoa (2005) salienta que:

> O papel dos avós junto aos netos é a gratuidade de atenção, carinho e amor. Alguns pais se queixam de que os avós estragam os netos com seus mimos. A responsabilidade da educação é dos pais, sendo este um dos motivos que faz com que netos e avós se entendam tão bem. Havendo respeito pelos critérios e hábitos estabelecidos pelos pais, não há prejuízo para a autoridade paterna, nem para o desenvolvimento do caráter dos filhos, se os avós se permitem, eventualmente, conceder este ou aquele capricho ao neto. De certa forma, os avós dão um refresco eventual ao dia-a-dia imposto pelos pais (p. 1).

Independente do papel positivo ou negativo exercido pelos avós, sua presença é fundamental na vida de seus netos. De acordo com Lopes, Néri & Park (2005), as relações entre idosos e crianças estabelecem-se em um espaço em que ambos são privilegiados por trocas intensas. Ambos acabam por identificar-se e aproximar-se, pois não sendo ouvidos pelos adultos jovens, terminam estabelecendo entre si um diálogo, na maioria das vezes, prazeroso.

Contudo, devido às diversas mudanças já referidas, tem surgido outra realidade: o aumento considerável de casos em que os avós passam a desempenhar o papel de pais, com todas as funções pertinentes, deixando de viver a experiência de serem simplesmente avós. Nos Estados Unidos, calcula-se que 10% dos avós estão criando seus netos. Isto representa 40% a mais do que nos anos de 1980. Cerca de quatro milhões de crianças viviam com seus avós em 1995, sendo que um milhão e meio estavam sendo exclusivamente cuidadas por eles, devido à ausência dos pais (Heywood, 1994). Diversas expressões são usadas para designar esses avós, tais como: "avós em tempo integral", "avós com custódia" (quando têm legalmente a custódia do neto) e, ainda, "pais substitutos" (Neugarten & Weinstein, 1964) e "avós guardiões" (Ehrle & Day, 1994).

Segundo informações do *site* do Jornal *O Globo* (2005), nesta última década, aumentou o número de netos e bisnetos criados por avós e bisavós no Brasil. O número foi de 1,7 milhão, 55,1% a mais do que o número apurado em 1991, que era de 1,1 milhão. Segundo os dados coletados nessa pesquisa (realizada pelo IBGE), 466 mil avós e bisavós cuidavam diretamente de seus netos e bisnetos. Na avaliação dos técnicos do IBGE, este número revela uma desagregação familiar por morte prematura, migração temporária ou dissolução da família.

Diante disso, podemos diferenciar os dois modelos distintos que englobam avós e netos nessa situação de cuidados e papéis expandidos: o primeiro modelo refere-se aos lares compostos por três gerações, que aumentou consideravelmente a partir da década de 1980, nos quais ambos os pais, ou ao menos um deles, reside com avós e netos. Já no segundo modelo, que se tornou mais comum a partir da década de 1990, os pais estão ausentes do lar e cabe aos avós todo o cuidado com os netos (Camarano & El Ghaouri, 2003; Lopes, Néri & Park, 2005).

De acordo com as citadas autoras, as estruturas familiares apresentadas trazem consigo exigências e conseqüências distintas para os avós:

> Há avós que cuidam dos netos por um período de dias porque os pais precisam trabalhar e não têm outro local onde as crianças possam ficar quando não estão na escola, ou ainda em tempo integral porque toda a família reside nos chamados lares multigeracionais, devido a, por exemplo, dificuldades financeiras. Nesse tipo de arranjo, podem ser apontados benefícios e dificuldades, conforme o quadro em que a família está inserida. Em alguns casos, pode haver uma divisão das responsabilidades, maior união entre os membros e aumento dos recursos familiares. Todavia, há casos em que prevalecem os conflitos entre avós e pais quanto à educação das crianças ou ainda descompromisso por parte dos pais. Se ambos os pais estão ausentes de casa e somente os avós responsabilizam-se pelos netos, no segundo tipo de arranjo familiar apontado, tem-se o cenário propício para que esses avós passem a ocupar o papel de pais substitutos. Não diferente do primeiro arranjo familiar, nesse tipo também são encontrados ônus e benefícios. Dificuldades financeiras, stress físico e emocional são mencionados pelos avós, mas também é indicada a existência de satisfação dos avós pela oportunidade de prover benefícios às novas gerações (p. 31).

Assim, podemos perceber que anteriormente os avós cuidavam dos netos, na maioria das vezes, de maneira esporádica e casual. Atualmente, e com certa freqüência, entramos em contato com histórias de avós que ajudam os filhos a cuidar das crianças, ou, ainda, as de avós que se tornam cuidadores integrais e até legais dos netos, ocupando o papel de pais substitutos.

Os motivos que levam os avós a criar seus netos são diferentes. O que origina a co-residência, ou seja, três gerações convivendo num mesmo lar é o fato de a(o) filha(o) adolescente ou adulta(o) já viver com os pais, ter um filho e continuar morando com eles; ou, então, a(o) filha(o) que descasa e volta para a casa dos pais com seu(s) próprio(s) filhos(s). Na maior parte das vezes, é a filha que continua residindo com os pais (Pebley & Rudkin, 2004). Quanto às causas mais comuns que levam os avós a assumirem os cuidados de seus netos são: o crescente número de divórcios e separações, gravidez na adolescência, a falta de emprego, o uso de drogas pelos pais, o encarceramento e as doenças que os acometem (entre as quais se destaca a AIDS), a violência cometida pelos pais contra os filhos (negligência, abusos, abandono) e a morte dos pais (Dias & Costa, 2006). Segundo uma pesquisa realizada por Ehrle e Day (apud Dias; Costa & Rangel, 2005) com quinze avós que criavam os netos, foi observado que o fator que mais contribuiu para essa situação foi o abuso de álcool ou drogas por parte dos filhos.

Dellman-Jenkins, Blanemeyer e Olesh (2002) salientam que os avós tiveram seus papéis expandidos. Agora, eles têm netos vivendo consigo, obtêm sua custódia legal e lhes oferecem cuidados diários, além de se responsabilizarem também financeiramente por eles. A concessão da custódia dos netos aos avós geralmente ocorre pelos seguintes fatores: problemas emocionais da mãe; os avós não desejam ver seus netos em lares adotivos; o uso de drogas pelos pais; problemas mentais por parte dos pais; uso excessivo de álcool pelos pais; doenças ou mesmo morte dos pais (Jendrek, 1994; Pebley & Rudkin, 2004).

Oliveira (1993) especifica tanto pontos favoráveis como desfavoráveis para se pensar a condição dos avós que assumem os cuidados diários de seus netos. Para o autor:

> A vinda das crianças (...) inaugura a possibilidade de redescobrir ou de reavivar um sentido para a experiência dos mais velhos, pessoas que a sociedade relega e que a própria família, conscientemente ou não, também, muitas vezes, despreza. Existe, portanto, um espaço para que de uma situação dramática se retire uma seiva de felicidade. Por outro lado, essa mesma situação reflete tristeza por conta do descompromisso dos pais na criação de seus filhos, transferindo o encargo para os avós (p. 267).

Apesar de algumas pesquisas (Araújo & Dias, 2002; Atalla, 1996; Dias, Costa & Rangel, 2005; Dias & Costa, 2006;

Oliveira, 1993) terem sido realizadas no intuito de esclarecer os motivos que levam os avós a criarem seus netos e os sentimentos experimentados por estes, pouco se sabe ainda sobre as repercussões da criação dada pelos avós na vida dos netos, e é acerca dessa questão que se detém o presente estudo. Ter avós como cuidadores pode ser benéfico para as crianças, principalmente porque poderão usufruir de uma sensação de pertencimento à sua família de origem, especialmente na ausência dos pais. Contudo, complicações emocionais para elas também podem resultar dessa situação.

As necessidades e as peculiaridades dos netos que crescem em lares, nos quais os avós exercem o papel de pais, precisam ser conhecidas para que sejam identificadas dificuldades ou características particulares que possam surgir por conta desse novo arranjo familiar. Alguns autores alertam que eles podem ser crianças de risco, dependendo do motivo que ocasionou sua ida para a casa dos avós e da forma como são criados; podem apresentar dificuldades de socialização, na escolaridade, ainda, ansiedade, depressão, raiva e sentimento de abandono em relação aos pais, podendo chegar a apresentar desordens psiquiátricas e discriminação social por parte de colegas e dos serviços sociais (Ghuman, Weist & Shafer, 1999; Heywood, 1999; Harrison, Rickman & Vittimberga, 2000).

O estudo aqui apresentado se propôs a investigar como os netos criados pelos seus avós percebem e vivenciam esta criação, bem como o relacionamento estabelecido com eles. Procurou-se, ainda, identificar as causas que levaram os netos a serem criados pelos avós; analisar a percepção que estes têm da criação; compreender os sentimentos experimentados por esses netos; identificar as vantagens e desvantagens de serem criados pelos avós; detectar necessidades e dificuldades presentes durante a criação; compreender a evolução do relacionamento estabelecido com os avós e analisar como ficou o relacionamento com os pais e os demais familiares.

Assim, espera-se que este trabalho possa contribuir para fornecer informações sobre as relações intergeracionais e subsidiar os trabalhos de profissionais que lidam com jovens, idosos e famílias, visto que pouco pode ser encontrado na literatura brasileira acerca desse assunto.

Estudo de campo

Participantes

Participaram da pesquisa 74 netos adolescentes ou adultos jovens, de ambos os sexos, que foram criados pelos avós, tanto do lado materno, como do paterno. Durante a primeira etapa da pesquisa, foram entrevistados 14 netos, os quais foram criados pelos avós. Na segunda etapa, participaram 60 netos que responderam ao questionário. A média de idade dos participantes foi de 17 anos. A maioria era solteira.

Em relação aos 60 jovens citados acima, quanto à escolaridade, obteve-se que: 2 possuíam ensino superior completo; 7 estavam cursando o ensino superior; 7 possuíam ensino médio completo; 4 tinham ensino médio incompleto; 3 possuíam o fundamental completo e 37 ainda não o havia concluído.

Entre as netas, 16 foram criadas pelos avós maternos; 7 pelos avós paternos; 3 foram educadas apenas pela avó materna; 2 pela avó paterna; 1 foi criada por ambos os pares de avós, e 1 foi criada pelo pai do seu padrasto. Já entre os netos, apenas 7 foram criados pelos avós paternos, tendo os demais sido criados pelos avós maternos ou apenas pela avó materna.

Em relação à renda familiar, em salários mínimos, observou-se: 7 possuíam uma renda familiar superior a 10 salários mínimos; 14 possuíam uma renda entre 7 e 10 salários; 15 participantes possuíam renda familiar entre 4 e 6 salários; e 24 possuíam renda de até 3 salários mínimos. A média de tempo em que ficaram sob os cuidados dos avós foi de 13 anos.

47

Instrumento

Primeiramente foi utilizado um roteiro de entrevista, realizada de forma semidirigida, com 14 netos. Logo depois, foi feita uma análise de conteúdo das respostas obtidas e estas foram categorizadas por temas afins. Assim, foi elaborado um questionário com treze questões de múltipla escolha e uma questão aberta, enfocando as seguintes variáveis: 1) motivos que levaram os netos a serem criados pelos avós; 2) avaliação da criação dada pelos avós; 3) opinião sobre o mito de que os avós mimam em excesso; 4) diferenças entre a criação dos pais e dos avós; 5) aspectos positivos na criação dos avós; 6) figuras de avós mais decisivos; 7) avaliação do relacionamento com os pais; 8) avaliação do relacionamento com os demais avós; 9) avaliação do relacionamento com os familiares; 10) avaliação do relacionamento dos avós com os outros netos; 11) aspectos negativos na criação dos avós; 12) necessidades sentidas durante a criação dos avós; 13) sentimentos experimentados por ter sido criado pelos avós; 14) enfrentamento de preconceito ou dificuldade por ter sido criado pelos avós. Abaixo de cada item, foi reservado um espaço para que o(a) participante escrevesse livremente sobre o assunto, sempre que achasse necessário. Esse espaço foi denominado de "outra opção". O final do questionário foi composto por questões referentes aos dados sociodemográficos sobre os netos.

Procedimento de coleta de dados

Os netos que participaram da pesquisa foram abordados na universidade, nas escolas ou em suas próprias residências. Eles responderam ao questionário individualmente, após a apresentação dos objetivos do estudo, sendo-lhes facultada a colaboração. Todos assinaram o Termo de Consentimento Livre e Esclarecido e, no caso dos menores de idade, os responsáveis também concordaram com a realização da pesquisa.

Procedimento de análise dos dados

Inicialmente realizou-se a transcrição e a análise de conteúdo (Minayo, 2004) das entrevistas para a elaboração do questionário. Em seguida, os dados obtidos através do questionário foram submetidos a uma análise estatística, que compreendeu as freqüências e os percentuais.

Apresentação e discussão dos resultados

Encontramos muitos dados acerca da situação dos netos que são criados por seus avós, porém serão discutidos apenas os itens que obtiveram maior freqüência. A categoria "outra opção" será apresentada em seguida à discussão dos resultados.

Em relação aos "motivos que levaram os avós a criarem os seus netos", o item que prevaleceu quando as netas foram questionadas foi: "Separação dos pais" (23%). A mesma resposta se destacou entre os netos, totalizando 33%. Esses resultados vêm confirmar a afirmação feita por Dias e Silva (1999) de que, além de participarem do cotidiano da vida dos filhos, na maioria das vezes, os avós são especialmente mobilizados nos momentos de crise vividos pela família. Mas, por outro lado, os motivos destacados diferem dos apontados por Jendrek (1994), que constatou ser o uso de álcool ou drogas o fato que mais contribuiu para que os avós assumissem a criação dos seus netos, nos Estados Unidos. É interessante salientar que 23% dos netos e 13% das netas optaram por morar com os avós, o que mostra a intensidade da relação entre eles.

Na categoria "outra opção", algumas netas disseram que foram criadas pelos avós pelos seguintes motivos: "Eu não tinha com quem ficar enquanto minha mãe terminasse os estudos" (n=1); "Porque minha avó não queria o casamento dos meus pais. Me pegando para criar, achou que afastaria os dois, mas não deu certo" (n=1); "A doença da minha mãe que morreu" (n=1); "Porque a minha escola fica longe da minha casa" (n=1).

49

Já entre os netos, houve as seguintes respostas: "Ciúme do irmão recém-nascido" (n=1); "Melhor localização para acesso à escola e ao trabalho" (n=1); "Quando minha mãe de criação faleceu, fui entregue à minha avó".

Quanto à "avaliação da criação dada pelos avós", as netas afirmaram que foi "Perfeita" (37%), enquanto que boa parte dos netos respondeu que foi "Uma boa criação, como a que os pais dariam" (43%). Vale ressaltar, no entanto, que 10% do total de netos a acharam "difícil devido às diferentes formas de pensar".

Quando indagados em relação à "opinião sobre o mito de que os avós mimam em excesso", uma grande parte das netas respondeu que "Não, porque apesar de serem carinhosos, também punem quando necessário" (38%). A mesma alternativa foi dada por 43% dos netos. Numa pesquisa realizada por Dias, Costa e Rangel (2005), com avós que criam os seus netos, a maioria dos avós afirmou que cria os netos da mesma maneira que criou os seus filhos, não diferenciando o tipo de criação e não oferecendo mimos exagerados. Logo, pode-se supor que, devido ao fato de terem que se responsabilizar pela criação, os avós são mais firmes com os netos, embora possam demonstrar carinho e doçura em alguns momentos.

Acerca das "diferenças entre a criação dada pelos pais e pelos avós", a opção com maior porcentagem foi a mesma para as netas (29%) e netos (26%): "Os avós são mais maduros e experientes do que os pais". Em uma pesquisa realizada por Dias e Silva (2003) com 100 universitários, os quais não eram criados pelos avós, verificou-se que, em relação aos significados que os avós têm para estes, as categorias predominantes foram: sabedoria e experiência de vida; respeito; afeto e carinho. De acordo com os dados obtidos nesta pesquisa, constatamos que as principais diferenças entre a criação de avós e pais, assinaladas pelos netos, estão ligadas à maturidade e à experiência de vida dos avós, o que confirma o citado estudo. Por outro lado, 17% das netas e 23% dos netos consideraram os avós mais rígidos e tradicionais.

Foi mais indicado pelas netas, como "aspectos positivos na criação dos avós", o fato de a "criação ser mais atenciosa e carinhosa" (19%), seguida do "companheirismo" (17%). Entre os netos, a resposta que mais prevaleceu foi: "Respeito com as pessoas" (23%). Barros (1987) observou que os avós são particularmente importantes no desenvolvimento dos netos, mesmo levando-se em conta os conflitos de geração e as diferenças de opinião. De fato, a disponibilidade de tempo, as histórias do passado, a maturidade, a personalidade e os traços de caráter dos avós são elementos valorizados pelos netos. Além desses pontos, o carinho e a experiência de quem já sabe um pouco mais como conduzir a educação dos jovens, por conta do que já viveu na criação dos filhos são fatores que também contribuem para os netos possuírem essas opiniões a respeito dos avós.

Em relação às "figuras de avós mais decisivos", a alternativa mais citada pelos netos (44%) e pelas netas (55%) foi: "A avó, porque era mais presente na criação". Este fato pode ser comprovado na revisão bibliográfica realizada por Dias e Silva (1999), em que as avós destacaram-se como sendo as preferidas, principalmente as maternas. Para as citadas autoras, um dos motivos que propicia a preferência pela avó reside numa maior participação desta na criação dos netos e em um maior envolvimento com a família. A resposta dada em seguida foi: "Os dois" (18% das netas e 17% dos netos).

Na categoria "outra opção", as netas apontaram as seguintes afirmativas: "O pai do meu padrasto" (n=1); "Os dois, pois, apesar de serem separados, têm o mesmo carinho por mim" (n=1). Alguns netos abordaram as seguintes questões: "O meu avô gostava de passear para as igrejas comigo, e a minha avó era mais enjoada" (n=1) e "A minha avó me criava sozinha, meu avô morava no Rio de Janeiro" (n=1).

No que diz respeito à "avaliação do relacionamento com seus pais", netos (43%) e netas (34%) afirmaram que "com ambos é excelente". No entanto, as alternativas com a segunda maior freqüência foram: "Distante, pois a ligação com os avós ficou mais intensa", de acordo com 17% dos netos, e "Com a minha mãe é bom, mas com o meu pai é difícil ou não existe relacionamento", segundo 31% das netas.

Na categoria "outra opção", as netas acrescentaram: "Mãe falecida quando eu era pequena e não há convivência com o pai" (n=1); "Conheço minha mãe e a vejo toda semana e o meu pai morreu quando era pequena" (n=1). Já entre os netos, houve as seguintes respostas: "Não houve criação com os pais, portanto, o relacionamento é indiferente" (n=1); "O relacionamento, que era distante, ficou próximo após o falecimento da avó" (n=1); "O relacionamento com o pai ficou difícil depois de seu segundo casamento" (n=1); "Eu vivia com meus pais, só que, quando eles viajaram, eu fiquei com meus avós" (n=1); "Fui abandonado pelos meus pais" (n=1); "Minha mãe é falecida e meu pai trabalha muito" (n=1); "Antes do falecimento da minha mãe, meus pais se separaram e ele foi para outro estado bem distante" (n=1). Essas opções destacam que, apesar de ser possível haver um bom relacionamento com os pais, após os netos irem morar com seus avós pode haver um afastamento entre os netos e seus pais, devido a motivos diversos.

No que se refere "à avaliação do relacionamento estabelecido com os demais avós", o item que prevaleceu entre as netas foi: "Há um bom relacionamento" (40%). Já 27% dos netos afirmaram que "conviviam mais com eles quando criança". As respostas indicam que é mais comum o apego aos avós com quem vivem, embora alguns netos considerem que não há diferença em relação aos outros avós.

Na categoria "outra opção" apareceram as seguintes respostas entre as netas: "O relacionamento sempre foi distante com a minha avó materna, pois o meu avô faleceu" (n=1) e "Bom, até meus dois anos de idade. Depois que minha avó faleceu, eu perdi o contato com meu avô" (n=1). Os netos acrescentaram: "Os avôs são falecidos" (n=1) e "Com a avó paterna tive pouco relacionamento antes dela falecer" (n=1).

Quanto à "avaliação do relacionamento dos netos com os demais familiares", pode-se observar que a maioria dos netos (53%) e das netas (69%) têm um "bom relacionamento" com eles. Isso indica que o relacionamento com os demais membros da família, segundo os netos, parece não apresentar conflitos que possam ser destacados. Uma resposta que vale a pena destacar foi a de que os tios ficaram ocupando o papel de irmãos, segundo 16% dos netos e 14% das netas.

Na categoria "outra opção", um dos netos informou o seguinte: "Apenas eu sou criado com meus avós, minhas irmãs não são". Essa afirmação aponta que pode haver um afastamento dos irmãos por conta da separação, devido ao fato de conviverem em casas diferentes.

No que tange à "avaliação do relacionamento entre os avós com os outros netos", a opção "Não existe diferenciação entre os netos", apresentou o equivalente a 45% das respostas dadas pelas netas e 54% das respostas assinaladas pelos netos. Apesar destes resultados, há que se considerar que este relacionamento depende de cada contexto familiar e de como a criação foi conduzida. Em determinadas situações, alguns avós acabam protegendo o neto que criam por causa da falta dos pais, especialmente nos casos em que não têm contato com eles. Então, para compensar essa ausência, os avós diferenciam esses netos dos demais. Entre os netos, na categoria "outra opção", houve a seguinte afirmação: "Minha avó se aproxima mais dos netos mais novos".

Acerca dos "aspectos negativos na criação dos avós", a maior parte das netas (53%) e dos netos (35%) destacaram que "Não houve aspectos negativos" na criação, o que aponta para uma experiência positiva por terem sido criados por seus avós. Araújo e Dias (2002) afirmam que os avós, de maneira geral, representam o apoio nos momentos de dificuldade e é com eles que os netos podem realmente contar. Contudo, 20% das netas e 23% dos netos assinalaram "o mimo, a proteção e o excesso de cuidado", enquanto 18% dos netos e 3% das netas denotaram "a falta de limites".

Com relação às "necessidades sentidas durante a criação", alguns netos afirmaram não terem sentido falta de nada (25%). A mesma resposta foi dada por 32% das netas. No entanto,

25% dos netos e 23% das netas assinalaram que sentiram falta dos pais. Esse afastamento pode acarretar sentimentos de abandono, que, por sua vez, podem levar ao desenvolvimento de um quadro de depressão e isolamento social (Ghuman, Weist & Shafer, 1999; Heywood, 1999; Harrison, Rickman & Vittimberga, 2000). Isto é comprovado pela terceira alternativa assinalada, "a solidão" (13% das netas e 8% dos netos).

Sobre os "sentimentos experimentados por terem sido criados por seus avós", a opção: "Feliz por ter convivido com duas mães" prevaleceu tanto entre as netas (27%) quanto entre os netos (33%). Isso confirma a idéia de que as relações construídas entre os idosos e seus netos são repletas de afeto e estima (Dias & Silva, 1999; 2003).

Quanto à possibilidade de ter havido algum tipo de "preconceito ou dificuldade por ter sido criado pelos avós", 83% das netas e 63% dos netos responderam que "Não". No entanto, 37% dos netos ressaltaram terem sido alvo de preconceito por parte de outras pessoas e sofrido dificuldades. Entre as justificativas, eles apontaram: "As pessoas fazem brincadeiras por eu ter sido criado pelos meus avós" (n=5); "Me chamavam de homossexual por ter sido criado por meus avós" (n=2); "Meus primos pegavam no meu pé por estar sendo criado por meus avós" (n=2).

O fato de serem alvo de preconceito ficou evidente durante a execução da pesquisa, principalmente quando abordamos os estudantes nas escolas de ensino médio e fundamental. Muitos alunos, diante dos colegas, negaram estar sendo criados pelos avós, por medo de tornarem-se alvo de gozações e, posteriormente, nos procuravam afirmando que, na verdade, eram criados pelos avós. Quando as informações sobre a pesquisa eram dadas em sala de aula, para o grupo, era mais evidente o preconceito sofrido pelos netos, por parte dos demais colegas, quando estes afirmavam que "quem era criado pelos avós era homossexual". Tornou-se, então, evidente a crença de que ter sido criado pelos avós pode influenciar em uma orientação sexual de tipo homossexual por parte dos netos.

Considerações finais

Por meio dos dados obtidos neste estudo, podemos observar que os netos apresentaram sentimentos predominantemente positivos acerca da experiência de terem sido criados por seus avós. Esse fato ficou evidente quando a maioria dos netos demonstrou gratidão aos seus avós, que os acolheram num momento de dificuldade. É importante mencionar que a relação estabelecida entre netos e avós, na situação pesquisada, é permeada por carinho, respeito e companheirismo, porém há punição e imposição de limites, quando necessários, apesar de que os netos apresentaram um resultado indicando, em comparação com as netas, sentirem falta de limites.

Outro dado que se destacou foi a maior disponibilidade dos avós maternos em acolherem os netos nas situações difíceis, pois se sentem na obrigação de não desamparar seus familiares. No entanto, a pesquisa revelou que há um afastamento natural dos netos e seus pais porque, devido à própria convivência, eles aproximaram-se mais dos avós. Essa separação pode trazer necessidades e sentimentos de abandono que os avós, apesar de toda dedicação e carinho, não parecem suprir. Essas necessidades e o sentimento de abandono, se não forem devidamente considerados por pais e avós, podem levar ao sofrimento e ao desenvolvimento de transtornos aos netos, como a depressão e o isolamento social, entre outros.

Uma questão importante de ser salientada refere-se ao preconceito sofrido. Uma quantidade considerável dos netos afirmou ser alvo de discriminação social por terem sido criados por seus avós, sendo estigmatizados como homossexuais, por exemplo. Essa situação parece ser mais intensa no período escolar. É importante ressaltar que muitos dos netos encontrados nas escolas eram, geralmente, estudantes do ensino fundamental, e que, nas classes do ensino médio, nenhum dos alunos afirmou ter sido criado por avós, o que pode apontar o medo de tornar-se alvo de gozações, de sofrer preconceito e diferenciação por conta disso. Tal fato pode levar ao estabelecimento de dificuldades de socialização e de escolaridade, e pode ainda alimentar condutas hostis por parte dos netos. Isto foi evidenciado em uma situação em que um dos netos participantes da pesquisa reagiu agressivamente aos comentários de um colega, o que acabou resultando em uma briga com agressões físicas. Tais resultados apontam para a necessidade de disponibilização de intervenção psicológica para esses netos, bem como da criação de grupos de apoio nos quais eles possam compartilhar experiências. Ainda se faz necessária a implantação de programas que visem a orientar a sociedade, bem como os profissionais que atuam nas escolas, especialmente os professores, para que saibam lidar tanto com os alunos, que são alvo de preconceito, quanto com aqueles que estigmatizam os colegas. É preciso sensibilizar os profissionais para esse novo arranjo familiar que, apesar de estar cada vez mais presente na sociedade, precisa ser mais conhecido e compreendido.

Referências bibliográficas

ARAÚJO, M. R. G. L. & DIAS, C. M. S. B. Papel dos avós: apoio oferecido aos netos antes e após situações de separação/divórcio dos pais. *Estudos de Psicologia*, Natal, 2002, v. 7, n. 1, p. 91-102.

ATALLA, M. M. A. *Netos, o olhar das avós*: Vivências de avós que cuidam de seus netos. Dissertação de Mestrado – Instituto de Psicologia, USP, São Paulo, 1996.

BARROS, M. *Autoridade e afeto*: Os avós, filhos e netos na família brasileira. Rio de Janeiro: Jorge Zahar, 1987.

CAMARANO, A. A.; EL GHAOURI, S. K. Famílias com idosos: ninhos vazios? *Texto para discussão nº 950*, Instituto de Pesquisa Econômica Aplicada (IPEA), 2003, p. 1-20.

DELLMAN-JENKINGS, M.; BLANEMEYER, M.; OLESH, M. Adults in expanded grandparents roles: considerations for practice, policy and research. *Educational Gerontology*, 2002, v. 28, p. 219-235.

DIAS, C. M. S. B.; SILVA, D. V. Os avós: uma revisão da literatura nas três últimas décadas. In: FÉRES-CARNEIRO, T. (Org.). *Casal e família*: Entre a tradição e a transformação. Rio de Janeiro: Ed. Nau, 1999, p. 118-149.

_____. SILVA, M. A. S. Os avós na perspectiva de jovens universitários. *Psicologia em Estudo*, Maringá, 2003, n. 8 – número especial, p. 55-62.

_____. COSTA, J. M.; RANGEL, V. A. Avós que criam seus netos: circunstâncias e conseqüências. In: FÉRES-CARNEIRO, T. (Org.). *Família e casal*: Efeitos da contemporaneidade. Rio de Janeiro: PUC/Rio, 2005, p. 158-176.

_____. COSTA, J. M. Um estudo sobre a avó guardiã na cidade do Recife. In: AMAZONAS, M. C. L. A.; LIMA, A. O. & Dias, C. M. S. B. (Orgs.). *Mulher e família*: Diversos dizeres. Recife: Oficina do Livro, 2006, p. 127-138.

EHRLE, G. M.; DAY, H. E. Adjustment and family functioning of grandmothers rearing their grandchildren. *Contemporary Family Therapy*, 1994, v. 16, n. 1, p. 67-82.

FALCÃO, D. V. S. et al. As relações familiares entre as gerações: possibilidades e desafios. In: FALCÃO, D. V. S. & DIAS, C. M. S. B. (Orgs.). *Maturidade e velhice*: Pesquisas e intervenções psicológicas. São Paulo: Casa do Psicólogo, 2006, v. 1, p. 59-80.

GHUMAN, H.; WEIST, M. D.; SHAFER, M. E. Demografic and clinical carcteristics of emotionally disturbed children being raised by grandparents. *Psychiatric Services*, 1999, v. 50, p. 1496-1498.

HARRISON, K. A.; RICKMAN, G. S.; VITTIMBERGA, G. L. Parental stress in grandparents versus parental raising children with behavior problems. *Journal of Family Issues*, 2000, v. 21, n. 2, p. 262-270.

HEYWOOD, E. M. Custodial grandparents and their grandchildren. *The Family Journal: Counseling and Therapy for Couples and Families*, 1999, v. 7, n. 4, p. 367-372.

JENDREK, M. P. Grandparents who parent their grandchildren circumstances and decisions. *The Gerontologist*, 1994, v. 34, n. 2, p. 206-216.

LOPES, E. S. L.; NERI, A. L.; PARK, M. B. Ser avós ou ser pais: os papéis dos avós na sociedade contemporânea. *Textos sobre Envelhecimento*, Rio de Janeiro: UERJ, 2005, v. 8, n. 2, p. 30-32.

MINAYO, M. C. S. *O desafio do conhecimento, pesquisa qualitativa em saúde*. 8. ed. São Paulo: Hucitec, 2004.

NEUGARTEN, B.; WEINSTEIN, K. The changing american grandparent. *Journal of Marriage and Family*, 1964, may, p. 199-204.

O GLOBO. *Número de netos criados por avós aumenta*. Disponível em: <http://www.frg.com.br/cgi/cgilua.exe/sys/start. htm?infoid=1009&sid=81>. Acesso em 2 de dezembro de 2005.

OLIVEIRA, P. S. *Vidas compartilhadas*: O universo cultural nas relações entre avós e netos. Tese de Doutorado – Instituto de Psicologia, USP, São Paulo, 1993.

PEBLEY, A. R.; RUDKIN, L. L. Grandparents caring grandchildren. What do we know? *Journal of Family Issues*, 2004, v. 25, n. 8, p. 1026-1049.

PESSOA, A. *Os avós*. Portal da família. 2005. Banco de dados. Disponível em: http://www.portaldafamilia.org/artigos/artigo403.shtml. Acesso em: 12 abril de 2007.

# Adoção internacional: filiação e processo de luto

Lidia Levy
Pontifícia Universidade Católica do Rio de Janeiro

No Brasil, quando não existe possibilidade de encontrar uma família nacional para uma criança abrigada, cujos pais tenham sido destituídos do poder familiar, uma alternativa, considerada medida excepcional, é a de incluir a criança em cadastro para adoção internacional. Algumas crianças abrigadas, quer por sua idade, quer por fazerem parte de grupo de irmãos ou serem portadoras de necessidades especiais, poderão vir a ser adotadas por uma família residente fora do país e terão de elaborar alterações significativas em suas vidas. Em pouco tempo encontrar-se-ão em um país desconhecido, onde se fala uma língua desconhecida, cercada de pessoas desconhecidas, diante de hábitos, alimentação, costumes que deverão assimilar e com os quais terão de conviver. Será necessário, principalmente, reconstruir uma imagem de si mesmas e uma imagem de família. A partir de uma pesquisa recém-iniciada na Comissão Estadual Judiciária de Adoção (CEJA-RJ), percebemos que as mudanças no sentimento de identidade de crianças institucionalizadas e adotadas tardiamente por família estrangeira demandam um estudo.

No Rio de Janeiro, a CEJA, criada em 1995, é responsável pelo processamento de todos os pedidos de adoção internacional do estado. Cabe a este órgão do Poder Judiciário organizar um cadastro geral unificado de candidatos adotantes e de crianças e adolescentes em condição legal de serem adotados em todas as Comarcas do Estado, promover a análise dos pedidos de adoção formulados por pretendentes estrangeiros residentes ou domiciliados fora do país, e indicar as crianças e os adolescentes entre os cadastrados. O trabalho executado pela CEJA-RJ segue as normas traçadas na Convenção de Haia, de 29/05/93, que trata da proteção das crianças e da cooperação em matéria de adoção internacional.

A Convenção das Nações Unidas sobre os Direitos da Criança, realizada em 20/11/1989, ao estipular em seu Artigo 8 que os Estados deverão se comprometer a respeitar o direito da criança à sua identidade, inclui, como elementos básicos da identidade de um indivíduo, a nacionalidade, o nome e as relações familiares. Ao nascer, a criança recebe o direito à cidadania, ou seja, é natural de algum lugar. Nome e sobrenome indicam pertencimento a um grupo familiar. Quando nomeada, a criança é incluída em uma rede de parentesco à qual se vinculará e a família será responsável pela produção de sua identidade social.

As culturas nacionais são discursos que produzem sentidos com os quais podemos nos identificar e nos são transmitidos pelas histórias e literaturas nacionais. Da mesma forma, as famílias costumam contar histórias sobre suas origens, narrativas que dão significado à nossa existência, assim como valores culturais nos são transmitidos pelas pessoas significativas que nos cercam.

Uma identidade claramente estabelecida permite uma ancoragem estável no mundo social. Para conservá-la de forma positiva faz-se necessário um sentimento de continuidade com o passado. Entretanto, muitas das crianças institucionalizadas, que compõem nosso objeto de estudo, não possuíam registro de nascimento quando foram abrigadas, nem haviam freqüentado uma escola. Pouco ou quase nada lhes foi transmitido sobre suas origens, visto que também seus pais não puderam construir vínculos com suas próprias famílias.

As famílias de origem destas crianças encontram-se marcadas pela exclusão social. Condições econômicas precárias e a luta pela sobrevivência individual e familiar marcam suas trajetórias. As crianças em situação de rua expressam o nível de miséria de suas famílias e de suas comunidades. Pobreza, negligência e diferentes manifestações de violência são circunstâncias que dificultam o sentimento de pertencer a uma família ou a um país. Por outro lado, uma auto-estima e uma identidade social positivas estão associadas a características valorizadas pelos grupos aos quais se pertence.

A criança que vivencia longo período de institucionalização poderá construir sua identidade a partir do desejo de ter uma família, tornando-a presente em seu universo simbólico. Crianças institucionalizadas, que mantém pouco ou nenhum contato com seus familiares, com freqüência expressam um desejo de fazer parte de uma família. Considerando que o sentimento de identidade implica no reconhecimento de pertencer a um grupo familiar, a uma comunidade, a uma nação, pretendemos, neste trabalho, compreender e contextualizar uma determinada situação que pode ser expressa pelo depoimento de uma criança de nove anos, abrigada desde os seis anos de idade e encaminhada para adoção internacional. Após os primeiros vinte dias do período de adaptação com uma família italiana, foi-lhe perguntado pela assistente social que a acompanhava para quem torceria no período da Copa do Mundo de futebol. Sua resposta veio imediata: "Para a Itália, é claro!"

Torcer pela Itália, neste contexto, demonstra um desejo de pertencer e ser reconhecido como membro deste novo grupo, totalmente desconhecido até aquele momento. A criança se vê diante de um novo sobrenome, um novo país, uma nova língua e precisará encontrar recursos internos para reorganizar sua identidade. O que fazer com a bagagem até então adquirida?

Uma experiência inversa vem corroborar a hipótese de que, no caso das chamadas adoções tardias, realizando um esforço de adaptação, a criança precisa de início "esquecer" suas origens. Recentemente, entrevistamos um adolescente de treze anos, que havia sido adotado por um casal de italianos quando tinha apenas dois anos. Era a primeira vez que retornava ao Brasil e estava completamente integrado à família e ao país adotivo. Quando lhe perguntamos para quem torcera na última Copa do Mundo, sua resposta veio imediata: "Para o Brasil".

Na construção do sentimento de identidade é fundamental a criança sentir-se inserida em um grupo familiar que funcione como um continente para suas angústias e possa nela investir afetivamente. No caso do adolescente de treze anos, a segurança que encontrara em seu contexto familiar lhe permitia um reencontro afetivo com suas origens. No caso do menino de nove anos, que partia para um contexto desconhecido, mas que lhe prometia a inserção em uma família, um claro movimento no sentido da adaptação estava sendo realizado.

Muitas vezes, um forte sentimento de insegurança marca a existência de crianças adotadas tardiamente, em virtude das limitadas condições de investimento afetivo e de estabilidade emocional apresentadas pelas figuras significativas que fizeram parte de suas histórias. Simpson (1990) observa maiores dificuldades entre as crianças "órfãs" de pais vivos do que as propriamente órfãs. Para a autora, a condição dolorosa de ter pais vivos, mas ausentes fisicamente, colabora para os sentimentos de confusão, ambivalência e baixa auto-estima dos filhos. As crianças de nossa amostra, abrigadas por longo tempo e praticamente nunca recebendo visitas dos pais ou qualquer outro familiar, podem ser consideradas "órfãs" de pais vivos. Neste sentido, há a premência de uma vinculação afetiva segura e contínua que, inevitavelmente, não ocorre na institucionalização. Observamos, em algumas destas crianças, o desejo e a necessidade de serem adotadas e, em outras, uma idealização da família de origem e o esforço para conservar uma imagem positiva dos genitores.

Crianças institucionalizadas por longo tempo e aquelas abandonadas ou retiradas da família tardiamente precisarão reconstruir vínculos primários e reorganizar sua imagem, considerando os novos modelos de identificação. Se entendermos a adoção como uma via de mão dupla, a criança deve poder adotar aqueles que desejam adotá-la.

Vargas (1998) relata o movimento da criança adotada tardiamente para se identificar com as novas figuras parentais. A autora percebe que algumas crianças demonstram dificuldade de criar novos vínculos, sendo fundamental que os pais adotivos estejam disponíveis para acolher suas necessidades emocionais mais primitivas. São comuns movimentos regressivos quando, por vezes, observa-se inclusive uma identificação física com os pais. Os esforços feitos pela criança durante o processo de adaptação permitem entrever uma urgência de alcançar uma imagem positiva de si mesma, que possa ser valorizada por aqueles com quem passou a conviver.

A imitação, entretanto, se é comum na relação que a criança estabelece com seus pais, é também uma especialidade do falso *self*, em sua natureza defensiva. Winnicott (1979/1983) esclarece que, pelo lado da normalidade, o falso *self* é construído sobre identificações e pode ser representado pela organização social polida e amável. Já, em situações extremas, quando o ambiente fracassa no acolhimento das necessidades da criança, o aspecto submissão se destaca na tentativa de defender o verdadeiro *self* de um aniquilamento.

O trabalho de filiação

Para que ocorra um trabalho psíquico de filiação, Ozoux-Teffaine (2004) reconhece a necessidade do desenvolvimento de determinadas etapas. O sentimento de pertencimento a uma nova linhagem exige o luto das imagos parentais originárias e uma reconstrução de seu romance de origens apoiada nos novos pais. Sendo assim, os primeiros momentos pós-adoção em muito se assemelham ao que ocorre em um nascimento, caracterizando-se por uma fase de ilusão criadora. Momentos marcados por um idílio entre pais e filhos, quando são observadas intensas expectativas de satisfações narcisistas. Pais maravilhados, envolvendo a criança, Sua Majestade o Bebê (independente de sua idade) com atenções e cuidados. Esta fase inicial da inscrição da filiação é marcada por regressões diversas. A criança se apropria do espaço, dos objetos, dos hábitos familiares, das expressões e da linguagem dos adotantes, faz reivindicações de maternagem na busca de contato. Ozoux-Teffaine observa que a criança busca ser o único e exclusivo objeto do amor dos pais, em um movimento de reconstrução de um bom objeto de apego primário.

Na adoção tardia, Peille (2004) aponta para um processo de sedução que costuma ocorrer de parte a parte. A criança demanda cuidados, demanda satisfações para suas necessidades e, neste primeiro tempo, um tempo de sedução, é como se quisesse apagar o que viveu anteriormente. Os pais, por sua vez, estão em busca de um filho, em busca de ligação e desejam acreditar que os sinais da sedução infantil já indiquem uma ligação.

Este período inicial costuma ser seguido por uma fase de desilusão estruturante (Ozoux-Teffaine, 2004). A necessidade de separar-se da pele comum, criada para auxiliar na constituição de uma identidade específica, dará início a um período doloroso no qual se espera que os pais consigam suportar as tensões, os ataques de fúria, o silêncio. A autora entende que a criança, ao vivenciar angústias persecutórias, rejeita e se faz rejeitar, projetando sobre os pais adotivos as intenções que atribuía a seus pais originários. Espera-se que os adotantes sejam capazes de não se deixar ferir profundamente em sua capacidade parental e em sua auto-estima.

Os técnicos da CEJA-RJ têm, em sua experiência, histórias nas quais as angústias persecutórias antecedem o período de sedução mútua e o desejo dos adotantes é posto à prova. É, por exemplo, o caso de duas irmãs que, nos primeiros dias do período de convivência, reagiam agressivamente a qualquer tentativa de aproximação do casal adotante. A menor arrancava os cabelos e gritava desesperada diante de qualquer aproximação do pai adotivo. A mãe adotiva havia aprendido falar português para facilitar a adaptação e, decididos a investir na conquista das crianças, procuraram o auxílio de uma psicóloga, ainda no

Brasil, durante as semanas que aqui permaneceram. Na primeira carta enviada aos técnicos relatam: "As grandes iras do Brasil desapareceram, quando chegaram em casa. O tempo das crises e da oposição acabou e a cada dia nos chamam mais de mãe e de pai. Sabemos que tudo pode voltar para trás, mas estamos preparados para fazer o que precisar".

Ozoux-Teffaine (2004) indica que a criança precisa atravessar a posição esquizo-paranóide no sentido de uma posição depressiva, renunciando à atração das primeiras imagos parentais, para vincular-se aos pais adotivos reais. Um novo romance de origens deverá ser criado, considerando-se que a vivência edípica remete, por um lado, a um movimento de reconhecimento dos pais da nova filiação e, por outro, o romance familiar segue na direção da busca das origens. Quando os pais do cotidiano são confrontados com pais idealizados, aquela busca provoca a construção de teorias sobre a família de origem da criança, crescendo uma atração por sua terra de origem, imaginada fabulosa, colorida, sedutora. O modo como lhe foram transmitidos os fragmentos de seu passado pode facilitar ou travar a reconstrução no sentido de aceitar seus pais adotivos, como seus pais. Para a autora, este retorno imaginário à terra natal, perdida e depois reencontrada, marca a evolução da criança no seio de sua família adotiva, que a autoriza a atingir um processo de sublimação necessário à sua maturação. As origens não são anuladas mesmo que tenham sido esquecidas, sob o efeito de uma amnésia necessária; mas, ao serem questionadas e exploradas, são reconstruídas para se abrir a novas perspectivas. Na experiência de Ozoux-Teffaine, alguns filhos adotivos pensam em retornar e, tendo interiorizado a necessidade de reparação, orientam-se para vocações humanitárias como forma de completar seu romance de origens.

Olhando para a mesma questão através de outro enfoque, encontramos o depoimento de Peille (2004), para quem alguns pais adotivos, acreditando poder evitar as crises da adolescência dos filhos, levam-nos para uma visita ao país de origem para que reencontrem suas raízes. Segundo o autor, a visita é positiva, não em função do objetivo de evitar possíveis crises, mas pelo prazer compartilhado em família e com a certeza de que os momentos de emoção a serem vivenciados atingirão mais aos pais do que aos filhos.

Nas férias do verão europeu, algumas famílias costumam visitar o Brasil, trazendo seus filhos adotivos. Muitas delas voltam à CEJA-RJ, aos abrigos, aos locais onde conheceram as crianças e por onde circularam no período de convivência. Durante esta época, no ano de 2007, muitas famílias foram à CEJA, sendo que a maioria das crianças havia sido adotada há aproximadamente quatro anos e era a primeira vez que retornava. A surpresa dos técnicos que haviam participado do processo de adoção daquelas crianças incidia principalmente no fato de, se antes, eles precisavam traduzir o que os adultos diziam, agora as crianças voltavam-se para os pais, na tentativa de entender o que lhes era dito em português. Muitos deles haviam sido estimulados a falar a língua nativa, mas a "esqueceram".

Abreu (2002, p. 11), um psicólogo brasileiro residente na França, propondo-se a lecionar português para estrangeiros, conta de sua surpresa ao se deparar com cinco casais que haviam adotado crianças no Brasil e desejavam aprender a língua do país de origem de seus filhos. Seus alunos lhe explicavam o desejo de falar português para poderem um dia voltar ao Brasil, "quando as crianças começassem a se perguntar sobre o local onde haviam nascido".

Muitos pais que fizeram uma adoção internacional procuram estimular laços com o país de origem do filho. Por vezes, eles o fazem através de um contato regular com grupos de apoio e com outras famílias que adotaram crianças do mesmo país, com a mesma cultura e a língua do filho adotado. Entretanto, Delfieu & Gravelaine (1998) também constatam ser comum que algumas crianças rejeitem a língua materna "carregada de sofrimento", que poderia lentificar sua integração. A criança precisa encontrar e criar novas razões para se integrar e se apropriar, o mais rapidamente possível, da família adotiva. Em geral, a criança adotada tardiamente recusa-se a falar de seu passado durante um tempo e a recusa da língua materna é muito mais freqüente do que se poderia imaginar. Neste sentido, a grande maioria dos relatos enviados, após pouco tempo da chegada da criança ao país acolhedor, aponta para um "esquecimento" do idioma do país de origem. É importante lembrar serem estas adoções tardias; portanto, as crianças têm em média sete anos quando deixam o país e, em princípio, já foram alfabetizadas ou estavam iniciando o processo de alfabetização. No caso das duas meninas anteriormente citadas, o primeiro relato enviado mencionava: "Elas falam amiúde do Brasil, dos pais, do irmão, mas não falam mais o português. A mais velha ainda entende um pouco, mas a menor quase nada e não quer".

Por meio de outra história, é possível ilustrar algumas etapas do processo de luto e dos esforços de uma menina no sentido da adaptação ao novo contexto.

Maria era uma criança em situação de rua, sem registro de nascimento, cujos genitores foram, por diversas vezes, encontrados alcoolizados, explorando a filha com o objetivo de pedir esmolas em ruas da cidade do Rio de Janeiro. Não conseguiram manter-se em nenhum dos projetos que lhes foram oferecidos. Institucionalizada aos seis anos, Maria não foi visitada pelos genitores por quase um ano, quando estes perderam judicialmente o poder familiar e a criança foi incluída em cadastro para adoção.

Por não existir candidato nacional interessado em adotá-la, foi encaminhada para uma adoção internacional e quando o período de convivência teve início estava com sete anos. Nos primeiros meses de convívio com a nova família perguntava sobre "a mãe do Brasil" e se ela estaria viva ou morta. Mesmo após mais de um ano sem ter recebido a visita da genitora, Maria, no início de um trabalho de luto ainda expressava sua ligação com a figura materna e procurava mantê-la viva. Entretanto, gradativamente, deixou de se referir à vida no Brasil e não queria ouvir nem falar o português. Sua reação de rejeição à língua materna marcava também seu ressentimento pelo abandono. Um movimento regressivo inicial prepara um movimento posterior de retomada do processo de desenvolvimento.

Só após quase dois anos, a menina começou a aceitar que lhe dissessem algumas palavras em português, mas comentava nada mais recordar-se desta língua ou da vida que aqui tivera, a não ser por algumas poucas lembranças do período de convivência com o casal adotante, fragmentos de locais por onde circularam e dos prazeres compartilhados. Curiosamente, o que restara como lembrança de sua vida no Brasil, fora a história do que costuma ser denominado de "segundo nascimento". História de um encontro que, provavelmente, seus pais registraram por fotos e contaram-lhe diversas vezes.

Para Lévy-Soussan (2004), um trabalho de filiação tem por objetivo fazer a criança entrar na história familiar de seus pais e dela se apropriar. Se, porventura, ocorrer de se excluírem da cena originária e desqualificarem os genitores, os pais mantém o fantasma do "estrangeiro em casa", não concluindo um trabalho de filiação. A criança deverá ser investida de um mandato transgeracional, fundado na trama do narcisismo parental. Isto é importante para que os pais possam historicizar os sintomas da criança por intermédio de suas próprias histórias pessoais e não de uma racionalização sobre problemas de adoção. Da mesma forma, para construir vínculos de filiação com a família adotiva, a criança deverá realizar um trabalho de luto por sua família de origem e um trabalho de reapropriação fantasmática de seu passado.

Considerações finais

Verificamos que, diante da possibilidade de ver-se inserida em um novo grupo familiar, a criança desenvolve uma expectativa de ser reconhecida como um elemento homogêneo àquele contexto, como um de seus membros. Não podemos esquecer, entretanto, que o movimento inicial de incorporar o modelo da nova família e ser aceita por ela costuma ser seguido por uma fase na qual uma agressividade em relação aos pais adotivos pode se desenvolver. Estes deverão conter e ser depositários da memória da criança, facilitando uma regressão necessária, que precede a retomada do processo de desenvolvimento. Muitas vezes precisarão funcionar como um continente estável, capaz de continuidade, pois em condições suficientemente boas, a criança reviverá diferentes momentos de seu desenvolvimento, correndo menos risco de uma desestabilização emocional. A história anterior da criança, quando marcada pela negligência e maus-tratos, pode ter seu efeito traumático e não organizador agravado caso os pais adotivos não consigam efetuar a função de metabolizar as ansiedades infantis.

Vimos como algumas crianças expressam uma resistência diante dos pais adotivos, em uma tentativa de preservar os laços com sua história de origem, enquanto outras, ao contrário, buscam assumir de forma precipitada uma nova identidade, pelo receio de não serem aceitas. A não-elaboração da perda de pessoas, objetos, lugares, idioma, cultura, hábitos, poderá prejudicar o estabelecimento de um sentimento de identidade, da auto-imagem construída ao longo da vida, através da qual o sujeito se apresenta aos demais.

Espera-se que, ao final de um processo de luto pela família biológica, a representação dos pais de origem, mantida inconsciente, possa conviver com a dos pais adotivos. Paralelamente à necessidade de elaborar perdas ligadas a recordações e afetos, faz-se necessário investir em novos objetos, estabelecer novos vínculos. No caso de adoções internacionais, fantasias são formadas tanto em relação ao país deixado quanto em relação ao novo, ao mesmo tempo ameaçador e sedutor. Muitas vezes, o retorno ao país de origem é um dos momentos em que as fantasias são revisitadas e reelaboradas.

Em diversos casos observados, percebemos que a capacidade de a família adotiva funcionar como arquivo de memória entre a história de origem e a história pós-adoção contribui de forma decisiva para a saúde psíquica da criança adotada. O retorno ao Brasil, anos mais tarde, na tentativa de recuperar a história da criança, é a forma encontrada por algumas famílias para ajudar seu filho a finalizar o trabalho de luto que vinha sendo realizado.

A criança que viveu todas as etapas deste processo de adaptação e conseguiu integrar suas origens com a herança das memórias da família adotiva terá recuperado a capacidade de reescrever sua história.

Referências bibliográficas

ABREU, D. *No bico da cegonha* – histórias de adoção e da adoção internacional no Brasil. Rio de Janeiro: Relume Dumará, 2002.

DELFIEU, F.; GRAVELAINE, J. *Parole d'adopté*. Paris: Éditions Robert Laffont, 1998.

LÉVY-SOUSSAN, P. L'accompagnement de la famille adoptive dans une consultation psychologique spécialisée dans les problèmes de filiation. In: OZOUX-TEFFAINE, O. (Org.). *Enjeux de l'adoption tardive*. Ramonville Saint-Agne: Éditions Éres, 2004, p. 231-242.

OZOUX-TEFFAINE, O. De la séparation à la filiation du couchant au levant, une nouvelle vie pour l'enfant en adoption tardive. In: OZOUX-TEFFAINE, O. (Org.). *Enjeux de l'adoption tardive*. Ramonville Saint-Agne: Éditions Ères, 2004, p. 95-123.

PEILLE, F. Le désir et la recherche des origines dans l'adoption tardive. In: OZOUX-TEFFAINE, O. (Org.). *Enjeux de l'adoption tardive*. Ramonville Saint-Agne: Èditions Ères, 2004, p. 211-229.

SIMPSON, E. *Orfans*: Real and imaginary. New York: Signet, 1990.

VARGAS, M. M. *Adoção tardia*: Da família sonhada à família possível. São Paulo: Casa do Psicólogo, 1998.

WINNICOTT, D. W. *O ambiente e os processos de maturação*: Estudos sobre a teoria do desenvolvimento emocional. Porto Alegre: Artes Médicas, 1979.

5

Os filhos da homoparentalidade: elementos para pensar o processo de subjetivação

Maria Consuêlo Passos
Universidade São Marcos

Impasses e saídas na formação da família homoparental

À medida que os homossexuais vão conquistando espaço nas diferentes redes sociais, tornam-se mais visíveis suas formas de casamento, família e parentalidade, demandas que são comuns a qualquer cidadão. Ocorre que, embora haja em nossos dias mais liberdade de expressão, a homoafetividade ainda é objeto de preconceitos, nos diferentes tipos de relações sociais, na mídia e, infelizmente, no âmbito "psi" onde, muitos profissionais, valendo-se de argumentos ditos científicos, procuram ocultar um moralismo exacerbado e uma visão de mundo que em nada combina com o cerne da sua ocupação, que é compreender o ser humano e trabalhar em prol de sua saúde psíquica.

Sem nenhuma intenção de prosseguir evidenciando essas tensões, mas interessada em ampliar a compreensão sobre a homoafetividade, gostaria de sugerir, desde já, a leitura do texto desenvolvido por Perelson (2006): "A parentalidade homossexual: uma exposição do debate psicanalítico no cenário francês atual". Nele, encontramos uma síntese consistente da discussão que vem ocupando alguns psicanalistas. Embora se trate de um debate francês, essa síntese é muito ilustrativa das preocupações na nossa realidade brasileira, onde a questão surge mais recentemente.

Aqui nos interessa, principalmente, sistematizar as principais idéias desse debate, para que ele nos auxilie na proposição central do trabalho que é discutir possíveis repercussões da homoparentalidade no processo de subjetivação dos filhos. Adianto que a noção de repercussão aqui utilizada em nada se aproxima de uma tentativa de patologizar essa forma de relação familiar. A preocupação aqui é evidenciar que há nela uma forma de vida parental, distinta de tantas outras, e verificar quais são as peculiaridades que se refletem na existência das crianças geradas nesses contextos.

Para tanto, é necessário evidenciar alguns aspectos que caracterizam a família homoparental. Inicialmente, é preciso considerar o desejo do casal de ter filhos, e a forma por meio da qual ele procura viabilizar a parentalidade. Essa questão vem sendo discutida sob vários ângulos e, embora seja importante pensar nas formas utilizadas por esses casais para viabilizarem a concepção, o mais importante é verificar como os mesmos investem subjetivamente na possibilidade de tornarem-se pais/mães, e "criam" imaginariamente seus filhos.

Isto implica, necessariamente, em um trabalho psíquico que demanda uma elaboração da sua história como filho, das experiências primárias na cadeia familial de origem e um retorno ao contexto atual em que o processo de criação da parentalidade está em curso. É na vivência desse processo que os indivíduos amadurecem a possibilidade de ser pai ou mãe, sem perder o lugar de filho. Até aqui não dissemos nada de novo, se tomarmos como referência os casais heterossexuais que pretendem ter filhos.

Penso que a diferença está no fato de que esse retorno ao lugar de origem na rede familiar pode exigir um trabalho adicional, que implica em lidar com as linhas de força entre a demanda afetiva pela "criação" de um filho e as dificuldades advindas, tanto das suas condições naturais de procriação, quanto das censuras e preconceitos que esse tipo de solicitação produz na sociedade.

Esse trabalho adicional ao qual me refiro diz respeito às possíveis intercorrências que surgem na escolha de uma modalidade de procriação, seja por inseminação ou fertilização – modalidades que podem acarretar sofrimentos psíquicos gerados pelas frustrações com o insucesso de tais procedimentos – ou mesmo pela demora e até impossibilidade de adotar uma criança, conforme os critérios "desejados". Embora essas variáveis não sejam prerrogativas exclusivas dos casais homoparentais, são vividas por estes de forma singular, tendo em vista a escolha que precisam fazer sobre a forma de procriação. Além disso, é preciso levar em conta as dificuldades que precisam ser enfrentadas na tentativa de operacionalizar tal escolha e, ainda, as barreiras que devem ser eliminadas, tendo em vista o olhar social que, freqüentemente, impõe julgamentos e preconceitos.

Outro aspecto que merece atenção é a questão da indiferenciação sexual, apontada por alguns estudiosos como problemática, já que dificultaria o processo de identificação pais-filhos como instituinte fundamental da constituição psíquica da criança. Esse parece ser o ponto mais polêmico, de acordo com os psicanalistas que adotam uma visão teórica/ideológica da psicanálise, para a contestação das novas formas de casamento e de família, como se fosse possível conter as condições advindas das sociedades liberais e tecnologizadas, que oferecem recursos e facultam ao cidadão uma expressão mais livre de sua vida sexual e afetiva.

É interessante observarmos que essa perspectiva da diferenciação entre os sexos não faz parte do ideário da sociedade, senão a partir da modernidade, no ocidente. Alguns autores suspeitam que essas matrizes diferentes ou mesmo essa oposição entre os sexos surgem para sustentar, com base em uma pretensa superioridade biológica, uma supremacia do sexo masculino sobre o feminino.

Considero muito esclarecedora a contribuição de Prokhoris (apud Perelson, 2006, p.726) para o debate da diferenciação entre os sexos. Para ela, a questão só vai avançar se nos ocuparmos da distinção entre a diferença sexual e a sexuação. Assim, os que contestam a homoparentalidade, confundem essas duas noções que Freud (1920), no texto "Psicogênese de um caso de homossexualismo numa mulher", nos ajuda a separar. Nessa perspectiva, enquanto a noção de diferença entre os sexos refere-se à concepção da identidade masculina e feminina e possui uma sustentação social muito forte, a sexuação diz respeito àquilo que o sujeito constitui paulatinamente sem que esteja, necessariamente, articulada à noção de diferença. Estaria assim mais relacionada à sua própria constituição intra-subjetiva e, portanto, aos lugares que o sujeito dimensiona para si, nos diferentes espaços que coabita.

Nesse sentido, é possível pensarmos a sexuação como um eixo mobilizador da vida afetiva do casal e, como tal, base para a criação dos laços parentais. A partir daí podemos entendê-la como alicerce para a organização das funções dentro do espaço familiar. Isso significa que essas funções não dependem da determinação biológica, mas seriam decorrentes da posição subjetiva que os pais/mães teriam, junto aos filhos.

Desta forma, nem a função paterna exigiria a presença de um homem, nem a materna solicitaria a existência de uma mãe biológica ou de uma mulher para o seu exercício. A exigência seria, no primeiro caso, de uma figura que, próxima à relação mãe-bebê, favoreça a separação aí necessária e consiga ampliar o mundo do bebê, levando-o a conhecer e reconhecer novas figuras em seu entorno. Essa expansão do seu universo lhe permite uma inserção na cadeia simbólica da qual deriva sua condição de sujeito. Essa figura pode ser, portanto, a companheira da mãe. O fundamental é que ela esteja investida subjetivamente desse lugar de suporte da relação do bebê com sua mãe.

No caso de um casal de homens, de novo podemos pensar em posições subjetivas. Isso significa que é preciso dar relevância à forma como cada membro do casal investe afetivamente o filho(a). Cada sujeito constitui um lugar junto à criança, a partir do qual marcará sua presença parental e exercerá uma dada função. Embora essas posições sejam necessárias, penso que elas não devem ser fixas, tampouco exclusivas. Trocas de lugares existem e desde que não sejam exageradas, não comprometem a constituição psíquica dos filhos.

Por fim, podemos dizer que esses dois aspectos, em princípio problemáticos, pois fogem aos parâmetros hegemônicos da família nuclear patriarcal, em tese não dificultariam a formação dos laços parentais, nem acarretariam impasses no processo de subjetivação dos filhos da homoparentalidade, não fossem os efeitos prejudiciais que podem ser produzidos por uma sociedade ainda fortemente homofóbica. Quando observamos que no Brasil o índice de violência praticada contra homossexuais tem aumentado, ficamos assustados com as repercussões que essa intolerância pode trazer para a vida relacional das crianças nascidas no contexto de famílias homoparentais.

Ainda que os pais, a família de origem e os amigos recebam essas crianças e não as discriminem, estamos longe de uma situação de naturalidade. A opção por filhos, a chegada destes e suas inserções nos espaços públicos, como a escola, quase sempre estão encobertos por sigilos e, às vezes, dissimulações que, certamente, interferem na constituição psíquica da criança. São essas possíveis interferências que nos ocuparão a partir de agora.

Parentalidade "negada"

No princípio é a mãe. Ela é o ambiente do bebê e representa o mundo no qual ele irá se inserir. Esse mundo é, evidentemente, criado por ela, por mais que sua realidade lhe imponha regras e exija seu cumprimento. Somente a interface entre um mundo real e fantasiado permite à mãe sustentar o nascimento do bebê, recebê-lo, reconhecê-lo como filho/a e criar as condições primárias para que ele possa desenvolver e amadurecer seu potencial humano para tornar-se autônomo.

Nesse contexto, a mãe suporta a onipotência primária do filho para, num segundo momento, frustrá-la numa tentativa de levá-lo a delinear seu próprio espaço, o espaço do outro e as diferenças entre eles. Assim, amparar a angústia, própria dessa delimitação de si mesmo, também é atribuição da mãe.

Enfim, é por meio da sua capacidade de maternar que a mãe apresenta essa nova criatura ao mundo e lhe facilita a vida, oferecendo-se como recurso para que ela comece a sustentar sua própria existência. Apresentar o bebê ao mundo significa, sobretudo, inseri-lo no circuito das relações por meio das quais ele cria sua rede de afetos, e é alocado na cadeia familiar, matriz de todos os outros lugares que serão ocupados ao longo da vida.

Pois bem. Que mundo apresentar a essa criança, se a mãe está submetida a uma cultura que, em grande medida repudia sua orientação sexual, seu desejo de ter filho e menospreza suas condições para maternar um bebê? Mesmo que ela e sua parceira revelem amadurecimento em relação à demanda de procriação e também na posição que devem assumir diante da criança, não é possível negar que as tensões suscitadas por uma recusa social possam repercutir nos cuidados e na educação dos filhos.

Do mesmo modo, os casais de homens que optam por "conceber" filhos estão submetidos a essas condições adversas, que acabam por se interpor na definição das funções e papéis que cada um deve exercer junto aos filhos. Essa experiência de exclusão é, portanto, fundamental no processo de subjetivação dos filhos.

Sem querer negligenciar as diferentes características da parentalidade homoafetiva – muitas delas já bastante exploradas – vamos nos ater apenas àquela que se refere ao segredo que envolve a concepção dos filhos, tendo em vista os preconceitos que ainda preponderam na sociedade brasileira. As pesquisas nos mostram que os casais temem a exclusão a que são submetidos. Em decorrência, mantém sob sigilo a forma como esses filhos são concebidos e, muitas vezes, até negam que os mesmos sejam filhos da homoparentalidade.

A questão que se coloca, em primeiro lugar, é que o investimento afetivo, elemento sem o qual não é possível a constituição da relação parental, tem lugar dentro de um novelo de tensões, no qual convivem sentimentos contraditórios marcados, principalmente, pelo medo de serem expostos e de exporem os filhos a uma situação de exclusão social.

Repercussões dos preconceitos
na subjetivação dos filhos

Nossa tese é a de que um ambiente criado com base em um segredo da sua própria origem e na impossibilidade de uma expressão livre da rede de afetos que organiza a família pode contribuir para um fechamento narcísico no interior dessa rede, de modo a repercutir na constituição subjetiva de seus membros. Antes de refletirmos sobre essas possíveis repercussões, é importante discutir os sentidos desse fechamento narcísico no contexto da família.

Como sabemos, o espaço familial é constituído por uma circulação permanente entre o mundo interno e o externo, entre o singular e o plural. Movimento que Winnicott (1993) explicitou muito bem, quando tratou da transicionalidade como uma experiência inerente ao processo de constituição da psique infantil. Por meio dela, o bebê vive a superposição entre esses mundos e progressivamente consegue discernir os contornos de um e de outro, sem que isso implique uma cisão ou mesmo uma dicotomia entre eles.

Desde o início, o bebê deve ser incentivado a buscar o reconhecimento de si e do outro, princípio que lhe confere a expansão e o amadurecimento do seu universo simbólico. Esse reconhecimento pressupõe – paradoxalmente – um total desconhecimento da diferença entre ele e o outro, no que é incentivado pela mãe que o toma, nesse momento, como um prolongamento de si. É a partir dessa experiência que o bebê, suficientemente provido dessa condição, busca ampliá-la e com a cumplicidade da mãe, amadurece, pouco a pouco, a sua visibilidade do objeto que é diferente dele. No princípio, como sabemos, esse objeto é a mãe, depois o pai, ou quem exerce sua função. Em seguida os irmãos, caso existam, parentes da família de origem, amigos, e por aí segue indefinidamente a ampliação da rede humana na qual a criança constrói seu lugar.

Pensamos que, em uma cultura na qual os indivíduos estão marcados pelo medo e pela ameaça de rejeição, em que os pais criaram secretamente suas condições parentais, essa expansão de mundo a que o bebê deve ser conduzido poderá ser comprometida e exigir dele um esforço maior e até o uso de resistências na tentativa de encontrar saídas plausíveis que permitam sua inserção no contexto das relações intersubjetivas. Isto porque a mãe – submetida a uma condição "não natural" de procriar –, muitas vezes procura manter a fusão com a criança, temendo possíveis hostilidades do mundo, que não acolhe sua demanda de conceber filhos.

Assim, o processo de separação mãe-bebê pode tornar-se mais lento e difícil, exigindo dele um esforço maior. Caso essa dificuldade não seja vencida – já que as tensões internas geradas pelo temor materno podem, temporariamente ou não, dificultar as saídas da criança – é possível haver um curto-circuito no fluxo contínuo de abertura e fechamento que o bebê vive em direção ao ambiente externo.

Possíveis entraves da família em relação à sua permeabilidade a esse ambiente externo poderiam dificultar a inserção da criança na rede relacional mais ampla e, nesse caso, comprometer a trama de investimentos intersubjetivos a que ela e os demais membros do grupo estão submetidos.

Sabemos que desde o nascimento a criança é vulnerável às imposições do mundo externo que lhes são traduzidas por meio da linguagem. Na sua dependência primária à mãe, a criança vai pouco a pouco percebendo que ela está cercada por outros a quem também se dirige. Isso permite ao bebê abdicar de manter imaginariamente a mãe como sua propriedade privada e à sua inteira disposição. Esse é o princípio da ampliação do mundo que marca todo ser humano, desde seus primeiros passos como sujeitos.

Refletindo sobre essa questão, Nasio (1995, p. 51) observa:

> Assim, o filho percebe que a mãe também deseja fora dele e que ele não é tudo para ela: essa é a ferida infligida ao narcisismo primário da criança. A partir daí, o objetivo consistirá em fazer-se amar pelo outro, em agradá-lo para reconquistar seu amor; mas isso só pode ser feito através da satisfação de certas exigências, as do ideal do eu. Esse conceito designa, em Freud, as representações culturais e sociais, os imperativos éticos tal como são transmitidos pelos pais.

É nesse momento, no qual a criança busca conquistar o outro e criar seu lugar na afetividade dele, que podem surgir os primeiros indícios de um fechamento narcísico. Temendo as possíveis dificuldades que o filho enfrentará nas suas investidas relacionais futuras, a mãe, muitas vezes, procura compensá-lo com um superinvestimento, o que poderá impedi-lo de sair do estado fusional primário vivido por ambos. Voltada exageradamente para a criança, ela não lhe permite experienciar o "jogo" da reconquista, tão natural e necessário ao amadurecimento da capacidade infantil de descobrir o mundo e recriá-lo.

Nesse caso, a criança corre o risco de limitar seu universo relacional ou mesmo de bloqueá-lo, temporariamente ou não, havendo uma interrupção no fluxo de investimentos recíprocos, responsável pela constituição dos laços. Tudo isso repercute nas saídas que ela deveria procurar para se diferenciar no grupo familiar, fazendo emergir as singularidades com as quais fará os intercâmbios e as negociações consigo mesma e com o outro.

Identificamos como fechamento narcísico essa dinâmica que mantém certo aprisionamento da mãe com o filho, e interfere no funcionamento global da família. Ele pode ser circunstancial, ou não, dependendo do potencial da mãe e do bebê, mas também de quem assume a função complementar à materna, no sentido de flexibilizar essa fusão primária, intermediando o acesso da criança a outras personagens, seja da família extensiva ou mesmo de outros grupos.

A plasticidade, inerente tanto ao psiquismo individual como ao grupal, pode possibilitar a criação de estratégias capazes de promover um redirecionamento no circuito interacional da família, permitindo que seus membros organizem defesas contra esse fechamento e não necessariamente doenças psíquicas. No caso das famílias homoparentais, uma estratégia muito utilizada é a formação e a convivência com grupos de homossexuais que agregam forças para combater a exclusão de seus membros. Essas defesas não são necessariamente negativas, mas recursos psíquicos que permitem amadurecer e transformar as adversidades.

Bezerra & Ortega (2007, p. 37) nos oferecem uma excelente reflexão sobre essa plasticidade, quando afirmam:

> O mundo da vida não é o universo das partículas físicas, organizadas em elementos e corpos dispostos num espaço neutro, interagindo indiferentes aos resultados dessa interação. A vida é completamente avessa a essa indiferença. Ela é regida pela valoração, pela busca de sobrevivência e de satisfação, ela é movimento intencionado, embate constante contra resistências e obstáculos, invenção de novos modos de existência e novas formas de interação. Olhar para a vida é perceber um continuum, um fluxo de processos em movimento, mais do que um conjunto de formas estabilizadas, que por definição são transitórias e instáveis.

Quando me refiro às dificuldades dos pais em relação aos preconceitos contra a homoparentalidade, não estou tratando apenas da rejeição do ambiente externo que, muitas vezes, penaliza aqueles que transgridem a ordem estabelecida da família, considerada por muitos como patrimônio social e moral intocável. Refiro-me, também, a forma como esses cidadãos – homens e mulheres que têm filhos em suas relações homoafetivas – subjetivam a maternidade e paternidade quando estas são mantidas sob segredo e amparadas pelo manto que encobre os medos da exclusão a que eles e seus filhos são submetidos.

Embora seja ainda escasso o conhecimento sobre os filhos de famílias homoparentais, como vimos acima, muitas abordagens desses grupos levam em conta as possíveis repercussões psíquicas impostas por uma dinâmica relacional na qual a diferenciação sexual está ausente.

Pois bem, se há uma diferenciação que pode ser muito desfavorável à saúde psíquica das crianças, é essa que ainda hoje considera as famílias homoparentais perniciosas. Ela mantém os filhos destas famílias na condição daqueles a quem falta a moralidade necessária para o convívio com outras crianças nascidas no berço da "normalidade". Por inacreditável que possa parecer, muitos educadores e profissionais "psi" são coniventes com essa situação, reproduzindo, em suas ações "sutis" ou não, os preconceitos contra os pais e as crianças. Enquanto não promovermos um desarmamento moral, capaz de suportar o potencial humano para ser diferente, estaremos sempre vulneráveis à violência e a solidão.

Referências bibliográficas

ANDRÉ, J. (Org.). *Les sexes indifférents*. Paris: Presses Universitaires de France, 2005.

BEZERRA JR, B. & ORTEGA, F. *Winnicott e seus interlocutores*. Rio de Janeiro: Relume Dumará, 2007.

CADORET, A. *Des parents comme les autres*. Paris: Éditions Odile Jacob, 2002.

DIAS, E. O. *A teoria do amadurecimento humano de D. W. Winnicott*. Rio de Janeiro: Imago, 2003.

DUBREIL, E. *Des parents de meme sexe*. Paris: Éditions Odile Jacob, 1998.

FREUD, S. (1920). Psicogênese de um caso de homossexualismo numa mulher. In: *Obras Completas, Edição Standard Brasileira*, Vol. XVIII. Rio de Janeiro: Imago, 1976.

GROSS, M. *Homoparentalités, état des lieu.* Issy-les-moulineaux: Esf Éditeur, 2000.

NADAUD, S. *Homoparentalités* – une nouvelle chance pour la famille? Paris: Librarie Arthème Fayard, 2002.

NASIO, J.-D. *Lições sobre os 7 conceitos da psicanálise.* Rio de Janeiro: Jorge Zahar, 1995.

PARSEVAL, G. D. *Famille à tout prix.* Paris: Éditions du Seuil, 2008.

PERELSON, S. A parentalidade homossexual: uma exposição do debate psicanalítico no cenário francês atual. In: *Estudos Feministas,* Florianópolis, setembro-dezembro/2006, v. 14, n. 3, p. 272.

ROTENBERG, E.; WAINER, B. A. (Orgs.). *Homoparentalidades* – nuevas famílias. Buenos Aires: Lugar Editorial, 2007.

TORT, M. *Fin de dogme paternel.* Aubier: Éditions Flammarion, 2005.

WINNICOTT, D. W. *Natureza humana.* Rio de Janeiro: Imago, 1990.

_____. *Da pediatria à psicanálise.* 4. ed. Rio de Janeiro: Francisco Alves, 1993.

6

Conjugalidades contemporâneas: um estudo sobre os múltiplos arranjos amorosos da atualidade[1]

Terezinha Féres-Carneiro e Cilio Ziviani
Pontifícia Universidade Católica
do Rio de Janeiro

Introdução

O atual momento social é descrito como uma era cujas mensagens e fenômenos são confusos, fluídos e imprevisíveis. Bauman (2003) denomina esta era como "modernidade líquida" e compara o momento atual com o mundo darwiniano, onde o melhor e mais forte sobrevive. Neste mundo de sobrevivência, o relacionamento humano configura-se de forma efêmera. Os sentimentos são descartáveis, assim como os relacionamentos, em prol de uma sensação de segurança. Assim, a sociedade contemporânea enfrenta um paradoxo. A fragilidade do laço e o sentimento de insegurança inspiram um conflitante desejo de tornar o laço intenso e, ao mesmo tempo, de deixá-lo desprendido.

[1] Trabalho desenvolvido com o apoio do CNPq e da FAPERJ e com a colaboração das bolsistas de Iniciação Científica: Aline Vieira de Souza (FAPERJ), Adriana Raeder Gabriel (PUC-Rio), Jacqueline Victoriense (CNPq/PIBIC), Laura Marques Rizzaro (CNPq), Luciana Janeiro Silva (CNPq/PIBIC), Paula Kraiser Borges (CNPq/PIBIC), e das bolsistas de Apoio Técnico: Mariana Reis Barcellos (FAPERJ) e Vanessa Augusta de Souza (CNPq).

Giddens (1993) afirma que o compromisso e a história compartilhada devem proporcionar algum tipo de garantia aos parceiros de que a relação será mantida por um período indefinido. No entanto, ele contrapõe esta idéia com o contexto social contemporâneo. Postula que o casamento não é mais considerado como uma "condição natural", e que a relação é durável enquanto houver satisfação suficiente. Denomina este tipo de relação de "relacionamento puro", o qual pode ser encerrado a qualquer momento por um dos parceiros.

Esta igualdade de investimento para a manutenção da relação é descrita por Heilborn (2004), quando afirma que os valores da família das camadas médias vêm sofrendo mudanças significativas, devido à ideologia igualitária. A partir de seus estudos, a autora conclui que este ideal igualitário promoveu transformações nos modelos familiares e também na desvalorização do papel da família. Os valores que interferem no comportamento e na interação entre os indivíduos estão calcados na singularidade e na liberdade individual. Isto desencadeou a recusa da distinção hierárquica entre os gêneros e a explicitação da homossexualidade. Além disso, em nome dos valores individualistas, houve um aumento no número de divórcios e de recasamentos, bem como o surgimento da não-obrigatoriedade de ter filhos e da coabitação como regra conjugal.

Conjugalidade, individualidade e sexualidade

Os ideais contemporâneos de relação conjugal enfatizam mais a autonomia e a satisfação de cada cônjuge do que os laços de dependência entre eles. Por outro lado, constituir um casal demanda a criação de uma zona comum de interação, de uma identidade conjugal. Assim, o casal contemporâneo é confrontado, o tempo todo, por duas forças paradoxais. Se, por um lado, os ideais individualistas estimulam a autonomia dos cônjuges, enfatizando que o casal deve sustentar o crescimento e o desenvolvimento de cada um, por outro, surge a necessidade de vivenciar a conjugalidade, a realidade comum do casal, os desejos e projetos conjugais (Féres-Carneiro, 1998).

A instalação do casal, descrita por Kaufmann (1995) em três fases, é definida como um processo de reformulação de realidades, que corresponderia ao conceito de conjugalidade. Num primeiro momento da vida em comum há um desconhecimento dos hábitos, opiniões e sentimentos entre os parceiros, levando a uma motivação de conhecer este "estranho íntimo". A construção de uma realidade conjunta, assim como a convivência compartilhada, marcam a segunda fase da instalação do casal, na qual há um sentimento maior de segurança e conforto devido à construção da identidade comum. No entanto, na terceira fase, ocorre uma retomada dos projetos individuais, exigindo que o casal delimite os espaços comuns e individuais. Nesta fase, os cônjuges são absorvidos pelo universo comum construído e o contexto doméstico interfere de forma mais intensa na relação conjugal.

Willi (1995) afirma que para o desenvolvimento pessoal de cada cônjuge é necessária uma redefinição de papéis, regras e funções. É importante que as regras não sejam totalmente rígidas para a funcionalidade da relação. A construção de uma realidade compartilhada é necessária, já que os membros do casal levam consigo um sistema de crenças baseado em valores, regras e mitos de suas famílias de origem. Esse sistema de crenças precisa ser remodelado aos poucos para que se forme a identidade conjugal do novo casal.

Pesquisando, na França, os comportamentos sexuais, Bozon (2003) constatou que na vida a dois existem duas fases da vida sexual conjugal. A primeira, a fase de "casal nascente", corresponde aos dois ou três primeiros anos de vida comum, na qual há uma freqüência elevada de atividade sexual, e uma grande importância atribuída à fidelidade. A sexualidade nascente é dedicada à construção do casal, pois é sobre a relação sexual que recai o peso de criar a díade conjugal. A segunda, a fase do "casal estabilizado", corresponde a alguns anos depois de vida a dois, havendo uma transformação na atividade sexual caracterizada pela diminuição no ritmo das relações e, apesar de o funcionamento do ritual sexual estabilizar-se, a satisfação dos parceiros diminui. O autor observou também que o desejo sexual feminino, ao longo da vida conjugal, declina e aumentam as divergências entre homens e mulheres.

Conjugalidades heterossexual e homossexual

Ao estudarmos o processo de escolha amorosa de homens e mulheres heterossexuais e homossexuais das camadas médias da população carioca (Féres-Carneiro, 1997), encontramos semelhanças e diferenças nestes dois tipos de conjugalidade. No grupo homossexual, predomina, na preferência dos homens, a qualidade "liberado sexualmente", sendo importantes a atração física e a dimensão erótica na relação; na preferência das mulheres, predominam as qualidades "carinhosa" e "companheira", e a importância do amor e da amizade. Observamos que, em geral, os sujeitos esperam que seus cônjuges possuam os atributos que a sociedade classifica como pertencentes ao gênero de seus parceiros potenciais; assim, "competência profissional" e "capacidade econômica", culturalmente identificadas como atributos masculinos, foram valorizadas pelas mulheres heterossexuais e pelos homens homossexuais, na escolha de parceiros, não tendo sido consideradas importantes para os homens heterossexuais nem para as mulheres homossexuais.

Em estudo que realizamos, no final dos anos 1990, com solteiros, casados, separados e recasados, sobre as conjugalidades heterossexual e homossexual (Féres-Carneiro, 1999), constatamos também semelhanças e diferenças entre homens e mulheres de ambos os grupos, como também entre as dinâmicas conjugais destes dois arranjos. O relacionamento sexual é considerado por homens e mulheres como relevante, todavia, apenas os homossexuais masculinos falam de uma freqüência desejável para as relações sexuais, enquanto os outros sujeitos afirmam que a freqüência depende do casal. A fidelidade é considerada, pela maioria dos sujeitos de ambos os grupos, como de fundamental importância na relação amorosa. Entretanto, dentre os homossexuais, homens e mulheres indicaram a alternativa do sexo fora da relação, quer como estímulo para esta, quer como uma possibilidade colocada pela própria definição do relacionamento. No discurso dos homens homossexuais, foi possível perceber também uma diferença entre fidelidade sexual e fidelidade amorosa. Para estes sujeitos, a infidelidade sexual não é necessariamente uma traição, enquanto a infidelidade amorosa é sempre considerada uma traição.

Já no início dos anos 1990, Giddens (1993) considera comum, aos homossexuais masculinos, uma grande diversidade de parceiros sexuais, com quem o contato pode ser apenas transitório. Todavia, uma grande quantidade de homens homossexuais e a maior parte das mulheres homossexuais, segundo o autor, encontram-se constantemente em uma relação de coabitação com apenas um parceiro. Nesta mesma década, Hite (1998) constata que as mulheres homossexuais teriam menor proporção de casos fora de seu relacionamento principal do que as mulheres heterossexuais. Também, enquanto a maior parte das mulheres heterossexuais esconderia tais casos de seus cônjuges, as mulheres homossexuais não-monógamas ou têm seus casos com o consentimento da parceira principal, ou a informação chega muito rápido à ela. Isso, segundo o autor, pode ocorrer devido a uma comunicação maior em um relacionamento entre duas mulheres do que em um relacionamento heterossexual.

No final da década de 1990, nossas pesquisas (Féres-Carneiro, 1997; 1999) revelaram que a aceitação da família em relação à preferência sexual dos sujeitos homossexuais é maior no caso dos *gays* do que no caso das lésbicas. A maioria dos homens afirma que tal preferência é bem aceita pela família, enquanto a maioria das mulheres fala de um desconhecimento dos familiares em relação à sua condição de homossexuais. A questão dos filhos para os sujeitos homossexuais também se coloca de forma diferente para *gays* e lésbicas. Enquanto a maior parte dos homens diz não pretender ter filhos, no discurso da maioria das mulheres aparece o desejo de ter filhos, independente da maneira de concebê-los. Assim, apesar da tendência a se apagar, pouco a pouco, nas sociedades ocidentais, a linha que separa os campos da maternidade e da paternidade, parece permanecer mais forte nas mulheres, mesmo entre as homossexuais, o desejo de ter filhos.

Rostosky, Korfhage, Duhigg, Stern, Bennett & Riggle (2004) examinam a questão do contexto familiar dos parceiros do mesmo sexo envolvidos em um relacionamento amoroso, estudando o quanto o apoio familiar, ou a ausência dele, pode influenciar na convivência do casal homossexual. Os resultados deste estudo mostram que, na percepção da maioria dos sujeitos, a qualidade do apoio familiar afeta o relacionamento do casal, fortalecendo-o ou fragilizando-o. Como não há modelos culturais, rituais ou normas disponíveis, como exemplos para a integração de casais do mesmo sexo à família, estes casais têm de inventar seus próprios "rituais de pertencimento", que servirão para fortalecer e validar a sensação de ser um membro da família.

Nessa perspectiva, Arán e Corrêa (2004) apontam para a mudança nas representações, nas práticas e nas identidades sexuais que vêm ocorrendo na contemporaneidade. Afirmam que os fatores principais para tal fenômeno são: a crise na família nuclear (monogâmica e heterossexual), a entrada da mulher no mercado de trabalho, a separação da sexualidade da reprodução e uma política de visibilidade da homossexualidade. Em tal contexto, o debate sobre o reconhecimento social e jurídico de casais homossexuais tem sido um dos fatores de destaque.

Conjugalidade: enquadre e transmissão

A conjugalidade, na literatura psicanalítica das relações amorosas, é definida como uma identidade compartilhada, produto de uma trama identificatória inconsciente dos sujeitos-parceiros, que se origina na história familiar de cada um e se dirige a um ideal conjugal compartilhado. Os parceiros são inconscientemente impulsionados no sentido da realização de mandatos familiares transmitidos. Eiguer (1984) aborda a escolha amorosa como produto da organização inconsciente do casal, originada no interjogo das relações de objeto, modelada a partir da identificação com o casal parental. Quase uma década mais tarde, McDougall (1993), ao discutir o papel das identificações no desenvolvimento afetivo-sexual dos sujeitos, assinala que a configuração do sentido de identidade sexual dos filhos está diretamente relacionada ao casal parental, por meio das identificações com ambos os pais.

Ampliamos essa perspectiva e incluímos, no jogo identificatório, outros modelos conjugais que possuem valor significativo na vida do sujeito, além do casal parental propriamente dito. Esses modelos podem incluir representantes e/ou substitutos do casal parental. Em estudos recentes (Féres-Carneiro, Magalhães & Ziviani, 2006; Magalhães e Féres-Carneiro, 2007), verificamos que o lugar que o casamento dos pais ocupa nos projetos de vida de seus filhos está relacionado, sobretudo, com o modo como os jovens se apropriaram de sua herança familiar e com o discernimento que possuem sobre os aspectos da conjugalidade dos pais que os influenciam. Nesse estudo, ressaltamos que a trama identificatória, que está na base da conjugalidade, é alicerçada nos modos de transmissão psíquica familiar.

A partir da inserção do sujeito na cadeia geracional, circunscrevemos o lugar da conjugalidade. Consideramos a escolha amorosa como ponto inicial demarcatório dos contornos da conjugalidade. É no momento do encontro amoroso que os elos geracionais dos parceiros se entremeiam e formam a matriz da conjugalidade. A tessitura que se organiza, nesse momento, resulta do interjogo identificatório dos parceiros e das atrações mútuas entre conteúdos psíquicos análogos, simétricos ou complementares. Segundo Lemaire (1988), a conjugalidade se constitui na porosidade de limites dos parceiros. Para ele, ocorre uma atração entre os parceiros a partir de algumas zonas mal delimitadas do "eu"; são essas brechas psíquicas que favorecem a ligação e o investimento amoroso entre os cônjuges.

Winnicott (1951/1971) contribui com construtos teóricos importantes para a compreensão da conjugalidade, desenvolvendo a noção de um objeto que se produz numa "realidade compartilhada", não sendo exclusivamente resultado de projeções de partes do *self*. A "realidade compartilhada" é uma terceira área do psiquismo, uma área de experimentação para o sujeito, que inclui realidade interna e externa. Na conjugalidade, os parceiros compartilham essa terceira área, criando uma área transicional comum. Consideramos que essa área transicional representa um espaço potencial para as relações amorosas, em que a porosidade dos limites dos sujeitos-parceiros favorece a constituição da conjugalidade (Féres-Carneiro, Magalhães & Ziviani, 2006).

"Ficar", namoro e noivado

Dentre as novas formas de relacionamentos amorosos, especialmente no que se refere aos adolescentes, a partir da década de 1980, uma vem se tornando cada vez mais comum: o chamado "ficar" que, por ser relativamente recente, ainda não é completamente assimilado e compreendido por todos, como são outras relações mais tradicionais, como o namoro, o noivado e o casamento. O "ficar" tem como característica essencial a falta de compromisso entre os parceiros, que buscam obter prazer, a partir do exercício da sedução. O grau de envolvimento pode ir de uma simples troca de beijos e abraços até uma relação sexual, sendo que esta não necessariamente ocorre.

Para Chaves (2001), o "ficar" ganha sentido na sociedade urbana contemporânea na medida em que o que está em jogo é a auto-satisfação e a evitação da frustração que poderia decorrer de um compromisso afetivo com o outro. Assim, há uma espécie de negação da alteridade, em prol de objetivos narcísicos, tornando o outro "descartável", facilmente substituível, caso não corresponda a certas expectativas. O "ficar" é classificado pela autora como beirando a "anti-paixão", quando comparado com o amor romântico, que implica em um envolvimento afetivo e em paixão, carregada de sentimentos em relação ao outro. Visando à quantidade e à intensidade dos prazeres imediatos, à satisfação de desejo – vista muitas vezes como passatempo –, o "ficar" é uma espécie de experimentação, sem a preocupação com o objeto, que funciona como um meio para se obter uma descarga. Em estudo realizado com adolescentes, Matos, Féres-Carneiro & Jablonski (2005) constataram que a forma de relacionamento mencionada pelos sujeitos como a mais freqüente na atualidade foi o "ficar", uma relação inicialmente sem compromisso, mas que funciona como "teste", para que se conheça a outra pessoa, verificando se há afinidade, se é possível desenvolver um sentimento de amor, para, então, poder começar a namorar. Considerando que os adolescentes citaram como principais itens necessários para um relacionamento dar certo, o amor, a fidelidade e a confiança, parece que desejam se envolver afetivamente, ansiando por relações "verdadeiras", das quais buscam certificar-se através do "ficar", que seria uma forma de evitar uma decepção futura. Grande parte dos jovens destacou o fato de o namoro ser uma restrição, fazendo com que o indivíduo esteja "preso" a outra pessoa, pelo compromisso, mas não afastou esta forma de relacionamento como desejável. Os jovens "ficam" quando não há um "sentimento maior", mas só namoram quando este sentimento existe.

Justo (2005) considera que é perfeitamente compreensível que os adolescentes se lancem em experiências variadas e breves com o intuito de conhecer melhor o parceiro. Nesse sentido, não haveria tanta diferença entre o "ficar" e a paquera, embora essa seja tida como uma primeira aproximação que se inicia com olhares e avança para uma conversa mais reservada e íntima, enquanto o "ficar" envolve algum tipo de contato físico como carícias e beijos, podendo culminar numa relação sexual. O "ficar" aparece então como um primeiro contato que poderia levar a um namoro, reafirmando a tese da busca de um maior conhecimento sobre o parceiro.

Esta nova forma de conjugalidade é denominada por Rossi (2003) de *fast food*, por se configurar por uma relação utilitarista, na qual não há vínculo de responsabilidade com o outro, objeto de uso e consumo. O encontro não deixa marcas nem saudades; não há apego. Nesse contexto, relações de compromisso como namoro, noivado e casamento, tornam-se assustadoras.

Em tempos de arranjos amorosos abertos, quando o "ficar" se apresenta como uma possibilidade fácil de relacionamento, será que ainda há espaço para modelos mais tradicionais de relação amorosa, como o namoro e o noivado?

Diferentemente do "ficar", o namoro é visto, em nossa cultura, como uma relação afetiva constante e duradoura, tendo o compromisso como elo de ligação e a afetividade sempre presente. Há alguns anos, o namoro iniciava-se a partir de uma série de passos e regras a serem cumpridas. Nos anos 1980, Azevedo (1986) discorre sobre a manifestação do namoro, em seus moldes clássicos; considera que existem princípios e regras básicas no namoro tradicional que, embora venham sofrendo modificações através dos tempos, permanecem presentes, sobretudo nos setores mais tradicionais da sociedade brasileira. O autor caracteriza o namoro no Brasil como variante de um modelo mais largamente difundido na cultura ocidental. Assinala, ainda, que o namoro à antiga é um padrão relativamente uniforme e rígido que serve a um projeto de família isogâmica, realizado em fases bem definidas de seleção e de relacionamento dos candidatos ao casamento. Com as mudanças experimentadas pela família contemporânea em sua estrutura e organização, os padrões do enamoramento tornaram-se mais flexíveis. Contudo, ainda hoje, encontramos, dentre os jovens que passaram pelo período de namoro tradicional, o estabelecimento do compromisso no passo seguinte: o noivado.

Biasoli-Alves, Simionato-Tozo & Sagim (2006), em pesquisa realizada em classes médias urbanas da cidade de Ribeirão Preto, descrevem relatos de famílias trigeracionais sobre o que consideravam namoro. A primeira geração apontou que o tempo entre se conhecerem e se casarem era curto; em geral, no namoro já existia um compromisso de casamento. No discurso da segunda geração, o namoro é longo, é comum que dure vários anos, seguindo-se o noivado, que marcava um compromisso sério e um período de aquisição de bens para a casa dos futuros cônjuges. Na terceira geração, os casais se descreveram como tendo bastante liberdade na época de namoro, com vida social intensa e vida sexual ativa.

Casamento, separação e recasamento

O casamento contemporâneo representa uma relação de significação muito intensa na vida dos sujeitos, na medida em que envolve um alto grau de intimidade e de envolvimento afetivo. No início da década de 1970, Berger & Kellner argumentam que o casamento cria, para o sujeito, uma determinada ordem que permite que a vida seja experimentada com mais sentido. Esta função do laço conjugal enquanto instrumento de construção nômica dá a ele um lugar privilegiado entre as relações mais significativas estabelecidas pelos sujeitos contemporâneos.

Em seus estudos, Jablonski (2005; 2007) expõe os principais motivos que têm contribuído para o que ele denomina "a crise do casamento contemporâneo". Dentre outros fatores, o autor ressalta o movimento de modernização da sociedade, o processo de secularização, a expansão do individualismo, o aumento da longevidade e a forma como a cultura valoriza o amor e a sexualidade nos dias de hoje.

Discutindo algumas questões de gênero no casamento contemporâneo, Goldenberg (2001) ressalta que, apesar das inúmeras e profundas mudanças pelas quais passaram os homens e as mulheres, muitos estereótipos sobre os sexos ainda permanecem. A autora argumenta que, apesar das alternativas vanguardistas de conjugalidade, o modelo tradicional de casamento continua de alguma forma presente nas relações conjugais contemporâneas. Para ela, hoje, homens e mulheres são quase iguais, escolhem-se com mais liberdade e separam-se com mais facilidade.

Magalhães (1993) e Féres-Carneiro (1995; 1997), investigando concepções de casamento, verificaram que enquanto as mulheres concebem casamento como "relação amorosa", para os homens, casamento é sobretudo "constituição de família". A demanda predominantemente feminina de separação, constatada tanto no âmbito do judiciário, como na clínica (Féres-Carneiro, 1995; 2003), pode ser entendida como uma das conseqüências do modo distinto como homens e mulheres definem casamento. Assim, para as mulheres, quando a relação não é satisfatória, sobretudo na sua vertente amorosa, a separação parece inevitável, o que não ocorre com os homens.

O número crescente de separações conjugais na sociedade contemporânea pode parecer um contra-argumento da tese, a qual nos referimos anteriormente, desenvolvida por Berger & Kellner (1970) de que o casamento é para os cônjuges uma das principais áreas de auto-realização social e a base dos relacionamentos na esfera privada. Todavia, os sujeitos se separam não porque o casamento não seja importante, mas porque sua importância é tão grande que os cônjuges não aceitam que ele não corresponda às suas expectativas. É justamente a dificuldade desta exigência que o divórcio reflete e, quase sempre, os divorciados buscam o recasamento, os homens mais rapidamente que as mulheres (Féres-Carneiro, 1998).

Estudos sobre o recasamento mostram como a família recasada tem características próprias, e é importante não tomá-la como a família nuclear recriada (Féres-Carneiro, 1998; Wagner & Féres-Carneiro, 2000; Bernstein, 2002; Travis, 2003). Na família recasada, os limites dos subsistemas familiares são mais permeáveis, a autoridade paterna e materna é dividida com outros membros da família, assim como os encargos financeiros. Há uma complexidade maior na constituição do casal e da família, que demanda flexibilidade e originalidade na interação que se estabelece entre seus membros. É importante não interpretar, como disfuncionalidade, a complexidade destas relações.

Pesquisas brasileiras realizadas por diversos autores (Féres-Carneiro, 1987; Costa, Penso & Féres-Carneiro, 1992; Wagner, Falcke, & Meza, 1997; Wagner & Féres-Carneiro, 2000; Wagner, 2002) enfatizam a possibilidade de promover saúde nas famílias recasadas, não evidenciando diferenças significativas entre famílias de primeiro casamento e famílias reconstituídas em relação a diferentes variáveis vinculadas ao desenvolvimento emocional da criança e do adolescente e à dinâmica das relações familiares.

Para Bernstein (2002), é comum o comportamento dos cônjuges de buscar um equilíbrio por meio de uma nova experiência. Os que experimentaram, inicialmente, uma relação de muito afeto, buscam, posteriormente, formas e motivos mais pragmáticos para a constituição do segundo casamento. Aqueles que vivenciaram um casamento mais utilitário procuram uma união estruturada no afeto, no companheirismo e em ideais românticos.

Coabitação e união estável

A coabitação é uma forma de relacionamento conjugal não-tradicional que se difundiu, mundialmente, a partir da década de 1970. Tem sido assumida como um estilo de vida alternativo, nas camadas médias dos grandes centros urbanos. Geralmente é escolhida por pessoas que se identificam mais com valores não-tradicionais, sendo mais bem aceita, como opção conjugal, por aqueles que não são engajados em nenhuma religião (Béjin, 1985; Dias, 2000).

Já no início da década de 1980, Spanier (1983) se refere à coabitação como uma espécie de rito preliminar ao casamento, com funcionamento próximo deste, sem haver, portanto, uma formalização em termos legais. Segundo o autor, o aumento da coabitação pode ser explicado pelo fato de haver uma maior aceitação social dessa modalidade de relacionamento, e por um aumento da liberdade sexual entre os jovens. A coabitação, enquanto fase preparatória, constitui-se como um "casamento experimental".

Em relação à união estável, Ennes (2006) se refere a este arranjo como uma forma de relação conjugal existente no plano social desde a antigüidade, contudo, seu reconhecimento como entidade familiar é um fenômeno jurídico novo. A autora ressalta que a legalização da união estável e, especialmente, as implicações decorrentes da nova realidade social que ela passou a constituir, representam uma das principais mudanças ocorridas atualmente no âmbito da conjugalidade.

Num contexto social marcado de modo particular pela multiplicidade de arranjos conjugais e familiares, o novo Código Civil reconhece como entidade familiar a união estável entre o homem e a mulher, manifestada de modo público e duradouro, com o objetivo de constituir família. A definição da vivência em comum foi alterada por um elemento jurídico que, em sintonia com a Constituição da República de 1988, utilizou a expressão união estável em substituição ao termo concubinato (Pereira, 2002).

Assim, como ressalta Ennes (2006), a união estável é retirada da categoria de concubinato e introduzida no conceito atual de família. Para a autora, a conjugalidade é, por assim dizer, o principal conceito implícito na comunhão de vida exigida em termos legais para que uma relação possa ser considerada união estável, na medida em que, se constituindo de tal forma na prática, ela precisa ser reconhecida como uma relação dotada dessa qualidade e, portanto, conjugal, no âmbito jurídico. Os conviventes precisam ser vistos socialmente como um casal para que, primeiramente, a relação constituída por eles seja considerada união estável no âmbito jurídico, e para que, posteriormente, em decorrência desse reconhecimento, possam incidir sobre eles os direitos e deveres previstos por lei. Em caso de separação, o patrimônio comum é dividido, cabendo 50% a cada membro do casal. A autora ressalta, ainda, alguns aspectos referentes à caracterização jurídica da união estável, como a não exigência legal da existência de filhos e da coabitação para sua definição como tal, e explicita algumas dificuldades encontradas pelos juristas referentes, por exemplo, à distinção entre "namoro firme" e união estável, em casos de separação.

Poliamor

O poliamor surgiu na década de 1990 como uma nova modalidade de relacionamento amoroso, uma representação paradigmática do amor contemporâneo. Sem ligação com uma identidade sexual particular (Klesse, 2006), esta modalidade específica da não-monogamia é uma orientação de relacionamento na qual se acredita ser possível e aceitável amar muitas pessoas e manter múltiplos relacionamentos íntimos (Barker, 2005), se houver honestidade quanto a eles e se não for pensada, necessariamente, em termos de relacionamentos sexuais (Barker, 2005; Klesse, 2006; Lano e Parry, 1995).

A ênfase no amor, geralmente, vem acompanhada pela diminuição da ênfase na sexualidade. Alguns praticantes, inclusive, preferem o termo "polimorosos" ao rótulo de identidade "bissexual", já que este último enfatiza o sexo e, apesar de o sexo ser importante, ter muitas relações sexuais não é o objetivo dos poliamorosos. Muitos até chegam a ter menos parceiros sexuais do que pessoas que dizem praticar a monogamia. As fronteiras entre amizade, parceria e relacionamento amoroso são ambíguas, mas importantes para o poliamor. Para alguns casais, é normal ter sexo com amigos e tal sexualização da amizade pode funcionar em diversas direções: às vezes, amizades de longa data podem se tornar relacionamentos sexuais; a atração sexual pode marcar o começo de uma amizade, que depois não será mais sexual (Klesse, 2006).

A partir de tais considerações, delineiam-se as configurações, com uma larga extensão de relacionamentos e práticas sexuais. Para Munson e Stelboum (1999), o termo poliamor inclui múltiplos tipos de envolvimentos íntimos, como a polifidelidade ou casamento de grupo; relacionamentos primários abertos a envolvimentos secundários; e envolvimentos sexuais casuais com duas ou mais pessoas.

Lano & Parry (1995) trazem o conceito de "não-monogamia responsável", se todos os parceiros estiverem cientes e partilharem de um consenso no aspecto não-monogâmico do arranjo do relacionamento. Essa explicação esbarra em dois temas extremamente importantes nos discursos poliamorosos: honestidade e consenso. A honestidade entra aqui como o axioma básico do poliamor. Outros elementos centrais são: comunicação, negociação, auto-responsabilidade, emoção e intimidade, sendo todos ligados ao tema dominante da honestidade (Klesse, 2006). O caráter ético do poliamor vem de tais elementos. Às vezes, ele não aparece como uma forma distinta de não-monogamia, mas como algo totalmente diferente dela. Em alguns casos, a concepção de um poliamoroso pode envolver, por exemplo, dar o devido valor a cada pessoa e investir em um número limitado e simultâneo de longos relacionamentos com maior envolvimento emocional, mas não como ambição em ter muitos parceiros sexuais.

Alguns poliamorosos distingüem poliamor, sexo casual e promiscuidade, na medida em que este último termo tem conotação negativa, pois implica em um número sem razão de ser de parceiros. A promiscuidade é associada com imaturidade, deficiência de caráter, superficialidade, narcisismo, egocentrismo, incapacidade de relacionamento, falta de responsabilidade e desvalorização (LeMoncheck, 1997; Klesse, 2006). Há um descontentamento generalizado entre os poliamorosos por serem confundidos com pessoas interessadas em sexo casual, *swing* ou promiscuidade, pois existe, neles, interesse sincero em construir relacionamentos de longa duração. Além disso, entre os grupos poliamorosos, há o que Lano e Parry (1995) chamam de polifidelidade, isto é, um comprometimento do grupo em ter relações sexuais apenas entre eles e de não ter outros parceiros fora do grupo.

Apesar de ainda estar em ascensão, o movimento do poliamor se propõe a quebras de padrão e surge com potencial para desafiar discursos vigentes sobre monogamia e infidelidade e para revelar a natureza construída da "heterossexualidade compulsória" (Barker, 2005).

A celebração de amor e intimidade dos poliamorosos remete ao ideal hegemônico de casais monogâmicos juntos há muito tempo (Califia, 2000). Por meio da promoção de diversos parceiros, o poliamor desafia a hegemonia do casal central como a única forma válida de relacionamento. Assim, o poliamor parece que se posiciona ambiguamente nos discursos contra e a favor da norma no sexo e nos relacionamentos, fazendo com que ele fique vulnerável a ser apropriado por ideologias normativas.

Relação virtual

Os computadores mudaram a forma pela qual trabalhamos, mas, em rede, também possibilitaram formas de relacionamento entre pessoas até então inimagináveis. Até mesmo sexo *online* vem se tornando parte da vida moderna. Entretanto, sabemos muito pouco acerca dessas novas formas de relacionamento. Cabe, portanto, investigar em quais aspectos um relacionamento virtual, no qual a emoção envolva duas pessoas que poderão nunca se ver ou se encontrar, difere de uma relação no chamado "mundo real".

Desde os primeiros estudos sobre o relacionamento romântico virtual (Williams, 1996; Cooper, 1998; Nicolaci-da-Costa, 1998), tem surgido na literatura sobre o tema grande variedade de trabalhos de natureza descritiva. Ao se examinar essa civilização de mundos virtuais, torna-se aparente que certos relacionamentos interpessoais passaram por uma transformação durante a última década do século XX, ao complementarem a tradicional relação face-a-face por uma tecnologia social que possibilita o surgimento de uma relação amorosa sem contato pessoal dos parceiros.

Em um dos primeiros esforços para conceituar o relacionamento romântico mediado pelo computador, Merkle & Richardson (2000) se propõem a considerar as maneiras pelas quais a tecnologia moderna veio influenciar a natureza de se relacionar romanticamente com outra pessoa. Constataram a diferença entre a relação face-a-face e a relação virtual quanto à auto-revelação; os usuários da internet vieram a saber mais um sobre o outro, mais rápida e intimamente, do que na relação face-a-face.

Quais seriam os determinantes psicológicos envolvidos e como poderia se articular uma teoria da relação amorosa virtual? Destacamos o trabalho de Ben-Ze'ev (2004), para quem o ciberespaço é uma realidade psicológica na qual a imaginação desempenha papel crucial; a novidade está na magnitude do aspecto imaginário e, particularmente, no seu aspecto interativo. Essa interatividade fez da realidade psicológica da imaginação uma realidade psicossocial além do indivíduo, na medida em que envolve outra ou outras pessoas. Diferentemente da carta, do telefone, até mesmo do *e-mail*, a relação virtual parece ser a primeira alternativa real de substituição da relação face-a-face.

A natureza interativa do ciberespaço tem impacto profundo em dois de seus aspectos: o da igualdade e o da sedução. No da igualdade, no sentido de que muitas das características do indivíduo significativas para a vida cotidiana, como idade, gênero, etnia ou religião, pouca relevância têm no relacionamento virtual. No da sedução, no sentido de que são acrescidas à imaginação e à interatividade as características da disponibilidade, com seu baixo custo, e do anonimato, que garante o controle do risco sempre presente nas relações interpessoais.

Diversos trabalhos têm corroborado essas considerações. Entre nós, destacamos o trabalho de Nicolaci-da-Costa (1998) que, ao estudar o impacto da internet sobre a intimidade, apontou para a profundidade e intensidade possíveis nos relacionamentos *online*, pois as relações românticas virtuais, embora à distância, são fortes e duradouras. Mais recentemente, a autora alerta sobre o equívoco da generalização das características das interações virtuais passageiras, vistas por vários autores como se fossem "verdadeiros relacionamentos", para todos os relacionamentos virtuais da contemporaneidade (Nicolaci-da-Costa, 2005).

O que torna uma relação amorosa *online* bem sucedida? A partir de sinais emitidos por "casais" do ciberespaço, Baker (2002) procurou responder acerca das condições sob as quais a relação se mantém. Concluiu que relações que começam *online* podem e, de fato, se tornam *offline*, transformando-se, muitas vezes, em relações estáveis e duradouras. Além do mais, o profundo alicerce construído por meio dos métodos de comunicação *online* podem permanecer com o casal ao mudarem para a relação na vida real, pois, para o autor, no encontro *online*, quanto mais importantes sejam as emoções e os pensamentos compartilhados, tanto menos importantes são as aparências.

Nos diferentes arranjos conjugais da contemporaneidade, a relação *online* pode, ou não, ter ocorrido na história do relacionamento; assim como as diversas dimensões relacionais, tais como a intimidade, a sexualidade, a fidelidade, a privacidade, dentre outras, podem estar presentes de modos semelhantes ou distintos em cada um dos referidos arranjos.

Considerações finais

Diante de um panorama social que apresenta múltiplas conjugalidades que se constroem, se desconstroem e se reconstroem, em seguida, num ritmo acelerado, torna-se cada vez mais importante o desenvolvimento de pesquisas que aprofundem a compreensão sobre as questões relacionadas ao laço conjugal e aos diversos arranjos conjugais contemporâneos.

Na clínica, temo-nos defrontado, cada vez mais, com os temas da relação amorosa, do casamento, da separação e do recasamento, contidos na demanda de psicoterapia dos indivíduos, dos casais e das famílias. Temos encontrado, também, um número cada vez maior de diferentes modos de vivenciar a relação amorosa em diversos arranjos conjugais. Assim, investigar a formação destes diferentes arranjos, mapear as concepções dos mesmos e o modo como os sujeitos neles inseridos interagem, permitirá uma compreensão aprofundada dos diversos temas relacionados a tais configurações.

Pretendemos, numa próxima etapa do nosso trabalho, desenvolver um estudo empírico sobre as conjugalidades contemporâneas, buscando conhecer os diferentes arranjos conjugais presentes na atualidade. Teremos também como objetivo mapear conceitualmente tais arranjos, identificando os fatores que os sujeitos neles envolvidos indicam como definidores dos mesmos. Pretendemos, ainda, comparar as visões de homens e mulheres heterossexuais e homossexuais a respeito de tais configurações, buscando identificar semelhanças e diferenças entre elas.

O desenvolvimento de pesquisas sobre os arranjos conjugais da contemporaneidade deverá dar subsídios importantes para a prática das psicoterapias individual, de família e de casal, para as quais as questões relacionadas à conjugalidade e às suas múltiplas formas estão cada vez mais presentes.

Referências bibliográficas

ARÁN, M.; CORRÊA, M. V. Sexualidade e política na cultura contemporânea: o reconhecimento social e jurídico do casal homossexual. *PHYSIS: Revista Saúde Coletiva*, Rio de Janeiro, 2004, v. 14, n. 2, p. 329-341.

AZEVEDO, T. *As regras do namoro a antiga*: Aproximações socioculturais. São Paulo: Ática, 1986.

BAKER, A. What makes an online relationship successful? Clues from couples who met in cyberspace. *CyberPsychology & Behavior*, 2002, v. 5, p. 363-375.

BARKER, M. This is my partner, and this is my partner's partner: constructing a polyamorous identity in a monogamous world. *Journal of Constructivist Psychology*, 2005, v. 18, p. 75-88.

BAUMAN, Z. *Amor líquido*: Sobre a fragilidade dos laços humanos. Rio de Janeiro: Jorge Zahar, 2003.

BÉJIN, A. O casamento extraconjugal dos dias de hoje. In: ÁRIES, P. & BÉJIN, A. (Orgs.). *Sexualidades ocidentais*. São Paulo: Brasiliense, 1985, p. 183-193.

BEN-ZE'EV, A. *Love online*: Emotions on the Internet. Cambridge, UK: Cambridge University Press, 2004.

BERGER, P.; KELLNER, H. Marriage and the construction of reality. In: DREITZEL, P. H. (Org.). *Recent sociology*. New York: MacMillan, 1970.

BERNSTEIN, A. C. Recasamento: redesenhando o casamento. In: PAPP, P. (Org.). *Casais em perigo*. Porto Alegre: Artmed, 2002, p. 297-322.

BIASOLI-ALVES, Z. M. M.; SIMIONATO-TOZO, S. M. P.; SAGIM, M. B. Valores e práticas – permanências e mudanças – estudo de famílias trigeracionais. *Família, saúde e desenvolvimento*, 2006, v. 8, p. 26-31.

BOZON, M. Sexualidade e conjugalidade: a redefinição das relações de gênero na França contemporânea. *Cadernos Pagu*, 2003, v. 20, p. 131-156.

CALIFIA, P. *Public sex*. São Francisco: Cleis Press, 2000.

CHAVES, J. C. *"Ficar com"*. Um novo código entre jovens. Rio de Janeiro: Revan, 2001.

COOPER, A. Sexuality and the internet: Surfing into the new millennium. *CyberPsychology & Behavior*, 1998, v. 1, p. 181-187.

COSTA, L. F.; PENSO, M. A.; FÉRES-CARNEIRO, T. As possibilidades de saúde a partir da separação conjugal. *Psicologia: Teoria e Pesquisa*, 1992, v. 8, n. 3, p. 250-261.

DIAS, M. *A construção do casal contemporâneo*. Rio de Janeiro: Papel Virtual, 2000.

EIGUER, A. *La thérapie psychanalitique de couple*. Paris: Dunod, 1984.

ENNES, P. A união estável e suas implicações na vida cotidiana. *Revista eletrônica*, 2006, n. 17.

FÉRES-CARNEIRO, T. Aliança e sexualidade no casamento e no recasamento contemporâneo. *Psicologia: Teoria e Pesquisa*, 1987, v. 3, p. 250-261.

_____. Casais em terapia: um estudo sobre a manutenção e a ruptura do casamento. *Jornal Brasileiro de Psiquiatria*, 1995, v. 44, n. 2, p. 67-70.

_____. A escolha amorosa e interação conjugal na heterossexualidade e na homossexualidade. *Psicologia: Reflexão e Crítica*, 1997, v. 10, n. 2, p. 351-368.

_____. Casamento contemporâneo: o difícil convívio da individualidade com a conjugalidade. *Psicologia Reflexão e Crítica*, 1998, v. 11, n. 2, p. 379-394.

_____. Conjugalidade: um estudo sobre as diferentes dimensões da relação amorosa heterossexual e homossexual. In: FÉRES-CARNEIRO, T. (Org.). *Casal e família*: Entre a tradição e a transformação. Rio de Janeiro: NAU Editora, 1999, p. 96-117.

_____. Separação: o doloroso processo de dissolução da conjugalidade. *Temas em Psicologia*, Natal: UFRN, 2003, p. 367-374.

_____. MAGALHÃES, A. S.; ZIVIANI, C. Conyugalidad de los padres y proyectos de vida de los hijos frente al matrimonio. *Cultura y Educación*, 2006, Salamanca, v. 18, n. 1, p. 95-108.

GIDDENS, A. *A transformação da intimidade*: Sexualidade, amor e erotismo nas sociedades modernas. São Paulo: UNESP, 1993.

GOLDENBERG, M. Sobre a invenção do casal. *Estudos e Pesquisas em Psicologia*, 2001, v. 1, n. 1, p. 89-104.

HEILBORN, M. L. *Dois é par*: Gênero e identidade sexual em contexto igualitário. Rio de Janeiro: Garamond, 2004.

HITE, S. *Women and love*. London: Viking, 1998.

JABLONSKI, B. Atitudes de jovens solteiros frente à família e ao casamento: novas tendências? In: FÉRES-CARNEIRO, T. (Org.). *Família e casal*: efeitos da contemporaneidade. Rio de Janeiro: PUC-Rio, 2005, p. 93-109.

JABLONSKI, B. O cotidiano do casamento contemporâneo: a difícil e conflitiva divisão de tarefas e responsabilidades entre homens e mulheres. In: FÉRES-CARNEIRO, T. (Org.). *Família e casal*: Saúde, trabalho e modos de vinculação. São Paulo: Casa do Psicólogo, 2007, p. 203-224.

JUSTO, J. S. O "ficar" na adolescência e paradigmas de relacionamento amoroso da contemporaneidade. *Revista do Departamento de Psicologia – UFF*, 2005, v. 17, n. 1, p. 61-77.

KAUFMANN, J. C. *Sociologie du couple*. Paris: PUF, 1995.

KLESSE, C. Poliamory and its 'others': contesting the terms of non-monogamy. *Sexualities*, 2006, v. 9, n. 5, p. 565-583.

LANO, K; PARRY, C. (Orgs.). *Breaking the barriers to desire*. Nottingham: Five Leaves Publications, 1995.

LEMAIRE, J. Du je au nous, ou du nous au je? Il n'y a pas de sujet tout constitué. *Dialogue*, 1988, v. 102, p. 72-79.

LEMONCHECK, L. *Loose women, lecherous Men*. New York e Oxford: Oxford University Press, 1997.

MAGALHÃES, A. S. *Individualismo e conjugalidade*: Um estudo sobre o casamento contemporâneo. Dissertação de Mestrado – Departamento de Psicologia, PUC-Rio, 1993.

_____. FÉRES-CARNEIRO, T. Transmissão psíquica geracional: um estudo de caso. In: FÉRES-CARNEIRO, T. (Org.). *Família e casal*: Saúde, trabalho e modos de vinculação. São Paulo: Casa do Psicólogo, 2007, p. 341-364.

MATOS, M. S.; FÉRES-CARNEIRO, T.; JABLONSKI, B. Adolescência e relações amorosas: um estudo sobre jovens das camadas populares. *Interação*, 2005, v. 22, n. 2, p. 133-141.

MCDOUGALL, J. Pai morto: sobre o trauma psíquico infantil e sua relação com o distúrbio na identidade sexual e na atividade criativa. In: GREEN, D. (Org.). *O enigma dos sexos*. Rio de Janeiro: Imago, 1993.

MERKLE, E. R. & RICHARDSON, R. A. Digital dating and virtual relating: Conceptualizing computer mediated romantic relationships. *Family Relations*, 2000, v. 49, p. 187-192.

MUNSON, M.; STELBOUM, J. P. Introduction: the lesbian polyamory reader: open relatioships, non-monogamy and casual sex. In: MUNSON, M. & STELBOUM, J. P. (Orgs.). *The lesbian polyamory reader*. Londres: Harrington Park Press, 1999, p. 1-10.

NICOLACI-DA-COSTA, A. M. *Na malha da rede*: Os impactos íntimos da Internet. Rio de Janeiro: Campus, 1998.

_____. Sociabilidade virtual: separando o joio do trigo. *Psicologia e Sociedade*, 2005, v. 17, p. 50-57.

PEREIRA, R. C. *Concubinato e união estável*. Belo Horizonte: Del Rey, 2002.

ROSSI, C. Os novos vínculos conjugais: vicissitudes e contradições. In: GOMES, P. B. (Org.). *Vínculos amorosos contemporâneos*: psicodinâmica das novas estruturas familiares. São Paulo: Callis, 2003, p. 77-108.

ROSTOSKY, S. S. et al. Same-sex couple perceptions of family support: a consensual qualitative study. *Family Process*, 2004, v. 43, n. 1, p. 43-57.

SINGLY, F. *Sociologie de la famille contemporaine*. Paris: Nathan, 1993.

SPANIER, G. B. Married and unmarried cohabitation in the United States: 1980. *Journal of marriage and the family*, v. 45, n. 2, p. 84-101, 1983.

TRAVIS, S. *Construções familiares:* Um estudo sobre a clínica do recasamento. Tese de Doutorado – Departamento de Psicologia PUC-Rio, 2003.

WAGNER, A.; FALCKE, D.; MEZA, E. Valores e crenças dos adolescentes acerca da família, casamento, separação e projetos vitais. *Psicologia: Reflexão e Crítica*, 1997, v. 10, n. 1, p. 155-167.

WAGNER, A. & FÉRES-CARNEIRO, T. O recasamento e a representação gráfica da família do adolescente. *Temas em Psicologia*, 2000, São Paulo, v. 8, n. 1, p. 11-19.

WAGNER, A. Possibilidades e potencialidade da família: a construção de novos arranjos a partir do recasamento. In: Wagner, A. (Org.). *Família em cena*: Tramas, dramas e transformações. Petrópolis: Vozes, 2002, p. 23-38.

WILLI, J. A construção diádica da realidade. In: ANDOLFI, M.; ANGELO, C. & SACCU, C. (Orgs.). *O casal em crise*. São Paulo: Summus Editorial, 1995, p. 38-46.

WILLIAMS, M. Intimacy and the Internet. *Contemporary Sexuality*, 1996, v. 30, p. 1-11.

WINNICOTT, D. (1951) *O brincar e a realidade*. Rio de Janeiro: Imago, 1971. (Original publicado em 1951).

Atitudes e expectativas de jovens solteiros frente à família e ao casamento: duas décadas de estudos

Bernardo Jablonski
Pontifícia Universidade Católica do Rio de Janeiro

Introdução

O presente trabalho se inscreve na área de pesquisas sobre família e casamento urbanos realizadas ao longo dos últimos anos e cujo objetivo maior é o de sondar as percepções e atitudes que as pessoas têm com relação à constituição (e manutenção) da família e do casamento, hoje. Mais especificamente, nos voltamos para o contingente de jovens solteiros de classe média, tentando detectar a evolução de expectativas e de visões do mundo ligadas a uma série de tópicos referentes à vida familiar e de casal por meio de pesquisas que realizamos em 1988, 1993 e 2003.

Trata-se, assim, de uma espécie de "pesquisa contínua", utilizando basicamente o mesmo questionário – com pequenas modificações visando à sua atualização –, na tentativa de tentar captar como os jovens percebem as transformações em curso no âmbito da família e do casamento. Hoje, novas formas de conjugalidade convivem com arranjos mais tradicionais, no que diz respeito a inúmeros fatores, tais como os papéis de gênero, a sexualidade, a influência da religião, o adiamento das uniões (casamentos tardios), a diminuição no número de filhos, a opção pela coabitação e a importância dada ao amor como fator de manutenção dos vínculos afetivos, bem como o crescente aumento do índice de divórcios e de separações entre nós (Henriques, Jablonski e Féres-Carneiro, 2004; Machado, 2001; Pesquisa Datafolha (FSP) 2007; Wagner, 2003). Interessa-nos saber em que medida (e como) os jovens se posicionam diante de possíveis conflitos provocados por estas visões, muitas vezes antagônicas entre si. Acreditamos que essa continuidade nos permite obter uma visão mais acurada do que está mudando (ou não) na percepção social do casamento, do ponto de vista de jovens solteiros de classe média.

Parece-nos particularmente interessante saber o que estes jovens esperam de seus futuros casamentos, comprimidos que estão entre uma visão passada pela união de seus pais (e avós) e a realidade atual, que fala do alto nível da taxa de divórcios, da nova divisão de papéis intergêneros e, é claro, da própria concepção ideal de casamento. Para Giddens (2001), durante as últimas décadas, as sociedades ocidentais vêm passando por mudanças inimagináveis para as gerações anteriores, que se refletem na grande diversidade de formas de família e de núcleos domésticos ora existentes. Para este autor, embora o casamento e a família ainda sejam importantes em nossas vidas, ambos vêm passando por transformações significativas. Outros autores, como Bauman (2003), também salientam a transitoriedade dos tempos atuais e a efemeridade do amor contemporâneo, chegando mesmo a denominá-lo de "amor líquido": o processo de fixação de uma relação se liquefaria antes mesmo de completado, deixando sempre abertas alternativas mais satisfatórias afetivamente; um reflexo da era da "modernidade líquida", caracterizada pela fluidez e pela imprevisibilidade, que fazem com que as relações afetivas pequem pela descartabilidade e, paradoxalmente, pelo desejo de intensidade e de permanência, em paralelo a um agudo sentimento de insegurança. Manning, Longmore & Giordano (2007) ressaltam a importância da pesquisa com jovens, na medida em que suas expectativas podem prenunciar tendências futuras e apontar pistas sobre normas emergentes de formação de uniões.

O fato é que a atual família nuclear urbana e a instituição do casamento estão passando por momentos singulares: de crise, para alguns (Jablonski, 1998), de turbulência, para outros (Biasoli-Alves, 2000), ou de mudanças que, por sua própria natureza, sempre trazem dificuldades adaptativas em um primeiro momento (Coontz, 1997).

Os dados estatísticos assinalam que aproximadamente 50% das uniões, nos dias de hoje, tendem à ruptura em alguns anos (Coontz, 2005; Epstein, 2002; Schoen e Canudas-Romo, 2006). Embora estes números refiram-se especialmente aos EUA, pesquisas realizadas nos grandes centros urbanos ocidentais indicam a mesma tendência, variando apenas a magnitude da taxa em questão (Jablonski, 1998). No Brasil, tomados os dados relativos aos anos 1990, o número de divórcios triplicou (IBGE, Censo Demográfico de 2000). Já na última sondagem realizada pelo IBGE, em 2005, teria se dado um recorde no número de divórcios. Além disso, evidências anedóticas relativas às populações de classes carentes, residentes nas cidades grandes ou em suas periferias, mostram a abrangência do fenômeno em questão (Jablonski, 1998). E, ainda segundo o IBGE (2000), o número de casais morando juntos (informalmente) passou de 6,5% para 28,5% dos casais, quando comparados os dados dos anos 1960 com os registrados em 2000.

Esses números revelam mudanças significativas no âmbito da família e do casamento. Duas das mais antigas instituições sociais da humanidade – que já enfrentaram, ao longo dos tempos, toda sorte de desafios – parecem estar vivendo uma época delicada, merecendo, no mínimo, cuidados e estudos especiais. De certa forma, a própria definição de família está em questão, já que o modelo familiar no qual o pai sai para trabalhar e a mulher fica em casa, dedicada ao lar e aos filhos, parece estar, como vimos acima, deixando de ser hegemônico. Na verdade, historicamente, este modelo do pai provedor/mãe dona de casa, dividido em rígidas esferas e visto como "tradicional", foi apenas uma primeira versão do que chamamos de família moderna (Skolnick, 2006).

Assim, em todos os grandes centros urbanos ocidentais encontram-se, em maior ou menor número, famílias: a) nas quais pai e mãe trabalham fora, b) compostas por pais e/ou mães em seus segundos casamentos, c) de mães solteiras que assumiram – por opção ou não – a maternidade e passaram à condição de "famílias uniparentais", d) casais sem filhos – por opção ou não, e) casais que moram juntos sem "oficializar" suas uniões e f) casais homossexuais. Todas as formas alternativas se contrapõem ao modelo tradicional e vão redefinindo, na prática, o conceito de família ou as expectativas quanto ao casamento tradicional. Novamente, segundo o IBGE (2000), 47% dos domicílios estão organizados em torno de formas nas quais, no mínimo, um dos pais está ausente.

Em uma perspectiva histórica, Doherty (1992) aponta que, enquanto na Idade Média, cinco ou mais gerações podiam viver sem assistir à mudanças substanciais em seu *modus vivendi*, desde o século XX, pudemos conviver com três tipos de família. Em primeiro lugar, a família tradicional, sinônimo de produção econômica conjunta, autoridade paterna, casamento com ênfase em seus aspectos funcionais e conexões com a comunidade e com os (muitos) parentes. Em seguida, a família moderna (também chamada de *psicológica*), altamente influenciada pelo crescente e dominante espírito individualista, caracterizada pela sua mobilidade, por ser mais nuclear, não tão permanente, menos ligada à comunidade, mais igualitária, centrada nos sentimentos e na afeição. Finalmente, no final do século XX, presenciamos o nascimento de uma nova "espécie": a família pluralística (ou *pós-moderna*), que teria como principais características a aceitação e a convivência de várias formas de arranjos não tradicionais. Por vezes, estas são compostas apenas pelas mães e seus filhos ou por pais/mães em segundas uniões, com filhos e filhas resultantes do primeiro casamento, e são ainda menos permanentes, mais flexíveis e mais igualitárias do que as anteriores (Goldenberg, 2000; Vaitsman, 1994).

Outros autores procedem a classificações similares, como Singly (2003). Para este sociólogo francês, caberia, ainda no século XX, a distinção entre dois tipos de famílias modernas. A do primeiro tipo, que iria do início do século até os anos 1960, teria enfatizado o afeto como eixo centralizador. E a segunda família moderna se distinguiria da precedente pelo peso maior conferido aos processos de individualização, reflexo da maior independência feminina e aumento do número de divórcios, entre outros fatores.

A causa destas transformações ancora-se nas profundas mudanças sociais ocorridas nas últimas décadas e que vêm modificando a cena protagonizada pelo casamento, pela família e pelos valores que lhes são agregados. A emancipação feminina, por exemplo, vem alterando, desde a segunda metade do século XX, as relações de gênero, em função da entrada maciça da mulher no mercado de trabalho e de suas conseqüências – casamentos mais tardios, diminuição no número de filhos, aumento no conflito gerado pela busca da igualdade de direitos e a necessidade do homem também mudar sua forma de participação dentro de casa (Coontz, 2005; Féres-Carneiro, 1995; 2001; Goldenberg, 2000; Jablonski, 1998; 1999; Preuss, 1999; Thornton, 1989; Thistle, 2006).

O fato é que o ingresso substancial das mulheres no mercado de trabalho provocou uma profunda alteração nos papéis tradicionalmente desempenhados no casamento. O homem provedor e a mulher encarregada da organização da casa e da educação dos filhos deram lugar a dois trabalhadores remunerados, mesmo que, eventualmente, as atividades profissionais sejam realizadas dentro do lar. São cada vez menos freqüentes os arranjos matrimoniais em que apenas um dos parceiros encarrega-se sozinho do sustento da família. As mulheres voltam-se, mais e mais, para o trabalho fora de casa, não só porque possibilita atingir um padrão de vida melhor para a família, mas pelo fato de o sucesso profissional ser encarado como uma forma de realização pessoal e social (Goldenberg, 2000; Rocha-Coutinho, 2003). Em conseqüência, o número de horas despendido nas tarefas realizadas em casa diminuiu sensivelmente nos Estados Unidos, Canadá e Europa (Jacobs & Gerson, 1998); soma-se a isso uma escalada perceptível da quantidade de horas dedicadas ao trabalho fora de casa por pessoas na faixa etária compreendida entre 25 e 45 anos, normalmente pais com filhos pequenos (Daly, 2003).

No Brasil, babás e empregadas domésticas "fazem uma diferença", no sentido de suprir, em parte, a ausência das mães que se dedicam ao trabalho fora de casa, ainda que haja dúvidas acerca do número real de lares que incluem a presença de empregadas domésticas. Para Araújo e Scalon (2005), por exemplo, apenas 7,5% dos domicílios brasileiros contariam com a presença de uma empregada doméstica, morando ou não na residência, e para o IBGE (2000), um pouco mais, em torno dos 11%. Assim sendo, é preciso, sem dúvida, contextualizar os resultados das pesquisas e estudos feitos nas culturas que não dispõem deste tipo de mão-de-obra disponível.

Rocha-Coutinho (2003; 2004; 2005; 2007) aponta igualmente que – a par de um discurso social igualitário – tanto homens como mulheres cariocas parecem endossar o ponto de vista de que a casa e os filhos são ainda responsabilidade maior da mulher, cabendo ao homem a responsabilidade pelo provimento financeiro. Coltrane (2000) concluiu, a partir de suas pesquisas, que apesar das contribuições masculinas nos afazeres dentro do lar estarem aumentando, as mulheres ainda trabalham pelo menos duas vezes mais que os homens, cumprindo as tarefas rotineiras do lar: cuidar das crianças, lavar e passar roupas, fazer compras no supermercado, limpar a casa etc. As conseqüências dessa injusta divisão resultam, freqüentemente, em sentimentos de injustiça, sintomas de depressão e de insatisfação com o casamento, por parte das mulheres, além do aumento de conflitos e a diminuição da satisfação marital (Blair, 1988; Greenstein, 1996; Kluver, Heesink e Van de Vliert, 1996; Lavee e Katz, 2002). Por outro lado, uma maior participação masculina nestas tarefas seria um excelente preditor de satisfação marital.

Em nossos estudos (Brasileiro, Jablonski e Féres-Carneiro, 2002; Jablonski, 1988; 1996; 2001; 2003; 2007), no que diz respeito às atitudes, notamos igualmente um crescente interesse dos homens em participar da educação e dos cuidados com os filhos. Porém, ao passarmos para o campo dos comportamentos, ou seja, da ação propriamente dita, a divisão de tarefas torna-se utópica, como se houvesse uma promessa de mudança que não é cumprida, circunstância capaz de gerar frustração nas mulheres. Ainda, no Brasil, segundo pesquisa do IBGE em 2005, 92% das mulheres ativas no mercado de trabalho disseram cuidar também das tarefas domésticas; entre 1995 e 2005, a participação masculina teria subido apenas dois pontos percentuais.

Como os jovens solteiros equacionam estas demandas contraditórias é um dos focos de nossas pesquisas. É fundamental, também, a comparação entre atitudes e expectativas femininas e masculinas, com todas as implicações advindas das possíveis diferentes percepções e avaliações do processo em questão.

Além da emancipação feminina e de seus reflexos, da mesma forma, a religião, outrora fator inquestionável de manutenção do vínculo matrimonial, à medida que passou a ser interpretada pelas pessoas de forma mais individualizada/privatizada, vem perdendo seu peso como instituição norteadora de costumes. O fator "cola" que a religião exerce sobre a vida familiar parece ter se esvanecido, tornando um dos "freios" mais importantes no caminho para o divórcio, inoperante, principalmente para os jovens – algo que também procuraremos confirmar. Adolescentes menos religiosos, por exemplo, têm se mostrado menos propensos a se casar e menos tradicionais em suas escolhas afetivo-normativas (Cunningham & Thorton, 2005; Crissey, 2005).

Ainda na análise do *background* social, não se pode deixar de mencionar a urbanização e as demandas do que entendemos por uma sociedade pós-moderna, as quais desempenham papéis que merecem ser avaliados. O prolongamento da adolescência (face à necessidade de mais estudos para a integração na cadeia produtiva e, conseqüentemente, dependência econômica por mais tempo), a ênfase no individualismo, a concretização do casamento em idades mais elevadas – que implica na diminuição do número de filhos – e a percepção do casamento como uma *instituição em transformação* são fatores que, ao interagirem, devem provocar significativas alterações nas percepções e nos valores que dizem respeito ao casamento e à vida familiar (Manning e cols., 2007; Thornton e Young-Demarco, 2001).

Acrescente-se a esse caldeirão de forças a valorização de certos ideais (amplamente difundidos pela *mass media* e pelas artes) que primam pela exacerbação do "amor-paixão" como a base e o motivo maior para a criação e manutenção de todos os casamentos/uniões. Este tipo de sentimento é "vendido" como uma espécie de panacéia inquestionável, inexplicavelmente mágica e maravilhosa. Tal concepção acaba tendo um efeito danoso, à medida que leva as pessoas a deixarem de lado quaisquer esforços para manter uma relação, passando a engrossar a legião dos que acreditam que o "amor, razão única e maior de todas as uniões, acontece ou não". O que os adolescentes (e os jovens adultos) parecem aprender por meio de maciça doutrinação é que um dia encontrarão um príncipe encantado (ou uma princesa encantadora), com todas as qualidades possíveis e imagináveis, que lhes trará felicidade ímpar para o resto de suas vidas. No entanto, a máxima do "só o amor constrói" pode mascarar o fato de que, sem a devida manutenção, pontes, edifícios e prédios viram ruínas em um espaço de tempo surpreendentemente curto. A ausência de referências às dificuldades do dia-a-dia, da importância do companheirismo, da comunhão de idéias, do respeito mútuo e da necessidade de se discutir e trabalhar as relações afetivas com certa constância podem estar ajudando a explicar os enormes índices de divórcio nos grandes centros urbanos (que giram, hoje em dia, em torno dos 50% das uniões). Faz-se mister entender até que ponto e em que grau estas idéias estão realmente difundidas entre nós.

Como estes dados influem no sentimento de permanência ou de comprometimento para aqueles que ainda não se casaram nos parece de suma importância para o entendimento do futuro do casamento. Aqui é preciso levar em conta as contribuições de Levine (2003) e seu conceito de *ilusão de invulnerabilidade*, referido à tendência que as pessoas têm de se sentirem imunes às ameaças da vida; neste sentido, coisas ruins só aconteceriam aos outros. Assim, estudos citados pelo autor têm evidenciado que as pessoas, de modo geral, se sentem menos propensas que os outros a ficarem doentes, terem uma gravidez indesejada, e – o que nos interessa aqui – se divorciarem. Quando perguntados acerca da probabilidade de seus casamentos terminarem em separação, ZERO por cento dos sujeitos das pesquisas citadas acharam que isto poderia acontecer com eles. No entanto, estes mesmos entrevistados mostraram-se conscientes das altas taxas de divórcio existentes em seu país. Da mesma forma, 40% dos pais em um processo de separação consideravam que iriam ter a custódia de seus filhos, mesmo sendo igualmente conscientes que em sua quase totalidade, são as mães que detêm a guarda das crianças.

Embora *a ilusão de invulnerabilidade* possa ser útil ao proporcionar conforto psicológico, um otimismo exagerado pode servir a objetivos contrários e acabar por criar um estado de "desarme psicológico" diante de perigos que poderiam, de outra forma, ser evitados. Assim, fumantes que minimizem os riscos do fumo podem custar mais a abandonar o fumo e sofrer as suas conseqüências; membros de um casal não mais se esforçariam para manter viva uma relação, e assim por diante. A ilusão da invulnerabilidade, como toda ilusão, pode ter aspectos negativos ou positivos, dependendo do grau e do contexto em que é utilizada (Levine, 2003). Na mesma direção, as teorias da atribuição de causalidade – do qual o item anterior seria parte integrante – também servem como hipóteses adicionais para comprovação (ou não) de vieses distintos entre atores e observadores e para os casos de sucesso ou de fracasso, quando aplicadas ao matrimônio (Jones e Nisbett, 1972; Weiner, 1995).

Enfim, acreditamos que a investigação contínua das expectativas e percepções dos jovens poderá fornecer subsídios valiosos que levem a uma maior compreensão deste momento de transição pelo qual passam a família e o casamento. Afinal, são as dificuldades no ajuste de valores e atitudes às novas realidades sociais que tendem a provocar a maior parte dos conflitos. Neste sentido, cada geração se depara com um cenário modificado, no qual velhas e novas concepções de vida e de regras de conduta interagem; provocam desafios e requerem mudanças de postura adaptativas, seja por rejeição, aceitação, rebeldia seletiva, acomodação ou simplesmente com sentimentos de ambivalência.

Embasamento teórico

"A carência de paradigmas teóricos sólidos, agravada pela consagração de certos quadros conceituais impressionistas e distorcidos, opõe obstáculos à utilização de uma metodologia convenientemente adequada ao objeto de estudo (casamento e família)" (Campos, 2003).

A epígrafe acima retrata, com precisão, o momento vivido pelas pesquisas na área. Dada a impossibilidade de se falar em teorias gerais, o que temos é um mosaico composto por contribuições diversificadas que, em algum momento, esperamos possa levar a uma formulação mais abstrata e abrangente. Por enquanto, o progresso se dá pelo acúmulo de dados, *insights* e reflexões obtidos pelos cientistas sociais a partir das pesquisas realizadas em suas áreas de competência.

Quanto ao embasamento teórico, em consonância com o citado acima, adotamos uma perspectiva interdisciplinar, acatando contribuições da sociologia, antropologia, história social e, é claro, da psicologia social. O termo "ciências sociais" adequa-se com perfeição ao amálgama de estudos que buscam o entendimento conceitual do casamento, da família e de temas correlatos (Burr e cols., 1979). O fato é que somos todos, em parte, o produto do tempo e da cultura em que vivemos, e como aponta Sherif-Trask (2003), somos influenciados não só por nossas famílias, religião, mídia, contatos sociais, mas também por outros fatores, como a tecnologia e a globalização. Nossa própria avaliação das coisas pode se modificar, tanto em função de experiências pessoais como de alterações no cenário social. Tudo isso pede, a nosso ver, um olhar comprometido com a multidisciplinaridade.

Dentro da psicologia social, as contribuições teóricas relativas às teorias atribucionais e aos processos de cognição e de percepção social (Deux e Major, 1987; Jones e Nisbett, 1972; Weiner, 1995; Levine, 2003; Rodrigues, Assmar e Jablonski, 2000) servem, paralelamente, de moldura para o enquadramento das respostas prestadas pelos respondentes no que diz respeito às percepções dos principais fatores envolvidos no processo de construção (ou ruptura) das uniões afetivas; em especial, as teorias de atribuição que, desde os anos 1960, têm captado a atenção de um grande número de psicólogos sociais. Interesse que vem se traduzindo numa grande quantidade de trabalhos de pesquisa e no crescimento e diversificação dos tópicos abrangidos por essa teoria (Jablonski, 1998). Assim, a importância de variáveis disposicionais ou externas na origem de comportamentos, o princípio do desconto, além de contribuições significativas de diversos autores, devem contribuir para o entendimento de alguns dos resultados, com destaque para a hipótese sobre perspectivas divergentes, de Jones e Nisbett. Para estes autores, observadores e atores de uma ação tendem a atribuir à mesma, causas distintas. Observadores, por exemplo, costumam atribuir fracassos de outrem a características pessoais desse outrem, e atribuir seus próprios insucessos – já como atores, e não mais observadores – a contingências externas.

As razões para tal distorção perceptiva podem estar sediadas em inúmeras causas: desde o simples fato de que os atores dispõem de informações e dados que não estão acessíveis de todo ou em grau satisfatório aos observadores, até diferenças de natureza motivacional. Mesmo não havendo um consenso sobre o papel dessas e de outras variáveis na explicação do processo em questão, inúmeros estudos vêm comprovando a existência de perspectivas divergentes entre atores e observadores quando se trata de atribuições causais (Rodrigues, Assmar e Jablonski, 2000). No presente caso, nosso estudo virá engrossar esta lista, na medida em que nos propomos a avaliar diferenças de perspectivas entre jovens solteiros, no que diz respeito aos seus futuros enlaces, comparando-os aos de seus pais e de outros. Os estudos feministas também serão levados em conta, no que diz respeito às questões relativas aos papéis de gênero, relações de poder e manutenção de estereótipos e de suas conseqüências, mormente na questão da chamada "tradicionalização" (Brasileiro, Jablonski e Féres-Carneiro, 2002; Nelson, 2006; Osmond e Thorne, 1993, Stacey, 1996).

Uma análise das principais obras publicadas – seja em periódicos, seja em livros – acerca do tema em questão serve de atestado (e de modelo) para o tipo de trabalho que pretendemos seguir, lançando mão das diversas e mais relevantes contribuições dos pesquisadores que vêm se dedicando, ainda que de modo fragmentado, a este estudo. Ainda que seja cedo para uma teoria unificada na área, não podemos deixar de conduzir estudos que contribuam com dados para que, futuramente, um arcabouço teórico mais firme e consistente possa ser deslanchado de modo satisfatório.

Em suma, o presente trabalho reflete uma tendência nas ciências sociais, qual seja, a de considerar explicitamente a influência de um contexto social mais amplo nas atitudes e comportamentos dos indivíduos, fazendo uso para tanto de modelos múltiplos (Teachman e Crowder, 2002) e de mini teorias, extraídas de campos similares do saber.

Estudos anteriores: um resumo

A maioria dos respondentes, em todas as três sondagens anteriores, demonstrou a intenção de se casar (respectivamente 91%, 86% e 86,1%) dentro de, no máximo, dez anos. Estes dados opõem-se à crença de que os jovens, hoje em dia, estariam ansiosos por novas opções de relacionamento que não o casamento "tradicional". A magnitude dos números por nós encontrados parece descartar a possibilidade de uma imediata rejeição do casamento. É possível, no entanto, que em nosso próximo estudo, face à disseminação e a uma maior aceitação social da coabitação, esta nova forma de união passe a ser mais considerada como opção entre os jovens.

Quanto às expectativas futuras com relação ao próprio casamento, podemos constatar um crescimento dos que acreditam que passarão "o resto da vida com uma pessoa". Esta diferença traduz um otimismo que, curiosamente, não encontra correspondência na realidade, já que o número de separações e divórcios não vem diminuindo. É possível supor que os resultados possam estar indicando tão-somente o desejo das pessoas de que suas relações dêem certo, independentemente da realidade. O conceito denominado "ilusão de invulnerabilidade", já citado anteriormente, prediz que de modo geral as pessoas crêem que coisas ruins da vida tendem a acontecer a "outras pessoas", e não a si próprias (Levine, 2003). Em nosso caso, possivelmente, os jovens solteiros respondentes estão se valendo de um destes "mecanismos de defesa" para poder ignorar a realidade adversa que os cerca.

Outro ponto em que nos colocamos à margem de uma imagem divulgada pela mídia diz respeito à questão da virgindade. Obtivemos 23%, 31% e 18,8% de sujeitos se dizendo virgens nas amostras anteriores. Levando em conta somente o contingente feminino, os dados sobem, respectivamente, para 36%, 41% e 26,3% (lembre-se que a idade média da amostra era de 20,60 em 1986, de 21,02 em 1993 e de 20,18 em 2003). Estes números contradizem a imagem difundida pelos meios de comunicação de massa de que nossa juventude adotaria um padrão bem liberal quanto à sua sexualidade. Outros pesquisadores chegaram a resultados semelhantes (BEMFAM – Pesquisa sobre Saúde Reprodutiva e Sexualidade do Jovem/Rio de Janeiro, Curitiba e Recife – 1989/90: 47% de virgens, idade entre 15 e 24 anos; a *Revista Veja*, em sua edição de 24 de junho de 1992, também reportou índices ainda superiores para o sexo feminino, em torno dos 45% – amostra composta por 531 jovens de idade variando entre 17 e 22 anos). Na amostra de 1993, que apresentou o maior número de virgens, conseguimos detectar algumas diferenças entre os subgrupos pesquisados: o número de virgens na Zona Norte sendo 3,5 vezes superior ao da Zona Sul (em Niterói, 2,0 vezes superior). Aparentemente, padrões de conduta frente à sexualidade são influenciados pelo local da moradia e de estudo. Na amostra mais recente, detectamos dados algo contraditórios, uma vez que, por um lado, as universidades UERJ e UFRJ, com contingente maior de alunos da Zona Norte e subúrbios, foram as que mais apresentaram alunas(os) virgens (respectivamente, 27,7% e 20%). De outro lado, a PUC-Rio, que congrega majoritariamente alunos de Zona Sul, ficou em terceiro lugar, com 19,5%. E a Univercidade, que nos *campus* pesquisados também têm muito mais alunos de Zona Norte/subúrbios, teve poucas virgens (3,8%).

A variável "idade" mostrou-se a mais atuante. Comparando-se a idade média das virgens com a das não-virgens encontramos diferenças significativas: a idade das virgens, em média, é de 1 a 2 anos inferior à das não-virgens. Ou seja, como seria de se esperar, a idade afeta a decisão de iniciar a vida sexual, pré-maritalmente. Mesmo observando-se um declínio progressivo na quantidade de virgens, os números por nós encontrados ainda retratam uma situação bem diferente daquela divulgada pela mídia e pelas artes nacionais. Um grande contingente, principalmente de moças (26% da amostra de 2003), ainda confere à perda da virgindade uma importância capital que, por alguma razão, nossos meios de comunicação de massa não têm captado. É possível, no entanto, que estes números tenham se modificado a reboque do clima crescente de permissividade sexual, algo que procuraremos averiguar em nossa próxima pesquisa.

Nas respostas à indagação sobre o que faz durar um casamento, os cinco itens mais valorizados foram: "amor", "respeito mútuo", "companheirismo", "confiança" e "sexo", tanto em 1986 como em 1993. Já na pesquisa mais recente tivemos uma pequena inversão, na medida em que "respeito mútuo" passou para o primeiro lugar, ao suplantar por muito pouco o "amor"; já o item "confiança" também subiu um posto, trocando de lugar com o "companheirismo" (com o item "sexo" em quinto lugar). Comparando as respostas de homens e mulheres, os primeiros parecem antecipar uma união mais sexualizada que as mulheres, possivelmente em função de expectativas embasadas culturalmente.

Em 1986 e em 1993, nossos jovens entrevistados, tanto na questão acima como em diversas outras, apontaram o "amor" como uma espécie de salvo-conduto e bálsamo universal. Mas, na última sondagem, "respeito mútuo" alcançou o primeiro posto, graças aos votos femininos que constituem a maioria da amostra, embora a diferença tenha sido mínima: "respeito mútuo" com 9,45% e "amor" com 9,44%. Curiosamente, foram as mulheres que valorizaram mais o respeito (em primeiro lugar para elas, contra um terceiro lugar para eles). Se foi uma mera flutuação amostral ou se, de fato, se trata de uma distinta valorização por parte de homens e mulheres de hoje em dia, só saberemos precisar nas próximas sondagens; são dados que contradizem o imaginário popular, segundo o qual as mulheres seriam mais "românticas". Talvez, dados os novos tempos eivados de separações e com famílias capitaneadas por mulheres sem parceiros e com filhos chegando a quase 10% do total, elas tenham aprendido a se tornar, por força das circunstâncias, mais "pragmáticas" (Pesquisa Datafolha, 2007).

Quando instados a se pronunciar sobre as possíveis vantagens do casamento, os sujeitos destacaram respostas relativas a vivências de "intimidade e compartilhamento" (vida em comum, estar junto o tempo todo, incluindo os momentos difíceis, companheirismo etc.), "potencialidade de se ter filhos em condições ideais", "possibilidade de se construir uma família, um lar", "satisfação psicológica em nível individual", "melhoria da sexualidade" (sexo mais livre, "natural", legitimado socialmente) e "possibilidade de se ter uma relação estável" (mais segura, com mais amor). A única diferença entre as amostras foi neste último item, bem mais valorizado nas duas últimas pesquisas.

123

Pode ser um reflexo da percepção do crescimento, nos últimos anos, da incidência de relações afetivas cada vez mais tênues (o "ficar com", "ficar de rolo", e outras modalidades de relações transitórias substituindo o menos instável "namoro") e pouco compromissadas, além dos perigos relacionados a uma vida sexual mais livre, provocados pela ameaça da AIDS. É possível também que a maior preocupação com esta questão possa estar refletindo um anseio por relações mais duradouras e estáveis. Curiosamente, o item "melhora a sexualidade" foi menos valorizado nesta última sondagem. Será que a sexualidade, por ser usufruída de forma mais satisfatória e livre nos últimos tempos, foi percebida pela amostra como desvinculada da necessidade de um casamento? Isto é, sendo cada vez mais aceita a atividade sexual pré-marital, o casamento deixaria de ser visto como uma possibilidade de melhora nesta área.

Quanto às diferenças entre gêneros, embora homens e mulheres tenham colocado "respostas de intimidade e de compartilhamento" como a principal vantagem do casamento, as mulheres no último estudo valorizaram bem mais este item (50% a mais!). Mesmo mais pragmáticas, as mulheres possivelmente ainda vêem o casamento como uma relação a dois, no sentido mais afetivo. Na mesma linha de raciocínio, homens suplantaram as mulheres na valorização do item "constituir família". Como já apontou Féres-Carneiro (2001; 2003), as mulheres têm se mostrado mais exigentes nos relacionamentos amorosos, no que tange à sua expressividade ou às suas expectativas na relação como um todo. Segundo a autora, os homens valorizam a dimensão da constituição da família, e mulheres, a dimensão amorosa. Ainda em consonância com os achados de Féres-Carneiro (2003), o item "afasta a solidão" foi mais mencionado por homens do que por mulheres. Para esta autora, a dificuldade relacionada ao fato de se ficar só é mais ventilada nas falas masculinas, reflexo da possível maior dificuldade dos homens de lidarem com a solidão após uma separação.

A pergunta que é o reverso da anterior diz respeito às possíveis desvantagens do casamento. Nos três estudos, os itens "perda da liberdade e da privacidade", "rotina e suas conseqüências" (acomodação, monotonia, perda de motivação, perda do romantismo, perda da atração sexual, indiferença etc.), "aumento de compromissos e de responsabilidades" e "perda da individualidade" (ter de abrir mão de hábitos e manias, ter de ser menos egoísta etc.) foram os mais citados. Interessante observar que passados dezessete anos, as críticas ao casamento pouco se alteraram. Será que isto permanece?

As questões ligadas à sexualidade, além das relativas à virgindade vistas anteriormente, revelaram outras respostas interessantes. A primeira delas – Você admite a possibilidade de relações extraconjugais para o homem? Para a mulher? – revelou uma tendência da permanência de uma "dupla moral", com os homens gozando de maior liberdade (nas três sondagens). Separando as respostas por sexo, as mulheres mostraram-se de modo geral atitudinalmente contrárias à possibilidade de relações extramaritais, seja para si mesmas, seja para os homens. Estes é que deram respostas diferenciadas: bem liberais quando referidos a si mesmos, e mais restritivas quando referidos ao sexo oposto. Assim, por exemplo, no estudo de 2003, 23,7% da amostra masculina admitiu a possibilidade de relações extramaritais para os homens contra apenas 8,3% para as mulheres. Nas pesquisas anteriores, esta diferença mostrou-se igualmente significativa. Resta saber se esta tendência permanece ou se está se modificando e, neste caso, em que direção.

Ainda no âmbito da sexualidade, no que diz respeito à infidelidade, observamos certa distância entre o discurso e a prática. Apesar de uma forte condenação atitudinal, os índices de infidelidade mostraram-se significativos, com os homens suplantando as mulheres nas três sondagens anteriores. Esta diferença deve-se, provavelmente, tanto ao tipo de educação que meninos e meninas ainda recebem, como às pressões sociais, que ditam diferentes padrões de comportamento em função do sexo. Já a incongruência entre o dito e o feito confirma a necessidade de, ao pesquisar temas polêmicos como este, levar-se em conta que muitas vezes nem as próprias pessoas têm consciência de que suas atitudes não andam *pari passu* com seus comportamentos, haja vista o significativo índice de infidelidade reportado. Curiosamente, pesquisa divulgada em abril de 2004, pelo *Jornal do Brasil* acerca do comportamento sexual do brasileiro (O Estudo da Vida Sexual do Brasileiro, USP) com mais de 7 mil entrevistados, aponta que quase 35% das mulheres cariocas reportaram terem sido infiéis ao menos uma vez, contra 57% dos homens. A diferença, para menos, entre nossos dados pode estar referida ao fato de nossa amostra constituir-se unicamente de solteiras que, em caso de dúvidas acerca de seus relacionamentos, se sentiriam menos impedidas de efetuar um rompimento do que mulheres casadas, com filhos e lares constituídos, que tendem evidentemente a pesar mais os prós e os contras de uma eventual separação afetiva.

Um olhar sobre o casamento dos pais é proporcionado por algumas questões. Em uma delas solicitamos que os respondentes relatassem os "principais erros que seus pais cometeram no casamento deles, e que você tentará não repetir". "Mãe excessivamente submissa" ("não trabalha", "não sai sozinha", "é muito dependente", "não tem vida própria" etc.), "deixaram a rotina dominar", "falta de diálogo" e "falta de respeito mútuo" foram as respostas mais indicadas, tanto em 1986 como em 1993. O espaço de sete anos parece não ter alterado as principais críticas que os jovens faziam (e fazem) às uniões de seus pais, com destaque para o papel desempenhado pela figura materna, considerado pelos jovens como ultrapassado e digno de lamentação, não só pelos danos autoprovocados como também à própria relação do casal. Mas, na sondagem de 2003, o item "dificuldades no relacionamento" foi bastante citado (segundo erro mais reportado). "Adultério cometido por pais (ou mães)" também teve expressiva indicação (quarto lugar), bem como "excesso de conflitos/brigas". Ou seja, houve um declínio das queixas com relação à "submissão da mãe", à questão da "rotina' e à da "falta de respeito mútuo", e um aumento das críticas quanto às "dificuldades no relacionamento na união dos pais", "excesso de conflitos" e "adultério de um dos cônjuges".

Na verdade, o item "mãe muito submissa" foi ainda bastante citado, mas apenas pelas mulheres (mais de 4,5 vezes e meia que os homens). Da mesma forma, o item "dificuldades no relacionamento" foi bem mais apontado pelas moças.

Podemos supor que houve aqui uma evolução e que as mães tenham de fato se mostrado menos submissas, o que talvez explique igualmente, por conseqüência, o aumento de brigas e conflitos reportados.

No que diz respeito à religiosidade, nossas amostras têm se revelado bem menos religiosas que o resto da população carioca. Isso tem feito com que todas as religiões apareçam em menor número. Assim, por exemplo, protestantes e evangélicos que somavam 24% da população carioca em 2003 alcançaram apenas 7% de nossa amostra. O mesmo ocorreu com os umbandistas (4% contra 1,2%). Apenas judeus e espíritas mostraram-se em maior número entre os universitários por nós pesquisados do que na população carioca em geral. O fato de trabalharmos com sujeitos de classe média, enquanto o censo atinge, obviamente, toda a população, pode explicar as diferenças encontradas. A freqüência a templos, igrejas, sinagogas – considerada melhor indicadora do verdadeiro grau de adesão espiritual a um dado credo do que a declaração de filiação *per se* – "todos os dias" ou "pelo menos uma vez por semana" oscilou em torno dos 20% nas três pesquisas, o que confirmaria a menor inclinação religiosa da amostra.

Para encerrar este resumo, citaremos outro efeito, percebido por meio de cruzamentos entre perguntas (realizadas apenas com as amostras de 1993 e de 2003), pelas quais pensamos ter corroborado a noção de que "separação, em parte, se aprende em casa" (Amato, 2000; 2007; D'Onofrio e cols., 2007). Isto é, os sujeitos da amostra com pais separados, quando contrastados com aqueles com pais casados, mostraram-se mais inclinados em acreditar que suas futuras uniões são mais propensas ao divórcio e se imaginam em menor número casados por toda a vida com a mesma pessoa. De forma similar, aqueles que disseram que os pais são felizes em suas uniões pensam bem menos em futuros divórcios que aqueles que disseram que seus pais não eram felizes. Assim, a visão que os solteiros têm do casamento passa, evidentemente, pelo impacto que a união de seus pais lhes impõe. À guisa de curiosidade, 27% da amostra de 1993 revelaram ter pais separados ou divorciados, contra 24,8% da de 2003. Em 1986, esta indagação não foi feita, mas será, evidentemente, em nosso próximo estudo.

Conclusão: de volta para o futuro

A repetição de resultados obtidos ao longo das pesquisas permite-nos avançar nas suposições levantadas, desde a primeira sondagem. Assim, apesar da "crise" do casamento, os jovens parecem dispostos a se casar. Embora conscientes das dificuldades envolvidas, traduzidas pelo grande número de divórcios, não parecem preocupados de antemão com a busca de soluções, parecendo acreditar que "com eles será diferente".

Face às imensas repercussões provocadas pelo número de divórcios e separações, parece-nos necessária a investigação contínua das expectativas e percepções dos jovens acerca da instituição do casamento, procurando coletar subsídios para a busca de soluções que amenizem as conseqüências advindas da situação de crise pela qual passa o casamento contemporâneo. Por meio da mesma metodologia – pesquisa de levantamento com jovens solteiros pertencentes às camadas médias da população universitária carioca, lançando mão de instrumento e procedimento similares aos estudos anteriores (Jablonski, 2001) – cremos poder avançar e aprofundar os estudos na área e, neste sentido, apontar possibilidades e caminhos enriquecedores para o entendimento de tópico tão socialmente relevante.

Referências bibliográficas

AMATO, P. Consequences of divorce for adults and children. *Journal of Marriage and the Family*, 2000, v. 62, n. 4, p. 1269-1287.

AMATO, P. R.; BOOTH, A.; JOHNSON, D. R.; ROGERS, S. J. *Alone together – How marriage in America is changing.* Cambridge: Harvard Univ. Press, 2007.

ARAÚJO, C.; SCALON, C. *Gênero, trabalho no Brasil.* Rio de Janeiro: FGV, 2005.

ARTIS, J. &. PAVALKO, E. K. Explaining the decline in women's household labor: Individual change and cohort differences, *Journal of Marriage and the Family*, 2003, v.65, p. 746-761.

BAUMAN, Z. *Amor líquido*: Sobre a fragilidade dos laços humanos. Rio de Janeiro: Jorge Zahar, 2003.

BEMFAM. *Pesquisa sobre saúde reprodutiva e sexualidade do jovem.* Departamento de Pesquisas Sociais (DEPES). Rio de Janeiro, Curitiba e Recife, 1989/90. Department of Health and Human Services, 1992.

BIASOLI-ALVES, Z. M. M. Continuidades e rupturas no papel da mulher brasileira no século XX. *Psicologia: Teoria e Pesquisa*, 2000, v. 16, n. 3, p. 232-239.

BLAIR, S. L. Work roles, domestic roles, and marital quality: perceptions of fairness among dual-earner couples. *Social Justice Research*, 1988, v. 11, p. 313-336.

BRASILEIRO, R. F., JABLONSKI, B.; FÉRES-CARNEIRO, T. Papéis de gênero e a transição para a parentalidade. *Revista PSICO*, 2002, v. 33, n. 2, p. 289-310.

BURR, W. R. et al. *Cotemporary theories about the family.* N.Y.: Free Press, 1979.

CAMPOS, A. L. *Casamento e família em São Paulo Colonial.* São Paulo: Paz e Terra, 2003.

COLTRANE, S. Research on household labor: Modeling and measuring the social embeddedness of routine family work. *Journal of Marriage and the Family*, 2000, v. 62, p. 1208-1233.

COONTZ, S. *The way we really are*. N. York: Basic Books, 1997.

_____. S. *Marriage, a history*. N.Y.: Viking, 2005.

CRISSEY, S. R. Race/ethnic differences in the marital expectations of adolescents: the role of romantic relationships. *Journal of Marriage and the Family*, 2005, v. 67, p. 697-709.

CUNNINGHAM, M. & THORTON, A. The influence of union transitions on white adults' attitudes toward cohabitatiom. *Journal of Marriage and the Family*, 2005, v. 67, p. 710-720.

DALY, K. J. Desconstructing family time: from ideology to lived experience. *Journal of Marriage and the* Family, may 2003, v. 63, p. 283-294.

DEAUX, K.; MAJOR, B. Putting gender into context: an interactive model of gender-related behavior. *Psychological Review*, 1987, v. 94, p. 369-389.

DOHERTY, W. J. Private lives, public values. *Psychology Today*, may/june 1992, p. 32-37.

D'ONOFRIO, B. M. et al. A genetically informed study of the intergenerational transmission of marital instability. *Journal of Marriage and the Family*, 2007, v. 69, n. 3, p. 793-809.

EPSTEIN, N. R. My words. *Psychology today,* feb. 2002, v. 2, p. 5.

FÉRES-CARNEIRO, T. Casais em terapia: um estudo sobre a manutenção e a ruptura do casamento. *Jornal Brasileiro de Psiquiatria*, 1995, v. 44, n. 2, p. 67-80.

_____. Casamento contemporâneo: construção da identidade conjugal. In: FÉRES-CARNEIRO, T. (Org.). *Casal e família* – Entre a tradição e a transformação. Rio de Janeiro: NAU, 2001, p. 67-80.

_____. Construção e dissolução do laço conjugal na psicoterapia de casal. In: FÉRES–CARNEIRO, T. (Org.). *Família e casal*:

Arranjos e demandas contemporâneas. Rio de Janeiro: Nau, 2003.

FOLHA DE SÃO PAULO. Família brasileira – Retrato falado. Caderno Especial, 7 out 2007.

GIDDENS, A. *Sociologia*. Porto Alegre: Artmed, 2001.

GOLDENBERG, M. De Amélias a operárias: um ensaio sobre os conflitos femininos no mercado de trabalho e nas relações conjugais. In: GOLDENBERG, M. (Org.). *Os novos desejos*. Rio de Janeiro: Record, 2000, p. 105-124.

GREENSTEIN, T. N. Gender ideology and perceptions of the fairness of the division of household labor: effects on marital quality. *Social Forces*, 1996, v. 74, p. 1029-1042.

HENRIQUES, C.; JABLONSKI, B.; FÉRES-CARNEIRO, T. "A geração canguru: algumas questões sobre o prolongamento da convivência". Revista *PSICO*, 2004, v. 35, n. 2, p. 195-205.

IBGE. *Recenseamento geral do Brasil*. Rio de Janeiro: 2000.

IBGE. *Pesquisa nacional por amostra de domicílios (PNAD)*. Rio de Janeiro: 2005.

JABLONSKI, B. *A crise do casamento contemporâneo*: Um estudo psicossocial. Tese de Doutorado – FGV-Rio, 1988.

_____. Aferição de atitudes de jovens solteiros(as) frente à crise do casamento: uma réplica. *Cadernos de Psicologia*, 1996, IP/UERJ, n. 5, p. 5-21.

_____. *Até que a vida nos separe*: A crise do casamento contemporâneo, 2. ed. rev. e aum. Rio de Janeiro: Agir, 1998.

_____. "Identidade masculina e o exercício da paternidade". In: FÉRES-CARNEIRO, T. (Org.). *Casal e família* – Entre a Tradição e a transformação. Rio de Janeiro: NAU, 1999, p. 31-54.

_____. "Atitudes frente à crise do casamento". In: FÉRES-CARNEIRO, T. (Org.). *Casamento e família*: Do social à clínica. Rio de Janeiro: NAU, 2001, p. 81-95.

_____. Afinal, o que quer um casal? Algumas considerações sobre o casamento e a separação na classe média carioca. In: FÉRES-CARNEIRO, T. (Org.). *Família e casal*: Arranjos e demandas contemporâneas. Rio de Janeiro: EDPUC/Loyolla, 2003, p. 141-168.

_____. O cotidiano do casamento contemporâneo: a difícil e conflitiva divisão de tarefas e responsabilidades entre homens e mulheres. In: FÉRES-CARNEIRO, T. (Org.). *Família e casal*: Saúde, trabalho e modos de vinculação. São Paulo: Casa do Psicólogo, 2007, p. 203-228.

JACOBS, J. W.; GERSON, K. Who are the overworked Americans? *Review of Social Economy*, 1998, v. 4, p. 442-459.

JONES, E. E.; NISBET, R. E. The actor and the observer: divergent perceptions of the causes of behavior. In: JONES, E. E. e cols. *Attribution*: Perceiving the causes of behavior. Morritown, N.J.: Generla Learning Process, 1972.

JORNAL DO BRASIL. O estudo da vida sexual do brasileiro, 24 abr 2004.

KLUVER, E. S.; HEESINK, J. A. M.; VAN DE VLIERT, E. Marital conflict about the division of household labor and paid work. *Journal of Marriage and the Family*, 1996, v. 58, p. 958-969.

LAVEE, Y.; KATZ, R. Division of labor, perceived fairness, and marital quality: The effect of gender ideology. *Journal of Marriage and the Family*, 2002, 64, p. 27-39.

LEVINE, R. *The power of persuasion*. N.J.: Wiley, 2003.

MACHADO, L. Z. Famílias e individualismo: tendências contemporâneas no Brasil. *Monografias em Antropologia*, 291, D. F.: UnB, 2001.

MANNING, W. E.; LONGMORE, M. A.; GIORDANO, P. C. The changing institution of marriage: adolescents' expectations to cohabit and to marry. *Journal of Marriage and the Family*, 2007, v. 69, n. 3, p. 559-575.

NELSON, M. K. Single mothers "do" family. *Journal of Marriage and Family*, 2006, v. 68, n. 4, p. 781-795.

OSMOND, M. W.; THORNE, B. Feminist theories: the social construction of gender in families and society. In: BOSS, P. G. (Ed.). *Sourcebook of family theories and methods*. N. Y.: Plenum Press, 1993.

PREUSS, M. R. G. Modelos de família – quando dois é bom e um é confuso. In: *XXVII Congresso Interamericano de Psicologia*. Caracas, Venezuela, 1999

ROCHA-COUTINHO, M. L. Quando o executivo é uma "dama": a mulher, a carreira e as relações familiares. In: FÉRES-CARNEIRO, T. (Org.). *Família e casal*: Arranjos e demandas contemporâneas. Rio de Janeiro: ed. PUC-Rio/Loyola, 2003.

_____. Variações sobre um antigo tema: a maternidade e a paternidade para mulheres com uma carreira profissional bem sucedida. In: *X Reunião da ANPEPP*. Praia Formosa, Espírito Santo, 2004.

_____. O papel de homens e mulheres na família: podemos falar em reestruturação? *Psicologia Clínica*, 2005, v. 15, n. 2, p. 93-108.

_____. Família e emprego: conflitos e expectativas de mulheres executivas e de mulheres com um trabalho. In: FÉRES-CARNEIRO, T. (Org.). *Família e casal*: Saúde, trabalho e modos de vinculação. São Paulo: Casa do Psicólogo, 2007, p. 203-228.

RODRIGUES, A.; ASSMAR, E.; JABLONSKI, B. *Psicologia social*. Petrópolis: Vozes, 2000.

SCHOEN, R.; CANUDAS-ROMO, V. Timing effects on divorce: 20th century expericence in the United States. *Journal of Marriage and the Family*, 2006, v. 68, p. 749-758.

SHERIF-TRASK, B. Marriage from a cross-cultural perspective. *Family Focus*, sep 2003, F13-F14.

SINGLY, F. *Sociologia da família contemporânea*. Rio de Janeiro: FGV, 2003.

SKOLNICK, A. The family and its future. *Family Focus,* dec. 2006, F3-F4,.

STACEY, J. *In the name of the family*: Rethinking family values in the postmodern age. Boston: Beacon Press, 1996.

TEACHMAN, J.; CROWDER, K. Multilevel models in family research: some conceptual and methodological issues. *Journal of Marriage and the Family*, 2002, v. 64, n. 2, p. 280-294.

THISTLE, S. *From marriage to the market* – The transformation of women's lives and work. Univ. of California Press, 2006.

THORTON, A. Changing Attitudes Toward Family Issues in the United States. *Journal of Marriage and the Family,* v. 51, n. 3, p. 873-893, 1989.

_____. YOUNG-DEMARCO, L. "Four decades of trends toward family issues in the United States: the 1960s through the 1990s. *Journal of Marriage and the Family*, 2001, v. 63, n. 4, p. 1009-1037.

VAITSMAN, J. *Flexíveis e plurais*: Identidade, casamento e família em circunstâncias pós-modernas. Rio de Janeiro: Rocco, 1994.

VEJA. "Seção Comportamento – Sexo", 24 jun 1992.

WAGNER, A. *Família em cena*: Tramas, dramas e transformações. Petrópolis: Vozes, 2003.

WEINER, B. *Judgments of responsibility*. N.Y.: Guilford, 1995.

O casamento contemporâneo em revista[1]

Gláucia Diniz
Universidade de Brasília

Zygmunt Bauman, no início de seu livro *Amor Líquido* (2004), faz uma afirmação contundente: "'Relacionamento' é o assunto mais quente do momento, e aparentemente o único jogo que vale a pena, apesar de seus óbvios riscos" (p. 9). A fala é verdadeira, pelo menos quando se trata dos meios de comunicação brasileiros. Casamento é um tema freqüentemente explorado pelos jornais, revistas, televisão, cinema, rádio, internet. A liberação feminina, os questionamentos em torno dos papéis de homens e mulheres, a sexualidade, a relação entre amor e dinheiro, a possibilidade de conciliar maternidade e trabalho, a divisão das tarefas domésticas são algumas das dimensões exploradas em reportagens, novelas e filmes. Fala-se muito também em uma suposta crise ou mesmo falência das relações conjugais.

Até a primeira metade do século XX, casar significava, primordialmente, ter filhos e constituir família. Para a mulher,

[1] Trabalho desenvolvido com a colaboração dos alunos: Acileide Coelho, Beatriz R. Pereira, Danusa Ramos, Danuska Tokarski, Elida B. da Silva, Elisa Walleska Krüger-Bonami, João R. de C. Ruas, Juliana Seidl, Márcia Regina H. Dias, Thais Helena S. Santos, do curso de graduação do Instituto de Psicologia da Universidade de Brasília, que compuseram a equipe de pesquisa.

o casamento era a única forma permitida de ter acesso à vida sexual. Os movimentos sociais, tais como os feminismos e o movimento pelos direitos humanos; a evolução da ciência e surgimento da pílula anticoncepcional foram alguns dos fatores que alteraram as funções do casamento. Hoje, além de ter filhos, as pessoas esperam encontrar felicidade, realização pessoal, cumplicidade e companheirismo no casamento (Féres-Carneiro, 2001; Jablonski, 2001; Carter & Peters, 1996).

O desafio que se coloca tanto para a mídia quanto para a ciência é entender em que medida a relação conjugal sofreu o impacto das mudanças que ocorreram na sociedade ao longo do século XX. Dilemas entre "velhos" e "novos" modelos, hábitos, papéis, são objeto de interesse e reflexão. É fato inegável que a mídia – cinema, televisão, jornal, revista, internet – assumiu um papel fundamental na chamada "sociedade da informação" (Babo & Jablonski, 2002). Nesse contexto, desenvolvemos uma pesquisa com o objetivo de examinar como um tipo de mídia, no caso "revista", está tratando questões relativas ao casamento contemporâneo.

A influência das revistas na formação de padrões sociais tem sido objeto de estudos e pesquisas. Os trabalhos de Herbele (2004) e de Babo & Jablonski (2002) apontam que as revistas, de modo geral, oscilam entre apoiar posturas progressistas e reafirmar atitudes e normas tradicionais. Tal ambivalência se faz presente não apenas na linha editorial e no conteúdo das matérias publicadas – ela é parte das relações interpessoais e sociais na contemporaneidade. Daí a escolha dessa forma de mídia para acessar questões e dilemas em torno do casamento. Algumas dessas questões serão exploradas nesse capítulo.

Metodologia

Essa pesquisa qualitativa e de caráter exploratório foi realizada com equipe de alunas e um aluno do curso de graduação em psicologia. O objetivo geral foi identificar características, tendências e dilemas entre velhos e novos modelos conjugais presentes na sociedade brasileira na entrada do século XXI. Os objetivos específicos da pesquisa foram identificar mudanças que podem estar acontecendo na construção dos vínculos, nos papéis e na organização da vida conjugal e conhecer possíveis dilemas entre "velhos" e "novos" modelos de conjugalidade.

A fonte de dados da pesquisa foi revistas brasileiras de conteúdo geral (*Época*, *IstoÉ*, *Veja*) e revistas femininas (*Cláudia*, *Nova*, *Criativa*, *Marie Claire*), editadas entre 2000 e 2005. Babo e Jablonski (2002) afirmam que as revistas constituem um dos meios mais lucrativos da mídia e têm um papel importante na divulgação de informações e na formação de opiniões sobre temas da contemporaneidade. A intenção foi incluir matérias voltadas tanto para o público masculino quanto para o feminino e que mostrassem como as revistas estão retratando temas relacionados ao casamento.

Bauer, Gaskell e Allum (2002) apontam que "uma cobertura adequada dos acontecimentos sociais exige muitos métodos e dados" (p. 18). Bauer e Aarts (2002) propõem a construção do *"corpus"* como princípio para coleta de dados qualitativos. *Corpus* é definido como "uma coleção finita de materiais, determinada de antemão pelo analista, com (inevitável) arbitrariedade, e com a qual ele irá trabalhar" (p. 44). O texto, seja de jornal ou de revista, dentre outros, é apontado pelos autores como um meio formal de construção de dados para pesquisas de natureza qualitativa.

O período de coleta foi o do primeiro qüinqüênio do século, ou seja, do ano 2000 ao ano 2005. Sempre que possível, foram selecionados dois artigos por ano, um referente ao primeiro semestre e outro ao segundo, em cada revista.

Procedimento de análise

Utilizamos a Análise de Conteúdo proposta por Bardin (1997). As reportagens foram selecionadas, agrupadas por temática, e submetidas à análise. O procedimento utilizado foi: a) constituição do *corpus* de análise; b) leitura flutuante do material coletado para assimilação das primeiras impressões dos textos; c) levantamento de núcleos de sentido ou temas; d) agrupamento dos temas/dados em categorias.

Várias categorias emergiram a partir da análise das reportagens das revistas. Destacamos, aqui, as principais:

1. Mitos em torno do relacionamento e do casamento;
2. Diversidade de modelos conjugais e modos de vida;
3. Mudanças nos papéis de gênero;
4. Fatores que afetam a dinâmica conjugal;
5. Fatores que mantêm os casais unidos;
6. Causas e conseqüências de crises, separações e divórcios.

Cada uma dessas categorias será apresentada e discutida brevemente. Textos extraídos das matérias serão utilizados para ilustrar o conteúdo dos artigos. Esse conjunto de reflexões visa, portanto, a delinear o retrato traçado pelas revistas analisadas para o casamento atual.

Mitos em torno do relacionamento e do casamento

A construção dos relacionamentos afetivos, em especial o casamento, é cercada por mitos construídos ao longo da história da humanidade. Entendemos *mitos* como idéias preconcebidas, deduções preconceituosas, representações falsas, muitas vezes ilusórias e infundadas, que nos levariam a conclusões apressadas na compreensão de fenômenos. O perigo está no fato de que esses mitos acabam por influenciar concepções e por estabelecer parâmetros, em nosso caso particular, para a construção dos relacionamentos, que podem prejudicar ou mesmo impedir que os mesmos sejam bem sucedidos (Diniz & Angelim, 2003; Saffioti, 2003).

Um dos mitos que ronda o casamento é o do "príncipe/princesa encantado(a)", ou seja, da existência de um par ideal, muitas vezes pensado como "perfeito", conforme aponta o trecho abaixo:

> Todo mundo quer encontrar o par ideal, por quem esteja apaixonado. A complicação é que, como a ciência já comprovou, a paixão é um sentimento temporário. O grande dilema das pessoas casadas é como continuar juntas depois de acabar a euforia dos primeiros tempos (A vida antes e depois da paixão. Veja, 05/06/02).

A relação entre par ideal, paixão, efemeridade e durabilidade das relações é uma das questões que se faz presente quando o tema é a escolha de parceiros e, obviamente, relações conjugais. Bauman (2004) aponta que "o relacionar-se" é um contexto marcado pela ambivalência – de um lado está o desejo de estabelecer um vínculo permanente e do outro está o temor gerado pelo preço que se há de pagar por tal permanência. Valores contemporâneos, como liberdade, individualidade, aliados à ênfase na satisfação e à pouca tolerância, afetam a disponibilidade para investir em um relacionamento de forma duradoura. Pode-se argumentar que outro fator que, certamente, afeta essa disponibilidade para investir nas relações é o mito do par ideal. A famosa frase "Ainda não encontrei a pessoa certa" pode estar encobrindo dificuldades para assumir e sustentar um relacionamento.

Se, de um lado, mitos e idéias antigas são reforçados no conteúdo das matérias, foi interessante constatar a presença de um movimento contrário. O artigo intitulado "Seis mitos que podem detonar o seu relacionamento", publicado na revista *Nova*, em julho de 2000, foi escrito com o propósito de desmistificar alguns desses mitos. A reportagem indica o tom que se deve dar a velhas crenças, propondo uma atualização do olhar do(a) leitor(a). Reproduzimos, a seguir, alguns dos mitos problematizados e apresentamos comentários críticos a respeito do tratamento dado aos mesmos pela reportagem.

Mito 1: "Nos casamentos felizes, um só tem olhos para o outro: 'Olhar para os lados é sinal de que vocês são pessoas normais e sexualmente ativas'".

O mito um trata do enclausuramento da relação, uma vez encontrado o suposto par perfeito. Um afastamento temporário das amizades no início de um relacionamento é freqüente e pode ser entendido como uma necessidade de abrir espaço para conhecer melhor a outra pessoa. Entretanto, se esse fechamento persiste, ele pode gerar um empobrecimento das redes sociais, fonte fundamental de suporte na vida das pessoas e uma dimensão importante para a manutenção da saúde dos relacionamentos. A convivência entre casais é um elemento de apoio e de *feedback* importante que atua como regulador da adequação, ou não, de comportamentos entre parceiros.

Este mito fala, também, do controle que um parceiro pode passar a exercer sobre o outro – até o olhar precisa ser controlado, principalmente quando um dos parceiros é ciumento(a) e/ou possessivo(a). Colocar limites para esse controle é um desafio em muitos relacionamentos. Em última análise, esse mito faz alusão também à sexualidade e à fidelidade, questões sempre polêmicas quando o assunto é casamento.

Mito 2: "A rotina mata a paixão: 'Criar rotinas – como pedalar no parque aos sábados de manhã – é uma forma de estampar uma marca registrada no romance'".

O mito dois explora a rotina – uma questão temida e que é vista, com freqüência, como possível elemento destruidor da paixão. Ao enfocar esse tema, a reportagem aponta, nas entrelinhas, para uma dimensão importante dos relacionamentos – as pessoas se escolhem por compartilharem interesses comuns. Desenvolver "rotinas" em torno de alguns desses interesses pode servir como ponto de união e sustentação da relação. Assim, a questão é tratada de uma forma inovadora, construtiva e criativa.

Mito 3: "O amor muda as pessoas: 'Ele não vai mudar – Não espere que repentinamente ele se transforme no homem de seus *sonhos. Para evitar grandes traumas, experimente fazer uma lista com as dez coisas que mais importam para você em um homem... Em seguida conte quantas expectativas ele preenche: Seis? Fantástico. Menos? Então reveja a lista e cheque se há algo dispensável".*

O mito três é, sem sombra de dúvida, importante. A fantasia de que o amor move montanhas e muda pessoas precisa ser questionada e colocada nas devidas proporções. O amor pode ser um sentimento rico e estimulante. A troca gerada em uma relação de qualidade pode ser motivo de reflexão, aprendizagem e amadurecimento. Entretanto, o dar e receber amor não muda a essência da personalidade ou do caráter de uma pessoa. E é para esse ponto que o artigo chama atenção, ao advertir sobre expectativas irreais para com o outro. A idéia de par perfeito é, portanto, questionada novamente aqui e uma estratégia de avaliação dessas expectativas é apontada.

É comum, em reportagens, o(a) leitor(a) encontrar dicas sobre como lidar com dúvidas e dilemas. A idéia de construção de uma lista de qualidades importantes em um parceiro é interessante; o fato de essa lista precisar ser feita de forma realista, também. Não podemos deixar de mencionar, entretanto, que o fato de a mulher ser "convidada" a rever os itens de sua lista traz à tona a idéia de que é ela quem precisa tomar cuidado para não ser muito exigente, pois pode acabar sozinha. Infelizmente, esse é um fantasma produzido no imaginário social e que tem impacto na auto-estima das mulheres – estar ou ficar sozinha pode ser visto como indicador de incompetência ou de falta de predicados para "segurar" o seu homem.

Outro problema aqui é a omissão em relação aos homens – eles também precisam ser convidados a refletir sobre estereótipos, mitos e expectativas presentes em seus critérios de escolha. Tal omissão deixa implícito (ou explícito para bons entendedores) o fato de que tem sido delegada principalmente à mulher a responsabilidade pela qualidade, pelo cuidado e pela manutenção de uma relação.

Vimos que velhos e novos mitos e padrões de comportamento são apresentados nas reportagens. Elas têm o mérito de problematizar dimensões da conjugalidade que realmente merecem atenção, tais como o controle sobre o(a) parceiro(a), a rotina e critérios de escolha de parceiros(as). A intenção não é esgotar assuntos, mas apresentar novas perspectivas para lidar com eles. Ao revisitar temas e levantar questões, as reportagens certamente mobilizam reflexões.

Diversidade de modelos conjugais e modos de vida

"O casamento não acabou – ele se transformou. Hoje, cada casal escolhe o tipo de relação (e de contrato) que preferir". Esta afirmação, publicada na matéria "Amor moderno", pela *Época* (23/02/04) denota o pensamento predominante em matérias publicadas por diversas revistas. A ruptura com o modelo tradicional de conjugalidade, a conseqüente flexibilização e abertura para explorar novos modelos relacionais parecem ser as características marcantes do momento atual.

Tanto a hierarquia quanto a formalidade presentes nas relações do passado estão dando lugar ao respeito, companheirismo e busca de igualdade. Levar em conta as necessidades e desejos das pessoas envolvidas é, hoje, um valor importante. Esse nível de expectativa fica evidente na afirmação: "O casamento moderno dá ênfase à relação pessoal entre marido e mulher..." presente na matéria "A vida antes e depois da paixão", *Veja*, 05/06/02. Da mesma forma, a pesquisa de Féres-Carneiro (2001) aponta que "o casamento contemporâneo representa uma relação de intensa significação na vida dos indivíduos, tendo em vista que envolve um alto grau de intimidade e um grande investimento afetivo" (p. 67).

As revistas apontam também que as uniões estão acontecendo mais tarde e o número de filhos está diminuindo. A aceitação do divórcio e do recasamento tem gerado novas experiências de vivência da afetividade e do parentesco. As famílias monoparentais também estão se tornando numerosas e a possibilidade de união entre pessoas do mesmo sexo é um tema tratado cada vez com mais naturalidade.

A idéia de relação aberta, ou seja, da expressão livre do desejo é uma herança do movimento *hippie* que permanece no contexto contemporâneo, ganhando roupagem nova com o questionamento dos direitos e igualdade entre homens e mulheres. O trecho abaixo revela essa possibilidade:

> Ter o que se convencionou chamar de relação aberta é você, comprometida com alguém, não reprimir o desejo que sente por outras pessoas, realizando-o, com o conhecimento e a aprovação do seu, digamos, querido principal. E vice-versa: as regras valem para os dois (Criativa, abril de 2004).

A abertura para a livre expressão do desejo permanece, entretanto, polêmica. Casais são convidados a avaliar em que medida e grau cada um individualmente e os dois, enquanto parceiros conseguem lidar emocionalmente com esse comportamento.

Vivemos em um mundo marcado pela ênfase no material, no consumo, no descartável e esse processo se resvala para o cotidiano e as relações. Bauman (2004) chama atenção para os perigos da banalização do afeto e da transformação do outro (do corpo do outro) em algo para ser usado e, eventualmente, descartado.

Giddens (2005) também aponta que a forma como a globalização econômica vem afetando o modo de vida, em especial o casamento e a família, tem sido subestimada. O trecho abaixo mostra, claramente, como uma linguagem econômica e empresarial se tornou um dos parâmetros utilizados para avaliar o sucesso de um casamento: "Os casamentos modernos que dão certo são parcerias... o homem e a mulher... como sócios no empreendimento, no casamento, e devem contribuir para que a empresa dê certo" (A vida antes e depois da paixão, *Veja*, 05/06/02).

Fica evidente que a realização tanto sexual quanto financeira ganhou um espaço importante nas relações contemporâneas. O sucesso financeiro é algo atingível em um contexto onde a maioria das relações é de duplo trabalho ou dupla carreira. Homens e mulheres valorizam o sucesso na profissão e trabalham juntos na construção do patrimônio familiar (Diniz, 2004; Perlin & Diniz, 2005). Já a realização sexual fica comprometida pela carga de controle, prescrições, estereótipos de gênero e conflitos de valores que cerca a vivência da sexualidade.

A diversidade de temas levantados pelas revistas nos leva a constatar que ocorreram mudanças significativas nas funções sociais do casamento e nas expectativas dos parceiros para com a relação. Até meados do século XX prevaleceu a idéia de que o homem era destinado para a vida pública e a mulher para o mundo privado. Conquanto ele fosse bom provedor e ela boa mãe e dona de casa, tudo estava bem. Hoje, ambos têm expectativas de vivenciar uma relação marcada pela parceria econômica, pelo companheirismo e pela realização afetiva e sexual.

Mudanças nos papéis de gênero

Homens e mulheres que optam por casar e constituir uma família estão sendo forçados a rever os condicionamentos de gênero impostos socialmente. Esses condicionamentos foram sedimentados por meio de uma gama enorme de experiências e situações vivenciadas nas famílias de origem de cada um e em diversos espaços institucionais e sociais (Diniz, 2004).

Essa tarefa não é simples, pois envolve a desmistificação e a desnaturalização do lugar do masculino e do feminino na cultura. Outro desafio é sair do singular para o plural, do simples para o complexo. Existem múltiplas formas de ser mulher e de ser homem. Fatores como raça, classe e educação demarcam lugares sociais e experiências de vida muito distintas. Esse cenário nos convida a um tipo de reflexão que leve em conta a diversidade de condições do ser, do estar e do fazer das mulheres e dos homens no mundo como elemento fundamental para a compreensão de sua situação pessoal, relacional e social (Diniz, 2004).

As revistas apontam dilemas entre velhos e novos papéis que as mulheres estão vivendo. Sucesso no relacionamento e na maternidade são dimensões valorizadas, juntamente com o sucesso financeiro e profissional. Reportagem da *Veja Especial Mulher* em agosto de 2002, reflete esse ponto: "...a nova mulher quer relacionamentos estáveis, segurança financeira e reconhecimento profissional...a maternidade, o casamento e os cuidados com a aparência estão entre as maiores preocupações da brasileira..."

Inferiores em número, mas igualmente importantes são os artigos que retratam o surgimento de novas posturas entre os homens. Trazemos, aqui, um exemplo que chamou atenção: foi a matéria "Sou dono de casa e gosto", publicada na revista *Marie Claire*, em setembro de 2001. Embora trate de exceção e não de regra, o importante é o registro e a divulgação de possibilidades de mudança e flexibilização nos papéis de gênero. Parceiro em uma relação na qual a mulher precisa fazer um alto investimento na carreira, o homem entrevistado diz:

> ... ela fica mais de 12 horas por dia fora de casa. Então aos poucos fui assumindo o controle da casa e hoje sou eu quem cuida de tudo, do estoque de alimentos ao lanche das crianças. Essas atividades não me desagradam em nada. Ao contrário, eu gosto de cuidar deles.

Ao relatar sentir prazer em cuidar, esse homem traz um testemunho de que tem o potencial de provocar reflexões e, quem sabe, até rupturas. A desmistificação do peso e do desagrado em torno do exercício de tarefas domésticas e de cuidado com os filhos precisa ganhar espaço entre os homens. De modo geral, ainda cabe às mulheres o ônus pelo exercício de múltiplos papéis.

As questões de gênero e muitos dilemas e desafios da interação família-trabalho são tratados pelas revistas. Dentre eles, ganham destaque a divisão das tarefas domésticas e dos papéis e funções familiares e o impacto da presença de filhos na rotina pessoal e doméstica. Embora muitos homens estejam compartilhando o cuidado da casa e das crianças, cuidar dos filhos ainda é visto como uma tarefa essencialmente feminina. O exercício da maternidade permanece importante, mas marcado por paradoxo social – valoriza-se a realização profissional e financeira da mulher, ao mesmo tempo em que cobra-se dela, mais do que dos homens, tempo, cuidado e dedicação aos filhos.

Fatores que afetam a dinâmica familiar

O casamento contemporâneo é marcado por um alto nível de pressão e exigência. Homens e mulheres devem se adequar às transformações sociais, atendendo às demandas de participação e sucesso no mercado de trabalho; de valorização, respeito e apoio pelo crescimento individual do(a) parceiro(a); de flexibilização dos papéis de gênero e construção de relações mais igualitárias (Perlin & Diniz, 2005).

Atitudes que contrariam esse conjunto de expectativas são questionadas. Um dilema que sempre se fez presente nas relações é o grau de dependência e independência que deve existir entre parceiros. Manifestações de dependência ganham conotação negativa em um mundo marcado pela idéia de individualidade e de sucesso. A dependência pode se manifestar em diversas áreas da relação e aparece como fator que interfere na qualidade da mesma. O exemplo abaixo, extraído de reportagem da revista *Cláudia* (abril de 2000) fala da dependência afetiva: "A dependência é uma forma de manipular o outro... o dependente se sente inferior. O independente deve incentivar o companheiro a buscar as próprias soluções. O dependente precisa fortalecer sua auto-imagem e entender que sobreviverá mesmo se a relação acabar".

Ao tratar de fatores que afetam as relações, as reportagens alternam entre fatores pessoais, relacionais e do contexto social. É interessante notar como as matérias abordam dimensões psicológicas presentes nos diferentes processos. Nesse contexto, a ênfase recai, com freqüência, sobre a auto-estima. Vejamos outro exemplo, retirado também da revista *Cláudia:* "A crise econômica está esgotando emocionalmente muita gente jovem e saúdavel. A falta de dinheiro não só passa uma rasteira no *status* social como deixa os envolvidos com a auto-estima no fundo do poço" (Kits de primeiros socorros para amores na corda bamba, Cláudia, outubro de 2003).

Fica evidente, nos vários exemplos, uma marca do casamento atual – homens e mulheres são exigidos e exigem-se vestir a roupa de super-heróis e heroínas, ao se verem forçados a fazer muitos malabarismos para atender a demandas muitas vezes conflitantes. As pressões para ser bem sucedido(a) em todas as áreas da vida onera as pessoas e a relação, criando expectativas pouco realistas. Essa é uma questão que precisaria ser mais abordada pelas revistas. Entretanto, o apelo vai sempre à direção contrária – são muitas as matérias que dão dicas para vencer o estresse, organizar a vida, otimizar o tempo e, óbvio, "ser bem sucedida(o)".

Fatores que mantêm os casais unidos

Fatores de natureza diversa são vistos e apontados como potencializadores da união e da qualidade da relação. Um deles – o exercício pleno da sexualidade – é reflexo tanto das mudanças nos papéis de gênero quanto do valor atribuído a essa dimensão na conjugalidade. Os exemplos abaixo são ilustrativos da questão:

> Desde que o prazer sexual feminino deixou de ser tabu, homens e mulheres procuram incansavelmente os caminhos da satisfação plena ("Começar de novo", Veja, 20/12/2000).
> Menos submissa e reprimida, a mulher tornou-se mais feliz na cama. Mas, como trabalha e se estressa mais, anda reclamando da falta de desejo... ("O prazer de não esconder", Veja, Edição especial Mulher, novembro de 2001).

Território onde os homens sempre puderam se expressar livremente, é interessante prestar atenção a essa nova visão da sexualidade feminina – de passiva a ativa; de objeto de desejo a ser desejante; de reprimida a iniciadora e cobradora da *performance* masculina. Nesse contexto, fica a pergunta para investigações futuras: Como as mulheres estão assimilando e vivenciando essas mudanças? Afinal, parece haver agora uma pressão inversa – a mulher, para ser perfeita, tem de ter um bom desempenho na cama.

É importante lembrar que, em função da inserção no mercado de trabalho e do exercício de múltiplos papéis, as mulheres são agora afetadas pelo estresse decorrente das pressões profissionais e pelos dilemas para conciliar família e trabalho. Se, de um lado, a vivência plena da sexualidade é valorizada, fatores como tempo e cansaço interferem no bom desempenho nessa área. Se levarmos em conta a múltipla jornada de trabalho que onera a vida de mulheres, vale perguntar em que medida uma mulher conta com a compreensão do parceiro, quando ela realmente tem motivos para dizer que "está cansada demais para fazer sexo".

O romantismo, em especial o masculino, continua sendo muito cotado como um fator que contribui para a manutenção da união. Ele vem acompanhado de expressões de cuidado e atenção. A importância desse elemento fica ressaltada no trecho abaixo:

> Uma vez fomos a um safári, morri de medo dos leões, mas ele sempre encerrava a noite com um jantar a luz de velas. Foi o romantismo dele que manteve nossa paixão viva durante 30 anos de casamento ("Adoráveis românticos – eles dizem eu te amo", Marie Claire, junho de 2001)

Já a matéria "Mentiras sinceras", publicada na *Marie Claire* (junho de 2005) reflete os paradoxos entre a necessidade de conhecer bem o outro e, ao mesmo tempo, ter limites para a intimidade, fatores vistos como importantes para a manutenção de uma boa relação. Duas afirmações contidas na referida matéria deixam claro esse dilema: "Para que o relacionamento sobreviva, é preciso enxergar o outro sem disfarces" e "É natural também que cada casal, na intimidade, crie suas próprias regras sobre o que pode ser dito e o que deve ser escondido. Na maioria das vezes, esse acordo é inconsciente e silencioso".

Fica claro que há limites para a troca entre o casal – a comunicação conjugal não está isenta de censura. Féres-Carneiro (2001), ao relatar resultados de pesquisa sobre questões que afetam a construção da identidade conjugal no casamento contemporâneo, aponta falas dos participantes nas quais é ressaltada a importância do segredo, do não falar tudo, para manter a individualidade de cada um e, também, para preservar a relação.

A existência de regras transcende o universo da fala e parece ser uma dimensão importante para a construção de um relacionamento satisfatório para ambas as partes. Todo casal desenvolve um "contrato", que geralmente abrange os elementos mais significativos da relação. O importante é o fato de que *ter limites* em diversas áreas da conjugalidade aparece como um fator que pode contribuir para a manutenção ou destruição da conjugalidade.

O casamento não é definitivamente um espaço do "vale tudo". Por meio das matérias das revistas, as pessoas são convidadas a prestar atenção nos fatores que podem ser deletérios e/ou que podem contribuir para a qualidade da relação.

Causas e conseqüências de crises, separações e divórcios

Mostramos, ao longo do texto, que muitas matérias ressaltam a importância do casamento e oferecem dicas para que as pessoas permaneçam casadas. Outras tantas reportagens, no entanto, abordam fatores que levam a crises, separações e divórcios. Jablonski (2001) chama atenção para o aparente paradoxo presente na sociedade atual – se, por um lado, as pessoas querem se casar e o *status* de casado ainda recebe distinção social, é inegável o aumento nas taxas de divórcio. Nesse texto, como em trabalhos anteriores (Jablonski, 1991), o autor explora várias mudanças sociais que têm impactado a forma como as relações interpessoais, principalmente o casamento, estão sendo experienciadas. Dentre essas mudanças, destacamos aqui as transformações sociais provocadas pelos processos de modernização, urbanização e migração que geraram um isolamento relacional da família nuclear. Ao buscarem oportunidades de educação e emprego, homens e mulheres se distanciam de suas origens e redes sociais. Este processo resulta em isolamento e apego à intimidade e privacidade, o que gera ônus para os membros da família, em especial para a díade conjugal, que passa a ter a responsabilidade de suprir as necessidades emocionais dos parceiros e filhos. O peso dessa tarefa gera demandas e conflitos às vezes identificados como insuperáveis e incompatíveis com os ideais de individualidade e independência.

Dificuldades de comunicação e a infidelidade também aparecem com freqüência nas matérias das revistas como fatores desencadeadores de crise no casamento. Os dilemas da comunicação, em especial a dificuldade para ouvir o outro e considerar sua perspectiva, aparecem como importante fator desencadeador de crises, como mostra o trecho retirado da revista *Cláudia*:

> O primeiro sinal de crise no casamento é quando marido e mulher começam a falar sozinhos... os problemas devem ser discutidos na hora em que acontecem – a menos, é claro, que um dos dois (ou os dois) esteja estressado demais (Revista Cláudia, outubro de 2003).

Essa afirmação chama atenção, também, para os perigos de ignorar conflitos. As diferenças geradoras de problemas precisam ser trabalhadas no cotidiano da relação para evitar que se transformem em um abismo intransponível entre parceiros. Outro ponto interessante levantado é que as pessoas precisam saber a hora e o como conversar umas com as outras. Indica, portanto, que a presença de estratégias adequadas de comunicação, negociação e resolução de conflitos é um elemento importante no combate às crises conjugais.

Embora a livre expressão do desejo venha sendo exortada, as manifestações de infidelidade aparecem nas matérias das revistas como um forte fator desencadeador de crises. Uma dimensão nova do fenômeno é que as mulheres estão se permitindo assumir a prática e esperam receber a mesma condescendência e compreensão que sempre foi dada aos homens.

"Traição: o fenômeno é difícil de mensurar, mas especialistas captam sinais de que as brasileiras estão mais infiéis. Entre os homens a novidade é que eles começam a se sentir culpados. ...O fato é que para eles a ressaca moral do adultério nunca foi tão pesada. Apesar de manterem casos extraconjugais, homens estão ressabiados por medo de serem abandonados ou traídos por vingança" (*Veja*, 2002).

Na sociedade da informação, a internet aparece como um fator que vem dar uma nova dimensão à experiência da infidelidade. A matéria "O novo código da infidelidade", publicada na revista *Criativa* (outubro 2006) deixa clara a dimensão da questão:

"A rede de computadores tem balançado as estruturas das relações estáveis e está forçando os casais a rever valores, repensar as regras para o romance e até estabelecer novos acordos. ...O uso da internet às vezes se assemelha a um *game*, nem importa muito quem está do outro lado, diz. 'Se for uma brincadeira, acho que não é traição. Mas, se for para um degrau maior, como trocar telefones, aí é, sim'".

Vários autores, dentre eles Giddens (2005), Bauman, (2004), Nicolaci-da-Costa (2006), vêm chamando a atenção para o impacto das tecnologias de comunicação e informação nos valores e parâmetros que fundam a sociedade e, conseqüentemente, os relacionamentos e a construção da subjetividade. Dimensões positivas de proximidade e contato precisam ser contrabalançadas com o surgimento de novas maneiras de exercício da sexualidade. Tudo isso é um desafio a ser conhecido e enfrentado.

Reflexões: o casamento em revista

A pesquisa mostrou que as revistas evidenciam um panorama rico e desafiante do casamento contemporâneo. A idéia do fim do casamento é descartada – o que as reportagens apontam é que as pessoas estão se adaptando aos novos tempos e assumindo como foco a qualidade das relações. As pessoas estão deixando de lado a idéia de um modelo único de casamento e família e estão se permitindo experimentar uma diversidade de arranjos conjugais.

Embora exista um grande número de pessoas jovens de ambos os sexos que digam que querem viver sozinhas, o investimento em um relacionamento amoroso ainda é muito valorizado (Jablonski, 2001). As revistas apontam que o insucesso amoroso é freqüentemente acompanhado de sentimentos de fracasso, culpa e baixa auto-estima para ambos os sexos.

Dentre os elementos de transformação que apareceram nas reportagens destacamos a dúvida em torno das vantagens e desvantagens de formalizar a união; a possibilidade dos relacionamentos "abertos"; os novos arranjos e configurações familiares. O potencial da tecnologia como elemento de aproximação, de controle e de vivência da sexualidade é uma dimensão que precisará ser acompanhada e estudada.

Permanecem como dilemas a divisão das tarefas domésticas e dos papéis e funções familiares, apesar de reportagens mostrarem homens assumindo ou compartilhando o cuidado da casa e dos filhos. O exercício da maternidade em um contexto de valorização da realização pessoal, profissional e financeira e o impacto da presença de filhos na rotina pessoal e doméstica são, portanto, assuntos abordados com freqüência.

Enfim, o casamento está sendo afetado por fatores de natureza social, econômica, cultural que têm provocado mudanças nos valores e crenças. Essa pesquisa teve por objetivo explorar alguns dos dilemas que vêm sendo gerados por esse processo de transformações.

Vivemos uma situação de transição marcada, por um lado, pela rapidez com que as normas e valores são questionados e, por outro, pela necessidade de tempo para que as pessoas possam processar, refletir e então assimilar ou rejeitar novos comportamentos e modelos relacionais que estão sendo propostos. O resultado desse descompasso é o surgimento de conflitos entre os velhos e novos modelos de conjugalidade, de vida familiar, de exercício da sexualidade, da maternidade, da paternidade e da divisão de trabalho entre homens e mulheres.

As revistas se mostraram como uma fonte importante de dados para compreendermos a dinâmica entre elementos de transformação e de continuidade nas relações interpessoais, em especial no casamento contemporâneo. As contradições e paradoxos presentes na forma de tratar os diversos assuntos revelam que estamos vivendo em uma fase de transição de papéis de gênero e de modelos relacionais. O momento é repleto de tensões – angústias e incertezas são sentimentos comuns nesse contexto. Predomina, entretanto, uma idéia de flexibilização das relações e de enriquecimento das possibilidades – tanto para as mulheres quanto para os homens.

Referências bibliográficas

BABO, T.; JABLONSKI, B. Folheando o amor contemporâneo nas revistas masculinas e femininas. *Alceu Revista de Comunicação Cultura e Política*, 2002, v. 4, n. 1, p. 75-90.

BARDIN, S. *Análise de conteúdo*. Lisboa, PT: Edições 70, 1997.

BAUER, M. W. & AARTS, B. A Construção do *corpus*: um princípio para a coleta de dados qualitativos. In: BAUER, M. & GASKELL, G. (Eds.). *Pesquisa qualitativa com texto, imagem e som*: Um manual prático. Petrópolis, RJ: Vozes, 2002, p. 39-63.

_____. GASKELL, G.; ALLUM, N. C. Qualidade, quantidade e interesses do conhecimento – evitando confusões. In: BAUER, M. & GASKELL, G. (Eds.). *Pesquisa qualitativa com texto, imagem e som*: Um manual prático. Petrópolis, RJ: Vozes, 2002, p. 17-36.

BAUMAN, Z. *Amor líquido*: Sobre a fragilidade dos laços humanos. Rio de Janeiro: Jorge Zahar, 2004.

CARTER, B.; PETERS, J. *Love, honor & negotiate*: Making your marriage work. New York: Pocket Books, 1996.

DINIZ, G. Mulher, trabalho e saúde Mental. In: CODO, W. (Org.). *O trabalho enlouquece?* Um encontro entre a clínica e o trabalho. Rio de Janeiro: Vozes, 2004, p. 105-138.

DINIZ, G. R. S.; ANGELIM, F. P. Violência doméstica – por que é tão difícil lidar com ela? *Perfil & Vertentes*, 2003, v. 15, n. 1, p. 20-35.

FÉRES-CARNEIRO, T. Casamento contemporâneo: construção da identidade conjugal. In: FÉRES-CARNEIRO, T. (Org.). *Casamento e família*: Do social à clínica. Rio de Janeiro: NAU Editora, 2001, p. 67-80.

GIDDENS, A. *Mundo em descontrole*: O que a globalização está fazendo de nós. Rio de Janeiro/São Paulo: Record, 2005.

HERBELE, V. M. Revistas para mulheres no século 21: ainda uma prática discursiva de consolidação ou de renovação de idéias? *Linguagem em (Dis)Curso*, 2004, vol. 4, n. especial.

JABLONSKI, B. *Até que a vida nos separe*: A crise do casamento contemporâneo. Rio de Janeiro: Agir, 1991.

_____. Atitudes frente à crise do casamento. In: FÉRES-CARNEIRO, T. (Org.). *Casamento e família*: Do social à clínica. Rio de Janeiro: NAU Editora, 2001, p. 81-95.

NICOLACI-DA-COSTA, A. M. O papel das novas tecnologias digitais na construção da subjetividade contemporânea. *Nuevamerica*, 2006, v. 15, n. 110, p. 48-53.

PERLIN, G.; DINIZ, G. Casais que trabalham e são felizes: mito ou realidade? *Psicologia Clínica*, 2005, v. 17, n. 2, p. 15-28.

SAFFIOTI, H. Violência estrutural e de gênero – mulher gosta de apanhar. In: *Programa de prevenção, assistência e combate à violência contra a mulher*. Diálogos sobre a violência doméstica e de gênero: construindo políticas públicas. Brasília: Secretaria Especial de Políticas para as Mulheres, 2003.

9

A conjugalidade dos pais percebida pelos filhos: questionário de avaliação[1]

Cilio Ziviani,
Terezinha Féres-Carneiro
e Andrea Seixas Magalhães
Pontifícia Universidade Católica do Rio de Janeiro

Com o objetivo de avaliar como os filhos percebem a relação conjugal dos pais, foi construído o Questionário sobre a Conjugalidade dos Pais (QCP), composto de sessenta itens no formato Likert, relacionados a diferentes aspectos identificados como relevantes na vivência da conjugalidade. Vários desses aspectos indicam menos conflito e maior satisfação e outros mais conflito e menor gratificação na relação conjugal. Originalmente, todos os itens ofereceram para resposta cinco categorias ("nunca", "raramente", "às vezes", "geralmente" e "sempre").

Resultados parciais foram apresentados em três trabalhos anteriores, baseados nas respostas de 246 sujeitos aos itens

---

[1] Trabalho desenvolvido com o apoio do CNPq e da FAPERJ e com a colaboração dos bolsistas de Iniciação Científica: Aline Vieira de Souza (FAPERJ), Laura Marques Rizzaro (CNPq), Luciana Janeiro Silva (CNPq/PIBIC), Vanessa Augusta de Souza (CNPq/PIBIC) e as bolsistas de Apoio Técnico: Mariana Reis Barcellos (FAPERJ) e Rebeca Nonato (CNPq). Os autores agradecem ao Prof. Orestes Diniz Neto, do Departamento de Psicologia da Universidade Federal de Minas Gerais e ao Prof. Virgílio Nascimento, do Curso de Psicologia da Sociedade Educacional Fluminense, pela aplicação de questionários, respectivamente, em Belo Horizonte e na Baixada Fluminense.

da primeira versão do instrumento (Féres-Carneiro, Ziviani & Magalhães, 2007; Féres-Carneiro, Seixas & Ziviani, 2006; Ziviani, Féres-Carneiro, Magalhães & Bucher-Malushke, 2006). As análises críticas realizadas posteriormente apontaram inadequações técnicas em alguns itens da escala. Ao invés de se adotar a prática costumeira de simplesmente afastá-los do instrumento em sua forma final, decidiu-se pesquisar, conceitual e empiricamente, as razões subjacentes às inadequações detectadas. Foram preservados, assim, os motivos teóricos que, item a item, primeiramente presidiram as escolhas temáticas de conteúdo, ao distinguir este ou aquele aspecto da conjugalidade.

O presente capítulo discute as modificações introduzidas que resultaram na forma atual do instrumento, mantendo, portanto, o conteúdo dos sessenta itens iniciais, muito embora o formato de alguns deles tenha mudado substancialmente. Essas mudanças foram sempre no sentido de preservação da inspiração teórica original que orientou a elaboração dos itens, construídos a partir de outros instrumentos de avaliação da relação conjugal, bem como da literatura sobre estrutura e dinâmica do laço conjugal, conforme detalhado anteriormente (Féres-Carneiro, Ziviani & Magalhães, 2007; Féres-Carneiro, Seixas & Ziviani, 2006). Além disso, considerações teóricas baseadas na experiência clínica influenciaram significativamente a decisão de se modificar o formato de alguns itens. Como se verá, para melhor atender a esses requisitos, procurou-se subordinar a psicometria propriamente dita a esses fatores.

Primeira subescala (PAIS)

Os itens da subescala principal, dirigidos a "meus pais...", são apresentados a seguir, em ordem decrescente de sua pertinência à conjugalidade dos pais, tal como percebida pelos filhos. Ou, dizendo tecnicamente, os itens estão ordenados a partir das maiores correlações para as menores, entre o item e o primeiro componente do construto "conjugalidade", segundo análise de componentes principais preliminar, com 1.612 participantes. Essas correlações (ou "cargas") encontram-se entre parênteses.

"MEUS PAIS":

1) pareciam felizes com o relacionamento deles (.87).
2) A relação dos... parecia gratificante para ambos (.86).
3) pareciam sincronizados (.85).
4) demonstravam ser companheiros (.85).
5) costumavam rir juntos (.82).
6) Entre... existiam sérios conflitos não solucionados (.79).
7) se elogiavam mutuamente (.78).
8) expressavam seus sentimentos um pelo outro (.77).
9) tinham dificuldade de comunicação (.77).
10) trocavam carinhos físicos (.76).
11) se interessavam pelas questões um do outro (.74).
12) se abraçavam na frente dos filhos (.74).
13) costumavam ficar conversando um com o outro (.74).
14) contavam coisas engraçadas um para o outro (.73).
15) respeitavam suas diferenças de opinião (.73).
16) faziam surpresas agradáveis um para o outro (.66).
17) se beijavam na frente dos filhos (.61).
18) dividiam as responsabilidades no dia-a-dia (.54).
19) eram flexíveis para mudar suas opiniões (.49).

A seguir, listamos os itens que apresentam alta correlação com o primeiro componente e também correlação menor, mas de magnitude expressiva, com o segundo componente. As correlações entre parênteses referem-se, respectivamente, ao primeiro e ao segundo componentes da análise dos principais. As correlações ou cargas no segundo componente aparecem em negrito. Os itens listados, a seguir, estão ordenados segundo a magnitude decrescente da correlação com este segundo componente.

"MEUS PAIS":

20) tinham "brigas feias" (.68) (**.51**).
21) quebravam objetos quando brigavam (.55) (**.46**).
22) se agrediam verbalmente (.71) (**.45**).
23) se ridicularizavam mutuamente (.62) (**.40**).
24) reclamavam um do outro (.71) (**.35**).
25) A relação dos... parecia tensa (.73) (**.33**).
26) discutiam por causa de dinheiro (.55) (**.32**).

Em outras palavras, os itens 20 a 26 têm em comum o fato de apresentarem, além da alta correlação com o primeiro componente da análise de componentes principais, também correlação positiva com o segundo componente; muito menores, mas *positivas*.

Esta observação, tomada como pano de fundo remete para os itens que, igualmente, apresentaram correlações expressivas com esse segundo componente, mas com sinal trocado: as correlações são *negativas*. Como opostos, portanto, associam-se àqueles por contraste.

Sabe-se que cargas positivas e negativas no segundo componente principal e seguintes são imposições necessárias do método (Dunteman, 1989, p. 14). Ou seja, são um artefato, uma fabricação do método, não são intrínsecos às variáveis e nada implicam em relação à natureza dos itens.

O que se destaca aqui é a especificidade com sentido teoricamente interpretável dos itens caracterizados pela alta magnitude de cargas com sinais opostos. Esses itens contrastados, constantes da listagem inicial numerados de 1 a 20, são reproduzidos a seguir. Foram reordenados decrescentemente, a partir da maior para a menor correlação negativa com o segundo componente. As correlações entre parênteses referem-se, respectivamente, à correlação do item com o primeiro componente, seguida pela correlação, em negrito, desse mesmo item com o segundo componente:

"MEUS PAIS":

17) se beijavam na frente dos filhos (.61) (-.41)
10) trocavam carinhos físicos (.76) (-.38)
12) se abraçavam na frente dos filhos (.74) (-.34)
7) se elogiavam mutuamente (.78) (-.28)
8) expressavam seus sentimentos um pelo outro (.77) (-.28)
13) costumavam ficar conversando um com o outro (.74) (-.21)

Os demais itens apresentam correlações negativas inferiores a (-.20). Vários autores recomendam a retenção apenas de correlações ou "cargas", positivas ou negativas, de magnitude superior a .30 (Cohen, Cohen, West & Aiken, 2003; Hair, Black, Babin, Anderson & Tatham, 2006; Tabachnick & Fidell, 2007). Por outro lado, aqui, torna-se importante a diferença entre a análise de componentes principais utilizada e a análise fatorial exploratória propriamente dita (Thompson, 2004). Textos recentes enfatizam a importância dessa distinção (por exemplo, Raykov & Marcoulides, 2008); além do mais, para nossos dados, apresenta-se como particularmente útil a possibilidade de representação gráfica de relações complexas entre variáveis oferecida pela extensão da análise de componentes principais para a análise de correspondência (Lebart, Piron & Morineau, 2006).

Não se trata aqui, portanto, de análise fatorial, mas, sim, de análise de componentes principais que, resguardadas as devidas precauções, permite as considerações apresentadas, por dispensar, inteiramente, qualquer tipo de pressuposto teórico acerca de eventuais dimensões ou fatores inerentes ao constructo investigado. Mas, rigorosamente, para se tomar este constructo – a "conjugalidade" – como variável latente (Bollen, 1989; Loehlin, 2004; Bentler, 2006; Muthén & Muthén, 2007) com características de unidimensionalidade no sentido de *congeneric* (Jöreskog, 1971), precisa-se de uma solução teórico-metodológica para a questão das altas correlações de determinados itens com o primeiro componente principal, seguidas das não tão altas, mas expressivas correlações dos mesmos itens com o segundo componente. "*Cross-loadings*", ou cargas altas em mais de um componente, são criticáveis não apenas no caso de se contemplar a hipótese da unidimensionalidade, mas também no que diz respeito à interpretabilidade dos componentes (ou fatores, se for análise fatorial), na situação de mais de uma dimensão emergir da matriz de correlações (ou de co-variâncias). Entretanto, não temos, no momento, solução metodológica a sugerir nesse particular e, menos ainda, explicação teórica satisfatória para esse resultado empírico. Limitamo-nos, assim, a algumas conjecturas inspiradas na teoria psicanalítica freudiana que consideramos pertinentes, não obstante a orientação teórica subjacente ao trabalho de elaboração dos itens ter sido a teoria psicanalítica pós-freudiana da psicanálise de grupo, voltada para a transmissão psíquica entre gerações (Magalhães, A. S. e Féres-Carneiro, T., 2005).

Do ponto de vista estritamente teórico-conceitual, a terminologia utilizada referente a "opostos", "associação por contraste", com a possibilidade, ou não, da admissão de "contrários", é utilizada aqui conforme a acepção freudiana. Freud (1999/1900) fala da possibilidade da apresentação onírica de elementos opostos em uma unidade, ao discutir o trabalho do sonho, e estende esse conceito até abranger o sentido antitético das palavras primitivas. Neste último trabalho, o autor cita a si próprio, ao reproduzir entre aspas todo um parágrafo do texto de 1900 para discutir opostos, contrários e contradição, de forma hegeliana, diferenciada em relação à posição aristotélica (de inclusão dos contrários na categoria dos opostos).

Dentro deste enquadre teórico, considera-se a escala principal com 26 itens como basicamente unidimensional, isto é, medindo apenas uma única dimensão, a conjugalidade (pois o primeiro componente "explica" 52% da variância da escala; o segundo acrescenta à explicação apenas 8%). Isto porque todos os 26 itens apresentam correlações ou cargas positivas e altas com o primeiro componente na análise de componentes principais; além disso, item algum apresenta carga no segundo componente que seja maior que sua carga no primeiro.

Desta forma, entende-se que o segundo componente sinaliza apenas um aspecto restrito do constructo "conjugalidade", sem se constituir, propriamente, como uma segunda dimensão. Chega-se a essa conclusão uma vez que os itens destacados como aqueles com as maiores magnitudes, positivas ou negativas, no apenas discernível segundo componente, são justamente aqueles que apresentam conteúdos contrastantes. Mostram-se associados por "contra-reflexos contraditórios", segundo expressão freudiana utilizada na discussão dos meios de figuração onírica no trabalho do sonho e posteriormente reelaborada no trabalho sobre o sentido antitético das palavras primitivas (Freud, 1999/1910).

Segunda subescala (PAI-MÃE)

Compõe-se dos itens que distinguem pai e mãe na mesma variável. São onze itens, igualmente no formato Likert, oferecendo para resposta as mesmas cinco categorias ("nunca", "raramente", "às vezes", "geralmente" e "sempre"). Eis os 22 itens constituídos em onze pares:

27) Minha mãe demonstrava desejo pelo meu pai. / 28) Meu pai demonstrava desejo pela minha mãe.
29) Meu pai parecia confiar na minha mãe. / 30) Minha mãe parecia confiar no meu pai.
31) Meu pai demonstrava satisfação com o casamento. / 32) Minha mãe demonstrava satisfação com o casamento.
33) Meu pai parecia permanecer casado por conveniência. / 34) Minha mãe parecia permanecer casada por conveniência.
35) Meu pai parecia se sentir sozinho. / 36) Minha mãe parecia se sentir sozinha.

37) Meu pai dificultava as atividades individuais de minha mãe. / 38) Minha mãe dificultava as atividades individuais de meu pai.
39) Minha mãe assumia responsabilidade pelo que dizia ou fazia. / 40) Meu pai assumia responsabilidade pelo que dizia ou fazia.
41) Minha mãe demonstrava ser uma pessoa feliz. / 42) Meu pai demonstrava ser uma pessoa feliz.
43) Meu pai falava mal da família da minha mãe. / 44) Minha mãe falava mal da família do meu pai.
45) Meu pai demonstrava insegurança na relação com minha mãe. / 46) Minha mãe demonstrava insegurança na relação com meu pai.
47) Meu pai agredia minha mãe fisicamente. / 48) Minha mãe agredia meu pai fisicamente.

A principal característica dessa subescala é a de se apresentar em dois níveis, pois há um item referente ao pai, e outro item referente à mãe, na mesma variável. Além disso, como ambos os itens são respondidos pelo mesmo sujeito, configura-se a situação metodológica de medidas repetidas. O casal parental ("pais") é tomado como variável latente em análise hierárquica multinível. Latente, porque a variável "pais" não é diretamente observável, pois o que se registra é uma resposta referente à mãe e uma resposta referente ao pai. A soma das duas, para fazer com que a unidade de análise passe dos indivíduos (pai e mãe) para o casal parental (pais), elimina a possibilidade de comparação entre o pai e a mãe. Deixa-se de examinar, assim, a variabilidade intercônjuges. Há, portanto, o nível em que a unidade de análise é constituída pelos indivíduos pai e mãe, e o nível em que a unidade de análise é o casal (parental, os pais). O desenvolvimento nas técnicas de análise multivariada abre a possibilidade de análise simultânea de ambos esses níveis (Gelman & Hill, 2007), com a consideração do casal parental como variável latente (Bentler, 2006; Muthén & Muthén, 2007).

Terceira subescala (PONTO MÉDIO)

São onze itens. Formam escala composta tanto de itens voltados diretamente para os pais, como na Primeira Subescala MEUS PAIS, quanto de itens que distinguem pai e mãe, como na Segunda Subescala PAI-MÃE. A diferença nessa Terceira Subescala é que a categoria considerada teoricamente mais importante ou significativa é o ponto médio "às vezes". Compõe-se dos seguintes itens (com as categorias "nunca", "sempre", "às vezes"):

49) Meus pais saíam com amigos comuns.
50) Meus pais saíam juntos para se divertir, sem os filhos.
51) Meus pais concordavam um com o outro.
52) Meus pais passavam o tempo livre juntos.
53) Meu pai parecia sentir ciúme da minha mãe. / 54) Minha mãe parecia sentir ciúme do meu pai.
55) Minha mãe saía com amigos(as) individuais. / 56) Meu pai saía com amigos(as) individuais.
57) Minha mãe demonstrava ter poder na relação conjugal. / 58) Meu pai demonstrava ter poder na relação conjugal.

Finalmente, apresenta-se o sexagésimo e último item. É o único item dicotômico, com as alternativas "sim" ou "não". O formato original foi descartado, após exame dos resultados empíricos de análise do item com base na primeira aplicação da escala (Rasch, 1993/1960; Bond & Fox, 2001), quando se verificou a inadequação das cinco categorias anteriormente oferecidas. O item é o seguinte:

59) Meu pai parecia trair minha mãe. / 60) Minha mãe parecia trair meu pai.

Apresentamos, portanto, todos os sessenta itens na forma constitutiva da última versão do instrumento. Na faixa de idade entre 18 e 29 anos, 1.612 sujeitos responderam essa última versão da escala. Quando adequado, a amostra foi dividida em metades de 806 sujeitos cada uma, para se testar a replicabilidade em análises multivariadas. Como as aplicações foram feitas na zona sul do Rio de Janeiro (416 sujeitos), na Baixada Fluminense (697), em Belo Horizonte (182), em Petrópolis (28) e em diversas outras localidades (268), abre-se a possibilidade de se investigar simultaneamente diferenças entre essas regiões, além das possíveis diferenças de classe social (classe média-alta e alta, 188 sujeitos; média, 761; média-baixa e baixa, 648) e de gênero (674 homens e 931 mulheres), tomadas como variáveis moderadoras (Aguinis, 2004).

O aspecto estritamente psicométrico do instrumento, após as pesquisas realizadas com os 246 sujeitos que por ele passaram em sua forma original, ao ceder lugar a uma visão teórico-conceitual das diferentes partes que passaram a constitui-lo, ficou em segundo plano no presente capítulo. Esse caminho foi escolhido com base na concepção de Jean-Paul Benzécri, citado por Lebart, Piron & Morineau (2006, p. 2): "o modelo deve seguir os dados e não o inverso" (*"le modèle doit suivre les données et non l'inverse"*).

Entende-se que esta seja a forma de melhor representar as relações entre os dados da pesquisa. Assim, a proposta vai além do conjunto de itens tomado exclusivamente como instrumento de medida. Considera-se que, somente no sentido restrito da otimização de um instrumento de mensuração, faz sentido utilizar o modelo Rasch (1993/1960; Bond & Fox, 2001) como ponto de referência apriorístico em relação ao qual os itens estarão melhor ou pior ajustados (no conceito de "fit") à modelagem matemática empregada.

Referências bibliográficas

AGUINIS, H. *Regression analysis for categorical moderators*. New York: Guilford Press, 2004.

BENTLER, P. M. *EQS structural equations program manual.* Encino, CA: Multivariate Software, 2006.

BOLLEN, K. A. *Structural equations with latent variables.* New York: Wiley, 1989.

BOND, T.; FOX, C. *Applying the Rasch model.* Mahwah, NJ: Lawrence Erlbaum, 2001.

COHEN, J. et al. *Applied multiple regression/correlation analysis for the behavioral sciences.* 3. ed. Mahwah, NJ: Lawrence Erlbaum, 2003.

DUNTEMAN, G. H. *Principal components analysis.* Newbury Park, CA: Sage, 1989.

FÉRES-CARNEIRO, T.; ZIVIANI, C.; MAGALHÃES, A. S. Questionário sobre a conjugalidade dos pais como instrumento de avaliação. In: FÉRES-CARNEIRO, T. (Org.). *Família e casal*: Saúde, trabalho e modos de vinculação. São Paulo: Casa do Psicólogo, 2007, p. 251-267.

_____. T.; SEIXAS, A.; ZIVIANI, C. Conyugalidad de los padres y proyectos vitales de los hijos frente al matrimonio. *Revista Cultura y Educación – Familia y Pareja*, 2006, v. 18, n. 1, p. 95-108.

FREUD, S. (1900) *Die Traumdeutung. Gesammelte Werke 2-3.* Interpretação dos sonhos. Obra Completa, v. 2-3. Frankfurt am Main: Fischer Verlag, 1999.

_____.(1910). *Über den Gegensinn der Urworte. Gesammelte Werke 8.* Sobre o sentido antitético das palavras primitivas. Obra Completa, v. 8. Frankfurt am Main: Fischer Verlag, 1999.

GELMAN, A.; HILL, J. *Data analysis using regression and multilevel/hierarchical models.* New York: Cambridge University Press, 2007.

HAIR, J. F. et al. *Multivariate data analysis.* 6. ed. Upper Saddle River, NJ: Pearson/Prentice Hall, 2006.

JÖRESKOG, K. Statistical analysis of sets of congeneric tests. *Psychometrika*, 1971, v. 36, p. 109-133.

LEBART, L.; PIRON, M. ; MORINEAU, A. *Statistique exploratoire multidimensionnelle.* Visualization et inférence en fouilles de données. 4. ed. Paris: Dunod, 2006.

LOEHLIN, J. C. *Latent variable models.* An introduction to factor, path, and structural equation analysis. 4. ed. Mahwah, NJ: Lawrence Erlbaum, 2004.

MAGALHÃES, A. S. e FÉRES-CARNEIRO, T. Conquistando a herança: sobre o papel da transmissão psíquica familiar. In: FÉRES-CARNEIRO, T. (org.). *Família e casal*: efeitos da contemporaneidade. Rio de Janeiro/São Paulo: EDPUC-Rio/Loyola, 2005, p. 24-32.

MUTHÉN, L. K.; MUTHÉN, B. O. *Mplus statistical analysis with latent variables.* User's guide. Los Angeles, CA: Muthén & Muthén, 2007.

RAYKOV, T.; MARCOULIDES, G. A. *An introduction to applied multivariate analysis.* New York: Routledge, 2008.

RASCH, G. (1960) *Probabilistic models for some intelligence and attainment tests.* Chicago, IL: Mesa Press, 1993.

TABACHNICK, B. G.; FIDELL, L. S. *Using multivariate statistics.* 5. ed. Boston: Pearson/Allyn and Bacon, 2007.

THOMPSON, B. *Exploratory and confirmatory factor analysis.* Understanding concepts and applications. Washington: American Psychological Association, 2004.

ZIVIANI, C. et al. Avaliação da conjugalidade. In: NORONHA, A. P. P.; SANTOS, A. A. A. & SISTO, F. F. (Orgs.). *Facetas do fazer em avaliação psicológica.* São Paulo: Vetor, 2006, p. 13-55.

10

A promoção da qualidade conjugal como uma estratégia de proteção dos filhos

Adriana Wagner
e Clarisse Mosmann
Universidade Federal do Rio Grande do Sul

A idéia de que *em briga de marido e mulher ninguém mete a colher* está amplamente assumida em nossa cultura. Entretanto, essa premissa de que o relacionamento conjugal é algo que só diz respeito ao casal, em muitas ocasiões e em determinados aspectos, pode acabar por não contribuir para que os cônjuges e suas famílias tenham a possibilidade de estabelecer relações mais satisfatórias e saudáveis. Sabemos que a relação conjugal não é um apêndice do sistema familiar, que funciona de forma independente e inócua aos demais membros da família. Está comprovado que cônjuges com maiores níveis de satisfação conjugal são pais mais competentes, por exemplo. Assim, torna-se necessário discutir como se processa tal vinculação da parentalidade e da conjugalidade no ambiente familiar, a fim de que se possa apontar alternativas de proteção ao desenvolvimento dos filhos e à otimização do relacionamento conjugal.

Faz parte da história dos relacionamentos íntimos o lema *casamento é coisa séria*; seja por questões econômicas, sociais, religiosas ou afetivas, a relação conjugal sempre teve uma importância destacada na dinâmica familiar. Nesse caso, as polêmicas previsões acerca do término do casamento, que apareceram no final da década de 1970, estão longe de serem uma realidade. Os dados do último censo do IBGE (2005) indicam que o número de uniões conjugais cresce na mesma proporção e direção que as separações. Sendo assim, ainda que os prognósticos não se tenham cumprido, identifica-se uma diversidade que coexiste num mesmo cenário. Encontramo-nos diante de um contexto caracterizado por diferentes formas de relações amorosas, por vezes multifacetadas, em que, entretanto, se identifica um aspecto comum: o desejo e a necessidade de estabelecer uma união satisfatória (Mosmann, Wagner & Féres-Carneiro, 2006).

Ainda que a satisfação conjugal seja um aspecto essencial nos relacionamentos amorosos da atualidade, pesquisas realizadas com a população norte-americana e da Nova Zelândia revelam que a maior parte dos casais que inicia uma relação reportando altos níveis de satisfação, após a primeira década de união, relata significativo declínio nos índices de qualidade conjugal (Rosen-Grandon, Myers & Hatti, 2004). Somado a isso, as estatísticas internacionais de divórcios apontam que entre 40 e 45% das primeiras uniões terminam nos Estados Unidos, Austrália e Inglaterra, e 35% na Alemanha (Halford, Markman, Kline & Stanley, 2003). Os dados sobre as uniões estáveis são menos precisos, já que estas não estão incluídas nos censos demográficos nacionais e internacionais, entretanto, estima-se que tendem a apresentar menores níveis de estabilidade que as uniões formais (Lazo, 2002).

Apesar deste panorama, os dados também indicam que a maior parte das pessoas que estabelece uma união formal, permanece casada, sem necessariamente vivenciar altos níveis de satisfação conjugal. Sendo assim, parece existir outras variáveis implicadas na permanência e durabilidade das relações conjugais. Entretanto, independentemente das variáveis e dos processos que se relacionam à estabilidade e à qualidade conjugal, está amplamente comprovado na literatura que bons níveis de satisfação conjugal mostram-se associados ao ajustamento emocional e mental dos cônjuges e seus filhos, à saúde física do casal e à estabilidade econômica familiar (Markman & Halford, 2005).

Especificamente em relação aos filhos, a importância da qualidade do relacionamento conjugal para o funcionamento familiar está documentada de forma consistente na literatura especializada. Sabe-se que as características da relação conjugal se expressam na parentalidade de forma direta e têm conseqüências sobre o ajustamento da prole. Essa dinâmica de relacionamento familiar, denominada *Spillover* por Erel e Burman (1995), sustenta uma relação de influência direta, ou seja, a forma como se estabelecem as relações conjugais tem conseqüências que transbordam e atingem a relação pais-filhos. Assim, se as relações conjugais se estabelecem de forma negativa, seus efeitos atuarão negativamente sobre os filhos.

Neste sentido, relações conjugais com bons níveis de satisfação podem atuar como fonte de apoio para os cônjuges em relação à parentalidade (Mosmann & Wagner, 2008). Por outro lado, casais com altos níveis de conflito conjugal podem ser inconsistentes, não responsivos, indiferentes e não efetivos em proteger e monitorar seus filhos (Buehler & Gerard, 2002). Essas características, de acordo com dados norte-americanos, parecem estar relacionadas a padrões pouco eficientes de comunicação e falta de capacidade de resolução de problemas entre os cônjuges (Krishnakumar & Buehler, 2000). Casais muito envolvidos em seus embates conjugais podem não ter disponibilidade para as necessidades dos filhos, criando um ambiente familiar pouco saudável.

Em nosso contexto, a pesquisa realizada por Mosmann & Wagner (2008) com 149 casais com filhos adolescentes, comprovou a hipótese *Spillover* entre a conjugalidade e a parentalidade ao estudar a relação entre a qualidade conjugal e os estilos educativos parentais. Especificamente, a pesquisa identificou que todas as dimensões da conjugalidade estudadas – adaptabilidade, coesão, conflito e satisfação conjugal – mostraram-se correlacionadas às dimensões de responsividade e exigência correspondentes à parentalidade. O termo *responsividade* é uma tradução do inglês para a dimensão *responsiveness*, que se refere àquelas atitudes compreensivas que os pais têm para com os filhos e que visam, através do apoio emocional e da comunicação, a favorecer o desenvolvimento de sua autonomia e auto-estima. A dimensão *exigência*, tradução do inglês de *demandingness*, compreende todas as atitudes dos pais que buscam, de alguma forma, monitorar e controlar o comportamento dos filhos, impondo-lhes limites e estabelecendo regras (Maccoby e Martin, 1983).

Além disso, os dados sustentam que tanto os aspectos positivos quanto negativos do relacionamento conjugal se expressam na forma como os cônjuges-progenitores educam seus filhos, ou seja, bons níveis de adaptabilidade e coesão na relação conjugal se expressam em responsividade com os filhos.

Esses resultados evidenciam a necessidade de assumir a qualidade conjugal como um fator de proteção para o funcionamento do sistema familiar. Também revelam a importância dos casais possuírem capacidade de se adaptarem às dificuldades da vida a dois, terem recursos pessoais para a resolução de problemas e, conseqüentemente, serem responsivos e atentos no cuidado de seus filhos. Desta forma, é possível que ocorra a promoção de padrões de interação conjugal e parental mais equilibrados e funcionais.

Frente a tais evidências, surge a necessidade de otimizar os aspectos positivos da relação conjugal, assim como o desenvolvimento de habilidades sociais que favoreçam a resolução de conflitos entre o casal e, conseqüentemente, aumente os níveis de satisfação e qualidade do relacionamento conjugal. Nessa perspectiva, constata-se uma lacuna importante no que se refere a intervenções, programas e iniciativas sociais voltadas a esse aspecto da saúde familiar, em nosso contexto. Observa-se que, em outros países, esta já é uma preocupação governamental.

A evidência da relação entre parentalidade e conjugalidade levou os governos de países como Estados Unidos e Austrália, por exemplo, a assumirem os programas de intervenção com casais como uma questão de saúde pública (Adler-Baeder, Higginbotham & Lamke, 2004). No ano de 2004 foi liberada a primeira verba pública do governo norte-americano para o desenvolvimento de programas de intervenção conjugal. Embora esta área das relações familiares ainda esteja no início de seu desenvolvimento, esses programas (os quais foram nomeados nos Estados Unidos como *Marital Education*, o que pode ser traduzido como *Educação Conjugal*) já tiveram sua eficácia comprovada em pesquisas longitudinais em um período de cinco anos após a sua realização (Halford, Sander & Behrens, 2001). Esses resultados vêm corroborar a necessidade de desenvolver programas psicossociais nessa direção.

Sabe-se, atualmente, que a educação conjugal tem caráter de prevenção primária. Este entendimento é bastante difundido entre os acadêmicos da área, uma vez que se identifica que a maior parte dos casais com problemas conjugais não procura terapia conjugal, mas sim, muitas vezes, recursos na própria comunidade onde se insere, tais como a igreja, a escola e a rede social de apoio (Markman et al., 2004). Nesse sentido, é fundamental na difusão da importância desses programas entre os casais que o acesso se dê por meio dos locais disponíveis à realidade deles, considerando as idiossincrasias de cada contexto.

As intervenções conjugais possuem algumas características específicas em comparação a outros tipos de programas, já que existe um corpo de investigações muito consistente nesta área e que vêm acumulando anos de resultados de pesquisas sobre a qualidade conjugal. O esforço atual empreendido nesse tipo de proposta é o de que as habilidades a serem desenvolvidas sejam eleitas com base em pesquisas empíricas, resgatando a importância de aliar a pesquisa com a prática (Adler-Baeder, Higginbotham & Lamke, 2004).

Os dados oriundos de pesquisas empíricas nos indicam duas categorias de variáveis que compõem a qualidade conjugal: as estáticas e as dinâmicas. As estáticas não podem ser modificadas por meio de programas de intervenção. São elas: as características da família de origem, a idade dos cônjuges, a fase do ciclo vital conjugal que atravessam, por exemplo. E, os fatores dinâmicos são aqueles que podem ser modificados, tais como: as expectativas sobre o casamento, os padrões de comunicação, a capacidade de adaptação e as habilidades de resolução de conflitos (Halford, Markman, Kline & Stanley, 2003). Enfocando estes aspectos, os programas de educação conjugal atualmente estão divididos em quatro tipos (Halford, 2004): *Feedback*, Conscientização, Mudanças Cognitivas e Treinamento de Habilidades.

1. O Feedback compreende simplesmente o acesso de informações sobre a relação conjugal por meio de diversos instrumentos de avaliação, para que se tenha um panorama das interações e se possa mostrar isso aos parceiros.
2. A Conscientização refere-se à transmissão de informações. Por intermédio de dados de pesquisas busca-se esclarecer os parceiros sobre expectativas e processos normativos do relacionamento conjugal.
3. As Mudanças Cognitivas incluem diversas palestras sobre habilidades importantes para o relacionamento conjugal.
4. O Treinamento de Habilidades seria colocar em prática o desenvolvimento dessas habilidades e inclui exercícios para promover a comunicação positiva, o manejo de conflitos e a expressão positiva de afetos.

Sabe-se que o sucesso das intervenções está em abranger os quatro tipos, de forma integrada, dinâmica e, principalmente, trabalhar tanto os fatores de risco quanto os de proteção. Como fatores de risco identificam-se, principalmente, as interações conflituosas quando são freqüentes, intensas e não solucionadas (Gerard, Krischnakumar & Buheler, 2006). É consensual entre os estudiosos do tema que o conflito conjugal é um processo presente em todas as relações interpessoais, inclusive nas amorosas (Margolin, Gordis, & Oliver, 2004; Cummings & Davies, 2002), mas passa a ser um fator de risco quando se torna o protagonista da cena conjugal e começa a marcar também a interação entre o subsistema conjugal e parental. O fundamental aqui não é a presença de interações conflituosas, mas sim a forma de manejá-las e resolvê-las.

Como fatores de proteção, salienta-se a necessidade de oferecer informações e desenvolver interações positivas entre o casal, ressaltando a importância da capacidade de adaptabilidade e a coesão conjugal (Mosmann, Wagner & Sarriera, no prelo). Busca-se mostrar aos casais a necessidade de que passem mais tempo juntos, que sejam capazes de expressar seus sentimentos um ao outro, tanto positivos quanto negativos, e especialmente, que enriqueçam o senso de "time/equipe" do casal, reforçando a união amorosa (Adler-Baeder, Higginbotham & Lamke, 2004).

Alguns aspectos cognitivos são importantes para o desenvolvimento de interações mais positivas nos casais, consideradas como fatores de proteção. São elas; o trabalhar com os parceiros sobre as expectativas que cada um tem em relação à união, e identificar se são realistas ou não. Além disso, analisar se há consenso de valores e crenças e, se não há, se existe respeito mútuo em relação ao que acredita o outro. Atualmente, devido à complexidade das demandas da vida cotidiana para os membros do casal, sabe-se da importância na percepção de equilíbrio e de justiça na divisão de tarefas familiares, de forma que ambos sintam-se confortáveis. Estes são alguns dos aspectos possíveis de serem avaliados e trabalhados a partir de programas de intervenção psicossocial.

Preocupados em verificar a efetividade dos programas de educação conjugal, Carroll & Doherty (2003) realizaram uma meta-análise para incestigar os resultados já publicados referentes a esses procedimentos na população norte-americana. Revisaram treze artigos que apresentavam resultados de intervenções e concluíram que, de forma geral, são efetivos e especialmente mostram melhoras imediatas nos processos comunicativos, de resolução de conflitos e na avaliação geral da satisfação conjugal.

Além disso, em relação à estrutura dos programas, o estudo aponta que a população não precisa ser necessariamente casada; pode estar em um relacionamento estável, coabitando, recém-casada ou casada há mais tempo. A intervenção deve ter de quatro a oito encontros, com no mínimo duas horas de duração cada e é fundamental que haja um acompanhamento dos participantes, num período de seis a doze meses.

Entretanto, considerando a complexidade implicada no relacionamento conjugal, perguntamo-nos: o que é considerado sucesso em um programa de educação conjugal? Talvez, essa seja uma das questões mais difíceis de responder nesse processo, tendo em vista que avaliar o aumento da felicidade ou da satisfação conjugal é tão difícil quanto avaliar o conceito de qualidade conjugal para cada casal. Contudo, sabe-se que uma intervenção necessita ser passível de mensuração dos seus resultados para que seja entendida como tal (López & Escudero, 2003).

Por esse motivo, é fundamental que no início do programa faça-se uma análise de como está a relação do casal, por meio de escalas e da própria avaliação subjetiva dos mesmos. Os esforços nesse sentido mostram que a percepção dos próprios parceiros sobre a melhora na sua vida conjugal é uma medida fundamental sobre a efetividade do programa. Se considerarmos que quando os parceiros procuram ajuda o fazem porque identificam aspectos que necessitam de melhoria, desta forma, ao final da intervenção e nos acompanhamentos posteriores, eles próprios são os melhores parâmetros para avaliar o que mudou (Carroll & Doherty, 2003).

Outro aspecto de extrema relevância é que os profissionais, ao desenvolverem um programa de educação conjugal, devem aceitar que não ensinarão aos casais o que é ter um casamento satisfatório. Qualquer programa de intervenção deve assumir e considerar que cada casal experimenta a felicidade à sua maneira. O objetivo deve ser orientar os parceiros sobre possíveis problemas que podem gerar insatisfação e instabilidade e como lidar com eles, ampliando assim o repertório de soluções que eles já possuem. Dessa maneira, respeita-se as idiossincrasias de cada casal e foca-se na importância da resolução de problemas de forma construtiva (Halford, Markman, Kline & Stanley, 2003).

Em nosso país observam-se propostas isoladas que não chegam a solidificar um trabalho consistente de intervenção conjugal. É comum encontrarmos esse tipo de abordagem com os cônjuges por meio de iniciativas ligadas à Igreja Católica, por exemplo, que vincula a realização do casamento religioso à participação em cursos de preparação para o matrimônio. Ainda que estas sejam iniciativas que, minimamente, assinalam a necessidade de se preparar, de se instrumentalizar para essa relação de intimidade, estão enviesadas por aspectos ideológicos que restringem seu alcance e eficácia para a população em geral.

Um dos aspectos que merecem destaque também na compreensão da escassez de propostas no campo de Educação Conjugal, apesar de seus comprovados benefícios, é a falta de uma mentalidade voltada à prevenção de saúde. Sabe-se que a clínica terapêutica tem sido eficaz e tem se proliferado em nosso contexto, entretanto, as intervenções numa perspectiva psicossocial ainda são quase inexistentes. Essa abordagem não só contribuiria para a otimização dos recursos conjugais no sentido do desenvolvimento da família, como também menor número de famílias e casais incorreriam em relações patológicas geradoras de sofrimento.

Observa-se, claramente, a falta de uma cultura que apóie a idéia de que muitos dos aspectos que envolvem a relação de conjugalidade são possíveis de serem apreendidos e treinados, a partir de uma reflexão e tomada de consciência da importância do relacionamento conjugal para o bem-estar de todo o sistema familiar. Desse modo, provavelmente, muitos dos problemas conjugais enfrentados no cotidiano pelos casais teriam maiores possibilidades de serem manejados e administrados de forma mais saudável, levando ao crescimento e amadurecimento da relação. Apesar dos modelos herdados na família de origem, das características de personalidade de cada cônjuge, entre outros aspectos considerados estáticos, existe sempre a possibilidade de apreender e criar novas formas de relação e comunicação, por exemplo. Nesse caso, a educação conjugal passaria a ser um espaço no qual os casais poderiam refletir e trocar experiências visando à melhoria das relações familiares, sem que estivessem motivados pelo sofrimento de um sintoma. Trabalhar a relação conjugal antes que ela adoeça é uma forma de promoção da qualidade conjugal como uma estratégia de proteção dos filhos. Eis aí um desafio importante que vem a ampliar a prática clínica dos terapeutas de casais e famílias.

Referências bibliográficas

ADLER-BAEDER, F.; HIGGINBOTHAM, B. & LAMKE, L. Putting empirical knowledge to work: linking research and programming on marital quality. *Family Relations*, 2004, v. 53, n. 5, p. 537-546.

BUEHLER, C.; GERARD, J. M. Marital conflict, ineffective parenting, and children's and adolescents' maladjustment. *Journal of Marriage and Family*, 2002, v. 64, n. 1, p. 78-93.

CARROLL, J. S.; DOHERTY, W. J. Evaluating the effectiveness of premarital prevention programs: a meta-analytic review of outcome research. *Family Relations*, 2003, v. 52, p. 105–118.

CUMMINGS, E. M.; DAVIES, P. T. Effects of marital discord on children: Recent advances and emerging themes in process-oriented research. *Journal of Child Psychology and Psychiatry*, 2002, v. 43, p. 31-63.

EREL, O.; BURMAN, B. Interrelatedness of marital relations and parent-child relations: a meta-analytic review. *Psychological Bulletin*, 1995, v. 118, n. 1, p. 108-132.

GERARD, J. M.; KRISHNAKUMAR, A.; BUHELER, C. Marital conflict, parent-child relations, and youth maladjustment. A longitudinal investigation of Spillover effects. *Journal of Family Issues*, 2006, v. 27, n. 7, p. 951-975.

HALFORD, W. K. et al. Best practice in couple relationship education. *Journal of Marital and Family Therapy*, 2003, v. 29, n. 3, p. 385-406.

HALFORD, W. K. The Future of Couple Relationship Education: Suggestions on How It Can Make a Difference. *Family Relations*, v. 53, p. 559-566, 2004.

_____. SANDERS, M. R. & BEHRENS, B. C. Can skills training prevent relationship problems in at risk-couples? Four-year effects of a behavioral relationship education program. *Journal of Family Psychology*, 2001, v. 21, p. 750-768.

IBGE. *Estatísticas de Registro Civil*. Rio de Janeiro, 2005.

KRISHNAKUMAR, A.; BUEHLER, C. Interparental conflict and parenting behaviors: A metaanalytic review. *Family Relations*, 2000, v. 49, p. 25-44.

LAZO, A. C. G. V. Nupcialidade na PNADs-90: um tema em extinção. Texto para discussão 899. *Instituto de Pesquisa Econômica Aplicada*, 2002, p. 39.

LÓPEZ, S.; ESCUDERO, V. Guia de elaboración de programas de intervención familiar. In: LÓPEZ, S. & ESCUDERO, V. (Orgs.). *Família, evaluación e intervención*. Madrid: Editorial CCS, 2003, p. 225-257.

MACCOBY, E.; MARTIN, J. Socialization in the context of the family: parent-child interaction. In: HETHERINGTON, E. M. (Org.); MUSSEN, P. H. (Org. Série). *Handbook of child psychology*: Socialization, personality, and social development. 4. ed. New York: Wiley, 1983. v. 4, p. 1-101.

MARGOLIN, G.; GORDIS, E. B.; OLIVER, P. H. Linkages across marital, parent-child, and triadic interactions: Family systems perspectives. *Development and Psychopathology*, 2004, v. 16, p. 753-772.

MARKMAN, H. J.; HALFORD, W. K. et al. Use of an empirically based marriage education program by religious organizations: results of a dissemination trial. *Family Relations*, 2004, v. 53, p. 504-512.

_____. International perspectives on couple relationship education. *Family Process*, 2005, v. 44, p. 139-146.

MOSMANN, C. *A qualidade conjugal e os estilos educativos parentais*. Tese de Doutorado – Psicologia. PUCRS, 2007, 123f.

MOSMANN, C; WAGNER, A. & FÉRES-CARNEIRO, T. Qualidade Conjugal: mapeando conceitos. *Paidéia*, 2006, v. 16, n. 35, p. 315-329.

_____. WAGNER, A. Dimensiones de la conyugalidad y de la parentalidad: un modelo correlacional. *Revista Intercontinental de Psicología y Educación*, 2008, v.10, p.79-103.

_____. WAGNER, A.; SARRIERA, J. A Qualidade conjugal como preditora dos estilos educativos parentais. *Revista Psicologia*, Lisboa. (no prelo).

ROSEN-GRANDON, J. R.; MYERS, J. E.; HATTI, J. A. The relationship between marital characteristics, marital interaction process and marital satisfaction. *Journal of Counseling and Development*, 2004, v. 82, n. 1, p. 58-68.

11

Psicoterapia de casal: uma revisão sobre a eficácia e a eficiência terapêuticas

Orestes Diniz Neto
Universidade Federal de Minas Gerais

Introdução

O objetivo deste trabalho é rever os estudos sobre eficácia e eficiência em terapia de casal, considerando os diferentes resultados obtidos em função dos avanços metodológicos propostos para a realização dos estudos clínicos experimentais e dos critérios de avaliação dos resultados, traçando o panorama atual do campo. Com este objetivo, consultou-se a base de dados *Psycinfo*, em fevereiro de 2008, com as palavras "*efficacy*", "*therapy*", "*marital*". Foram encontradas 497 entradas. Foram selecionados os estudos de revisões sobre eficácia e eficiência em psicoterapia no geral e de casal em particular, no período de 1960 a 2008. Estes estudos foram revistos com ênfase nos aspectos teóricos, metodológicos, epistemológicos e éticos das pesquisas sobre eficácia e eficiência em terapia de casal.

Neste trabalho, os conceitos sobre eficácia e eficiência terapêuticas referem-se aos estudos que contrastam um grupo em tratamento com um grupo controle. Consistentemente com a conceituação contemporânea, como a empregada pela APA

(*American Psychological Association*), um estudo de eficácia terapêutica refere-se, além disso, a um estudo controlado conduzido em condições laboratoriais ou quase laboratoriais em um centro de estudo. Já eficiência terapêutica refere-se a estudos de modelos com demonstrada eficácia terapêutica, realizados em condições clínicas reais (Chambless & Ollendick, 2001).

O campo da psicoterapia de casal desenvolveu-se paralelamente ao da psicoterapia individual, herdando suas abordagens teóricas, metodologias e questões epistemológicas. No entanto, a especificidade do campo desenvolveu propostas de diferentes modelos para o tratamento do casal e de variáveis conjugais que, necessariamente, apontam para novos dilemas, questões e problemas, para os quais os modelos usualmente derivados da terapia individual se mostraram inadequados, inapropriados e mesmo limitadores.

Os dilemas e as questões ligados à eficácia e eficiência da terapia de casal também foram derivados das questões do campo da terapia em geral. Neste campo, até a segunda metade do século XX, a questão da eficácia era tida como demonstrada pelos casos estudados, naturalmente, com o método clínico. E, na medida em que diferentes propostas emergiram, assistimos a uma explosão exponencial de pouco mais de dez métodos de tratamento, nos anos 1920, para mais de trinta escolas na década de 1950, atingindo aproximadamente 180 na década de 1970, e mais de 400 no fim do século XX (Burton, 1974/1978; Miller, Hublle & Duncan, 1995; Chambless & Ollendick, 2001). Estes modelos, alguns com diferenças pouco relevantes, outros absolutamente incompatíveis entre si, ancoram-se em pressupostos radicalmente diferentes, com bases epistêmicas e visões de antropologia filosófica diversas, daí decorrendo diferentes teorias etiológicas e psicopatológicas, propondo tratamentos e técnicas, muitas vezes, conflitantes. Porém, esta profusão de abordagens e modelos de terapia, embora rica, permaneceu carente de uma avaliação de seus resultados. A discussão sobre eficácia dava-se muito mais em termos de fundamentação teórica, filosófica, exemplos clínicos e derivação de experimentos, em um nível metafórico, como, por exemplo, as experiências sobre percepção gestáltica e a psicoterapia da *gestalt*. Havia uma aceitação tácita da eficácia da psicoterapia, sendo o estudo de caso o método de investigação usual.

A necessidade de avaliação de resultados no campo da psicoterapia é relativamente recente e tem se construído ao longo de um importante debate, pois a justificativa para o uso ou recomendação de um método terapêutico repousa sobre os impactos desejáveis que sua utilização pode ter. Mas não é simples avaliar um método terapêutico. Critérios epistemológicos, metodológicos e mesmo filosóficos participam da construção do campo de análise dos resultados, bem como da construção dos modelos. No entanto, têm sido férteis os debates sobre questões ligadas à eficácia e eficiência terapêuticas, sendo o trabalho inicial a investigação de Eysenk (1952), que realizou o primeiro estudo comparativo sobre a eficácia da psicoterapia. Seus resultados foram provocativos, pois em uma comparação de estudos não controlados entre pacientes neuróticos tratados por psicanálise, terapia de *insight* e tratamento por médicos clínicos sem formação concluiu:

> O estudo foi feito com relatos sobre a melhora de pacientes neuróticos após psicoterapia, e os resultados comparados com as melhores estimativas disponíveis sobre recuperação sem o benefício de tais terapias. O resultado não sustenta a hipótese de que psicoterapia facilita a recuperação de desordens neuróticas (p. 319).

As dificuldades metodológicas de tal empreitada foram reconhecidas por esse autor, que suavizou suas conclusões: "Tendo em vista as muitas dificuldades na realização de tais comparações, nenhuma outra conclusão deve ser tirada dos resultados que indicam fortemente a necessidade de estudos experimentais adequados, planejados e executados neste importante campo" (p. 319).

Desde então as questões ligadas à avaliação da eficácia do campo da psicoterapia em geral ficaram em evidência. Importantes desdobramentos têm acompanhado o campo, em um diálogo entre a emergência de novas evidências críticas metodológicas, novas abordagens, novos modelos e reflexões epistemológicas. Alguns focos de interesse ressaltam-se, marcando fases de pesquisa e orientações metodológicas. Estas não se dão de forma homogênea, mas são marcadas pelo surgimento de um novo olhar metodológico que ultrapassa métodos anteriores, estabelecendo novos níveis de exigência, revelando limitações, ou propondo novos conceitos.

Um olhar sobre a metodologia de investigação sobre eficácia revela uma seqüência de fases. A primeira fase inicia-se com os primeiros modelos em psicoterapia e vai até 1952, com o trabalho pioneiro de Eysenck. Nesta fase predominava a interpretação tácita da demonstração da eficácia terapêutica por meio de estudos de caso bem sucedidos com método clínico. A segunda fase caracteriza-se pela busca do desenvolvimento de um método experimental capaz de responder o desafio de Eysenck (1952) e das primeiras demonstrações de eficácia terapêutica; surge o modelo de estudo comparativo controlado. A terceira fase, que ocorreu até o início da década de oitenta, é marcada pela emergência de estudos de revisão qualitativos, pois à medida que diversos modelos de diferentes abordagens demonstravam eficácia, uma nova questão emergia: qual modelo era o mais eficaz? Debate-se, também, as hipóteses de quais são os fatores eficazes no tratamento psicoterapêutico: os específicos ou os gerais. A quarta fase surge com a aplicação do conceito de meta-análise estatística, ou seja, uma análise sobre os resultados estatísticos obtidos, sendo o primeiro trabalho realizado por Smith, Glass & Miller, em 1980. A quinta fase é marcada por sucessivos estudos de revisão meta-estatísticos sobre diversas áreas, tais como família, casal, intervenções psicossociais, entre outras. O resultado mais significativo é a regularidade de resultados comparáveis entre modelos em estudos de eficácia. Na década de 1990, marcando o surgimento da sexta fase, surge o conceito de terapias validadas empiricamente, com o estabelecimento de uma força-tarefa pela APA para desenvolver critérios de validação experimental, com a inclusão de aspectos qualitativos e quantitativos. Como conseqüência, surge o conceito de eficiência terapêutica, que marca a sétima fase, na qual modelos validados empiricamente passam a ser avaliados em situações clínicas "reais". Novas questões começam, contemporaneamente, a emergir ou reemergir, tais como as interrogações sobre iatrogênese psicoterapêutica, isto é, os efeitos adversos das intervenções psicoterapêuticas (Chambless & Ollendick, 2001).

O campo de estudo sobre eficácia de terapia de casal insere-se neste contexto, sendo que os primeiros com melhores desenhos de pesquisa começaram na década de 1980 e as primeiras meta-análises só surgiram no final da mesma década e início dos anos 1990. Assim, rever os estudos de eficácia e eficiência terapêuticas tem grande importância, pois é fundamental nossa responsabilidade ética frente aos clientes, como terapeutas, tocando e tratando questões íntimas, delicadas e com profundo impacto. Além disso, é premente a necessidade de validar a forma de atuação da prática psicoterápica de casais, frente à pressão social e ao questionamento de novos saberes que pretendem também atuar neste campo, tais como filosofia clínica, sociologia clínica, assistência social e psicofarmacoterapia. Embora, a princípio, possa haver sinergia entre estas formas de atuação, apenas com a demonstração do alcance e da diferenciação das formas de atuação é que será possível um diálogo e uma articulação. Podemos considerar que o desenvolvimento de novos modelos de terapia de casal e a avaliação de métodos de tratamento também dependem dos desdobramentos desta pesquisa.

Revendo a busca pela demonstração da eficácia terapêutica

Desde o início do século XX, praticamente a partir do aparecimento de escolas e métodos de tratamento psicoterapêutico, iniciaram-se discussões sobre indicações e eficácia de métodos de tratamento (Marx & Hillix, 1963/1998; Garske & Lynn, 1985). O método de avaliação do tratamento psicoterapêutico era, unicamente, o de estudo de caso, que muitos clínicos consideram, ainda hoje, como o único válido para se avaliar um dado procedimento.

O trabalho inicial de Eysenck, em 1952, despertou as primeiras discussões sobre o tema ao propor um método comparativo experimental para um teste de eficácia. Considerou que pacientes melhorariam de seu mal-estar psicológico mais rapidamente quando submetidos a um tratamento psicoterapêutico do que em outra forma de tratamento. Comparou clientes tratados em terapia com clientes similares que foram tratados por médicos sem formação em métodos psicoterapêuticos, limitando-se a clientes "neuróticos". Para tanto, comparou resultados de tratamento em psicoterapia de 24 estudos não controlados publicados até então com dois estudos não controlados. O primeiro, de Ladis (1937), sobre pacientes neuróticos tratados em hospitais estaduais de Nova York e que receberam unicamente os cuidados normais como pacientes internos. O segundo, de Denker (1946), sobre pacientes neuróticos que haviam feito demanda por incapacidade mental em companhias de seguro e que foram tratados, por médicos de prática geral, como pacientes externos. As conclusões de Eysenck (1952) foram que: "Os pacientes tratados por meio de psicanálise melhoraram até um índice de 44%; os pacientes tratados ecleticamente melhoraram em 64%; os pacientes tratados sob custódia ou por médicos gerais melhoraram até um índice de 72%. Parece existir, portanto, uma correlação inversa entre recuperação e psicoterapia..." (Eysenck, 1952, p. 322) (tradução do autor).

Eysenck recebeu uma avalanche de críticas e réplicas (Bergin, 1963; Kiesler, 1966; Luborsky, 1954; Malan, 1973; Rosenzweig, 1954), porém nenhum crítico chegou a afirmar que os trabalhos revisados por ele haviam demonstrado a eficácia da psicoterapia. Este estudo levou a atenção dos pesquisadores para o desenvolvimento e aperfeiçoamento de metodologias com o objetivo de estudar a eficácia da psicoterapia. Assim, surgiu o método de estudo comparativo controlado que se desenvolveu em desenhos experimentais sofisticados. Garske & Lynn (1985) apontam que os critérios que passaram a caracterizar uma investigação bem projetada em psicoterapia eram, a partir de então:

- Grupos homogêneos de clientes com problemas específicos e idênticos.
- Distribuição aleatória em condições experimentais.
- Terapeutas igualados quanto à experiência, prática formal no modelo em teste.
- Grupos de controle desenhados para avaliar hipóteses, tais como efeitos da atenção, expectativa e contato pessoal.
- Múltiplas medidas de mudança, incluindo os aspectos comportamental, cognitivo e afetivo.
- Medidas realizadas antes e depois do período de tratamento e em *follow-up*.
- Cuidados éticos com os participantes.

As pesquisas demonstraram, duas décadas depois de Eysenck (1952), que alguns modelos de psicoterapias, realizadas por terapeutas treinados e supervisionados, com pacientes com certos tipos de problemas, como depressão e fobias, eram demonstravelmente mais eficazes que grupos de controle sem tratamento algum (Garske & Lynn, 1985; Stricker, 1992). Eficácia passara a significar a diferença de resultado obtida entre clientes, com quadros "semelhantes", tratados e não tratados. A pergunta sobre eficácia havia então evoluído, convertendo-se em: que tratamento, nas mãos de quem, para quem, com que problema, sob que circunstâncias, será mais efetivo?

Numerosos métodos de tratamento passaram a demonstrar sua eficácia, utilizando o método de estudo comparativo controlado, surgindo assim uma nova pergunta: qual abordagem é a mais eficaz? (Garske & Lynn, 1985). No centro desta questão ocultava-se uma busca por uma definição paradigmática, pois parecia possível, finalmente, verificar empiricamente as conseqüências das teorias psicológicas por meio das técnicas psicoterapêuticas delas decorrentes. Estudos comparativos diretos, embora raros, foram realizados, como o estudo da Temple University Health Sciencies Center (Sloane, Staples, Cristol, Yorkston & Whipple, 1975), que comparou a abordagem comportamental e a psicanalítica, revelando que ambas as abordagens eram igualmente efetivas quando relacionadas a um grupo de controle sem tratamento. Contudo, a quase totalidade dos estudos foi comparativo de um método de tratamento com um grupo de controle de pacientes em uma lista de espera para tratamento. Além disto, as diferentes abordagens propunham critérios e métodos de avaliação da mudança terapêutica em consonância com as teorias do modelo psicoterapêutico, tornando difícil qualquer possibilidade de comparação entre estudos.

Surgiram, na década de 1970, algumas revisões que debatiam sobre o número crescente de estudos sobre demonstrações de eficácia de diversos modelos. Estas revisões eram realizadas por pesquisadores eminentes que interpretavam o conjunto de resultados dos estudos sobre eficácia de forma qualitativa. Assim, eram, já de início, enviesadas por uma identificação por parte do autor da revisão com uma abordagem e, na verdade, muito pouco auxiliaram na questão. As conclusões seguiam padrões típicos de análise:

- Análise redutiva: na qual os autores realizavam interpretações dos resultados e técnicas segundo os princípios explicativos de sua própria escola (Wachtel, 1981; Lazarus, 1980).
- Análise paralelista: pretendia descobrir semelhanças entre as diversas abordagens em psicoterapia, tanto ao nível conceitual como técnico, em uma abordagem mais diplomática que produtiva. Foram mais comuns comparações entre psicanálise e terapia comportamental (Marks & Gelder, 1966; Marmor, 1971).
- Abordagem eclética: neste grupo, o foco principal eram as técnicas consideradas como eficazes e que

deveriam ser escolhidas conforme a situação e o cliente (Allport, 1960; Burton, 1974/1978).
- Modelo em matriz: outra tentativa de síntese que se orientava pela hipótese de que as diferentes escolas e métodos se referiam a diferentes níveis de observação da realidade, sendo, desta forma, complementares. Neste caso, o modelo proposto tomava a forma de uma matriz, sendo considerado como critério para utilização de cada um dos modelos principais em psicoterapia o foco de uma dada situação (Weil, 1978; Grof, 1985/1988).

Para superar o impasse das avaliações, Luborsky, Singer & Luborsky, em 1975, procuraram quantificar a comparação entre a efetividade dos tratamentos das diversas escolas. Utilizaram um método comparativo que envolvia o uso de uma tabela de classificação dos resultados obtidos por um método de tratamento, em diversos estudos, em situações reais de tratamento. Evidenciou-se que várias formas de terapia eram efetivas, mas não muito diferentes entre si. Este resultado ficou conhecido como o veredicto "Dodô", em uma referência ao livro de Lewis Carol (1865/1998) *Alice no país das maravilhas*, no qual o pássaro Dodô, após uma corrida proclama: "*Everybody has won, and all must have prizes*" ("Todas ganharam, todas devem receber prêmios". Tradução do autor) (Luborsky et al., 1975, p. 1006). Este intrigante resultado foi inicialmente atribuído ao método de análise, uma vez que o procedimento apresentava algumas dificuldades metodológicas, pois não foi eliminada a valoração subjetiva dos autores do procedimento.

Smith, Glass & Miller (1980), como alternativa, utilizaram dados que são publicados normalmente em artigos, tais como média, razão t, razão f ou outro parâmetro estatístico, incluindo uma meta-análise estatística, na qual o parâmetro estatístico principal foi a magnitude de efeito. Esta é obtida ao se dividir a diferença média de um grupo tratado e um grupo de controle pelo desvio padrão do grupo de controle; deste modo, obtém-se a magnitude de efeito, que é uma média padronizada da diferença em unidades de desvio padrão, a qual pode ser utilizada nas comparações de estudos, que utilizam procedimentos e medidas diferentes, permitindo a avaliação e comparação respeitando os critérios de mensuração de cada abordagem. Neste caso, o método é meta-estatístico, isto é, uma análise estatística sobre os resultados estatísticos obtidos em diversos estudos. As principais conclusões desta meta-análise, que envolveu 475 estudos de modelos de psicoterapia, foram:

1. A média da magnitude de efeito foi 0,85, chegando a 0,93 quando se eliminaram os tratamentos placebo e técnicas de aconselhamento indiferenciadas.
2. Terapias de distintas orientações teóricas, como psicanálise, comportamental, cognitivista e centrada no cliente, demonstraram resultados semelhantes. Mesmo as diversas modalidades – verbal, comportamental, ou expressiva – obtiveram resultados comparáveis.
3. As várias formas de terapia, independente de orientação, foram mais efetivas com clientes depressivos, com fobias simples, ou com casos análogos.
4. Não se encontrou diferenças entre as intervenções breves e de longo prazo, nem entre as de grupo e individual. Nem mesmo entre terapeutas experientes e novatos, que obtiveram resultados similares.
5. Em estudos nos quais foram feitos acompanhamentos de dois anos após o tratamento, a média da magnitude de efeito caía para 0,50 para todas as abordagens.
6. Cerca de 9% dos resultados terapêuticos são negativos em todas as formas de terapia estudadas.

A partir deste estudo, Garske & Lynn (1985) chegam a uma conclusão em dois níveis:

> Primeiro, muitos tipos e formas de psicoterapia são modestamente efetivas. Segundo, em termos do grau e de extensão da eficácia, as psicoterapias parecem ser mais parecidas que

diferentes. A sofisticação emergente neste campo de investigação poderia muito bem proporcionar dados que alterem estas conclusões no futuro. Por hora, apesar das pretensões de diversos partidários e críticos, a avaliação que acabamos de apresentar é parcimoniosa e justa (p. 631) (Original em espanhol. Tradução do autor).

Miller, Hubble & Duncan, em 1995, ao avaliar o campo de pesquisa sobre eficácia das psicoterapias, concluem que o quadro geral não havia se alterado, mas que outras formas emergentes de psicoterapia, como terapia cognitiva, terapia de família e de casal, também demonstraram sua eficácia. Tal panorama não se alterou no início do século XXI, apesar dos avanços técnicos e de pesquisas (Chambless & Ollendick, 2001).

A eficácia da terapia de casal

Apenas no final dos anos 1980 é que começaram a ser realizados estudos meta-estatísticos sobre pesquisas de eficácia em terapia de casal, uma vez que modelos e abordagens de terapia de família e casal haviam sido avaliados, usando o método de estudo comparativo controlado durante a década de 1960, 1970 e início de 1980, demonstrando sua eficácia no geral (Hahweg & Markaman, 1988; Hazelrigg, Cooper & Borduin, 1987).

Shadish et al. (1993) pesquisaram diferenças entre modelos, comparando 163 estudos que haviam sido publicados entre 1963 e 1988, sobre teste de eficácia em psicoterapia de família e casal, incluindo em sua análise teses e dissertações sobre o tema, que não foram consideradas nos estudos anteriores. Consideram apenas os estudos randomizados seguindo os padrões recomendados pelo National Research Council (1992). Estes autores concluíram que:

– Clientes tratados em terapia de casal e terapia de família têm melhoras superiores aos indivíduos não

tratados nos pós-testes, com a magnitude de efeito similar aos das meta-análises anteriores.
- Certas abordagens de tratamento parecem ter resultados superiores em algumas comparações realizadas em estudos do tipo grupo experimental e de controle não ajustados; mas, quando são realizadas correções na análise de regressão, estas diferenças desaparecem.
- Diferenças similares aparecem em estudos de comparação entre diferentes orientações teóricas de tratamento, mas também desaparecem ao ser realizada a análise de regressão.
- Se todos os tratamentos são igualmente bem projetados, implementados, medidos e relatados, não se encontram diferenças significativas entre as abordagens.
- Houve uma consistente falha das terapias humanísticas em alcançar resultados positivos em qualquer análise.

Em outro estudo, Pinsof & Wynne (1995a; 1995b) encontraram seis características nos estudos bem controlados sobre eficácia terapêutica de família e casal:

- Ocorriam em ambiente clínico controlado, como laboratórios de pesquisa.
- Focavam um problema ou transtorno psiquiátrico específico e definível.
- Envolviam pelo menos dois grupos ou condições: um experimental, que recebia o tratamento, e um grupo de controle, que ficava em uma lista de espera ou recebia um tratamento alternativo.
- Os grupos eram randômicos.
- Os tratamentos eram especificados e dirigidos por manuais, sendo o desempenho do terapeuta monitorado durante o tratamento.
- Todos os clientes eram avaliados em medidas antes e depois, por meio de avaliações padronizadas. Em experimentos mais recentes, uma avaliação *follow-up* era realizada, constituindo uma terceira medida.

Ao considerar como validados apenas modelos com pelo menos dois estudos independentes com resultados significativos, desde que com a ausência de resultados negativos em qualquer outro estudo, chegaram às seguintes conclusões com referência à terapia de família e casal:

1. Terapia de família tem resultados melhores do que abordagem individual para: esquizofrenia, alcoolismo em adultos, adição em drogas em adultos e adolescentes, transtorno de conduta em adolescentes, anorexia em adolescentes, autismo infantil, agressões e dificuldades de atenção, no transtorno de déficit de atenção/hiperatividade, processos demenciais, fatores de risco cardiovascular.
2. Terapia de família é ainda melhor do que a ausência de tratamento nos casos anteriores e ainda para: obesidade na adolescência, anorexia na adolescência, transtorno de conduta na infância, obesidade infantil, doenças crônicas na infância.
3. A abordagem de terapia de casal mostrou-se mais efetiva do que a abordagem individual para depressão em mulheres em casamento disfuncional e para casamentos disfuncionais. Evidenciou-se ainda ser melhor do que a ausência de tratamento para todos os casos indicados acima e mais, para obesidade de adultos e hipertensão de adultos (Pinsof & Wynne, 1995b; 2000).
4. Não se encontrou nenhum estudo que demonstrasse efeitos adversos da terapia de família e de casal.
5. Tampouco se evidenciaram dados suficientes para apoiar a superioridade de uma abordagem de terapia de família sobre outras.
6. Os dados indicaram que a abordagem de casal e família possui um custo efetivo melhor do que o tratamento padrão em hospitais.
7. Um ponto importante é que terapias de casal e de família não são suficientes para tratar sozinhas transtornos

mentais crônicos, como esquizofrenia, transtorno de humor mono e bipolares, adições, autismo e transtornos severos de conduta.
8. Em todos os casos em que terapias de família e de casal foram utilizadas em combinação com outros tratamentos, o resultado final foi potencializado.

Embora estes estudos coloquem em evidência a eficácia da terapia de casal, outras questões parecem emergir com implicações teóricas, metodológicas, epistemológicas e éticas. Em uma aproximação inicial da literatura sobre eficácia e eficiência terapêuticas, alguns tópicos têm sido abordados e devem ser incluídos na discussão.

Questões teóricas

Muitos modelos organizam-se ao redor de múltiplas intervenções, em muitos níveis, com técnicas variadas e flexíveis, contrastando com modelos de intervenção unidimensional, tal como a terapia comportamental de casal. Esta diversidade torna complexa a avaliação das similaridades entre escolas, além de gerar questões metodológicas relevantes. Nas pesquisas sobre os fatores de eficácia terapêutica têm ocorrido um prolongamento dos questionamentos teóricos sobre o peso dos fatores comuns e dos específicos nos resultados terapêuticos. Tal discussão é relevante, principalmente se levarmos em conta a emergência de modelos de articulação entre abordagens (Crane, Allgood, Larson & Griffin, 1990; Hawley, Bailey & Pennick, 2000).

Pesquisas sobre o peso dos fatores do terapeuta na aplicação do modelo também refletem na questão da eficácia dos fatores específicos e gerais (Chambless & Ollendick, 2001). Neste caso, a questão inicial é: existem diferenças significativas de resultados entre terapeutas utilizando os mesmos modelos? Se existem, elas se devem à aderência ao modelo, aos fatores específicos ou aos fatores gerais? Poderiam ser outros fatores não previstos, tais como características do terapeuta ou do par terapeuta-cliente? Além disto, qual o peso destes fatores no processo de mudança psicoterapêutico? São tais fatores responsáveis pelo processo de mudança, ou apenas facilitadores?

Estudos mostram uma importante queda na intensidade de magnitude de efeito das pesquisas de eficácia para as de eficiência terapêutica com os mesmos modelos. Todavia, esta queda não é regular, variando, conforme o programa terapêutico, de local para local (Henggeler, 2004). Neste caso, outros fatores podem ter influência, apesar de desconsiderados pelas teorias de modo geral, como o local de atendimento, maturidade do programa de atendimento, situação política ou econômica, meios de transporte, localização do centro de atendimento?

Questões metodológicas

Diversas críticas têm sido feitas aos métodos experimentais de avaliação de modelos terapêuticos. Um dos tópicos refere-se à suposição de que as mudanças são lineares no processo terapêutico, para as quais duas ou três medidas seriam suficientes para avaliar o impacto do modelo em andamento (Diniz Neto & Féres-Carneiro, 2005a; 2005b). Porém, se considerarmos a possibilidade das mudanças psicológicas obedecerem a padrões não lineares, medidas simples não seriam capazes de descrever os processos terapêuticos, pois estes poderiam se dar aos saltos, descrevendo curvas caóticas determinísticas. Evidências quanto a processos psicológicos de mudança não lineares são um importante desafio para a descrição e avaliação da mudança terapêutica (Diniz Neto, 2005; Gottman & Rushe, 1993).

Outra pressuposição questionável é de que as diferenças de medida de diferentes instrumentos de avaliação poderiam ser utilizadas como equivalentes, em um teste meta-estatístico. Tal suposição, se por um lado possibilita uma visão geral da eficácia da psicoterapia, de outro, impede a diferenciação de resultados entre as escolas (Wood, Crane, Schaalje & Law, 2005). Estes mesmos autores notam que as pesquisas meta-estatísticas consideram como comparáveis as medidas realizadas por diferentes instrumentos; portanto, os casais estudados estariam em grau comparável de estresse, avaliado por diferentes instrumentos em diferentes estudos, no início das intervenções. Assim, inadvertidamente, seriam comparados, nos estudos meta-estatísticos de terapia de casal, casais com alto e baixo nível de estresse submetidos a diferentes modelos de terapia de casal. Crane et al. (1990) deram uma importante contribuição para resolver este problema, ao desenvolver conversões de medidas de níveis de estresse entre testes usados, comumente, em pesquisas de terapia de casais, como o DAS (Dyadic Adjustment Scale de Spainer, 1976), o MAT (Marital Assessment Test de Locke & Wallace, 1959) e o RMAT (Revised Marital Adjustment Test, Kimmel de Van Der Veen, 1974). Crane Middleton & Bean (2000) incluíram conversões para o KMSS (Kansas Marital Satisfaction Scale de Schum, Nichols, Schectman & Grisby, 1993) e o RDAS (Revised Dyadic Scale de Busby, Crane, Larson & Cristensen, 1995).

Desta forma, em 2005, Crane et al. puderam converter e analisar, em uma única escala, os diferentes níveis de estresse dos casais de diferentes estudos envolvendo terapia comportamental de casal, terapia de casal focada na emoção, modelos com componentes parciais de terapia comportamental de casal e mistas, nas quais componentes de modelos eram articulados. Não foram incluídos estudos sobre terapia focada no *insight*, pois os instrumentos utilizados para avaliação do nível do estresse dos casais não eram convertíveis. Assim, foram analisados e comparados os resultados de 23 estudos dos diferentes modelos em função de diversos níveis de estresse dos casais, resolvendo um aspecto de um importante problema metodológico apontado por Shadish et al., em 1995: "Enquanto existirem enormes diversidades de medidas de características, será difícil ver como nós iremos ser capazes de uma análise mais coerente dos efeitos dos tratamentos entre os estudos" (p. 354).

Os resultados mostraram que as diferenças entre níveis de estresse conjugal moderado, médio e severo não podem ser agregados, pois esta variável influencia os resultados. Diferenças significativas entre estudos aparecem apenas quando o estresse conjugal é diferenciado e considerado nas comparações. Crane et al. (2005) notaram que qualquer dos modelos analisados é melhor para casais com nível médio de estresse do que a ausência de intervenção. Neste caso, nenhum dos modelos se sobrepôs como mais eficaz. Em estudos de casais moderadamente estressados, os procedimentos parciais de modelos, como terapia comportamental de casal, foram menos efetivos do que o uso do modelo completo. Terapia focada na emoção destaca-se em termos de tratamento *versus* comparação controlada aos componentes isolados da terapia comportamental de casal. Apenas terapia comportamental de casal foi usada para tratar casais severamente estressados, com grande sucesso. Estes resultados convidam a novas pesquisas, em busca de diferenciação na atuação terapêutica de modelos. E sugerem que, à medida que características dos casais forem diferenciadas, é possível o surgimento de um quadro com melhor delineamento sobre os fatores e a eficácia de modelos. Importantes questões ligadas ao procedimento estatístico também têm sido consideradas com a emergência de diferentes métodos de avaliação de meta-análise. O procedimento padrão tende a considerar as características das amostras como monocaldais subestimando, possivelmente, a magnitude média da mudança. Métodos de análise meta-estatística para amostras com distribuição bicaldal poderiam revelar importantes mudanças nos padrões de eficácia (Hsu, 2000).

Parece fundamental, também, o desenvolvimento de novos métodos de estudo para pesquisas sobre eficiência terapêutica. As pesquisas iniciais têm demonstrado diferenças nos resultados, com uma importante queda em relação às pesquisas de eficácia terapêutica. Novos fatores precisam ser considerados, uma vez que estas diferenças variam dependendo dos locais de pesquisa. Outra questão relevante é que os resultados têm focado principalmente medidas quantitativas, mas enfoques qualitativos podem e devem ser utilizados, e poderiam revelar novos aspectos (Falkner, Klock, & Gale, 2002). Além disto, poucas pesquisas têm sido feitas sobre os efeitos iatrogênicos dos tratamentos e de salvaguardas necessárias para a prática psicoterapêutica. Esta importante questão tem sido fonte de crítica e preocupação, à medida que a visão ingênua do processo terapêutico como inócuo tem revelado espaço de crítica social e demandas judiciais (Nutt & Sharpe, 2008).

Implicações epistemológicas

O alcance e limite das teorias e, em nível mais profundo, do conhecimento humano colocam em questão os resultados das pesquisas, revelando pretensões, enganos, ignorância e apontando a necessidade de melhor avaliação epistemológica deste tema. O desenvolvimento de diferentes epistemologias nos remete a complexidade dos olhares, tão característica das ciências humanas sobre seu objeto, talvez por ser impossível negar tanto a complexidade do objeto como das relações circulares com o sujeito do conhecimento (Debruyne, 1985/1977; Morin, 1996). No campo da avaliação da psicoterapia, é importante notar que as dificuldades dos olhares nos convidam ao diálogo e ao estabelecimento de um nível mínimo de acordo intersubjetivo, que permita um melhor discernimento dos efeitos de nossas práticas. Uma coisa é certa: não existem ações sem atores e todos os atos têm conseqüências. Avaliá-las, especificando sob que critérios, não elimina a escolha do olhar que praticamos, mas nos permite especificar as condições nas quais realizamos nossas escolhas.

Reflexões finais

Avaliar a eficácia e a eficiência da psicoterapia não é simples. Talvez, esta seja a principal conclusão a que podemos chegar no estado atual de conhecimento. Existe uma grande necessidade de pesquisas, cuidadosamente planejadas, com claras descrições de seus métodos e análises, bem como uma objetiva reflexão epistemológica sobre os diversos aspectos do tema (Jhonson, 2000). As respostas às questões principais do campo da psicoterapia começam a emergir do uso articulado de múltiplas metodologias para abordar os diferentes aspectos envolvidos. Modelos teóricos têm sido considerados como descrições completas ou centrais dos fatores envolvidos; no entanto, é possível que tal abordagem mostre-se falaciosa. O fenômeno psicológico envolve tantos aspectos e admite tantos olhares que parece prudente abordar a questão com cautela e abertura. Apenas com o espírito de diálogo entre abordagens é que será possível realizar tal tarefa. Assim, examinar os resultados obtidos até agora é traçar não só o panorama atual, mas delinear questões para futura inquirição.

Referências bibliográficas

ALPORT, G. W. The open system in personality theory. *Journal of Abnormal Psychology*, 1960, v. 61, p. 301-310.

BERGIN, A. E. The effects of psychotherapy: negative results revisited. *Journal of Counselling Psychology*, 1963, v. 10, p. 244-250.

BURTON, B. (1974) *Teorias operacionais da personalidade*. Rio de Janeiro: Imago, 1978.

BUSBY, D. M. et al. A revision of the Dyadic Adjustment Scale for use with distressed and nondistressed couples: Construct hierarchy and multidimensional scales. *Journal of Marital and Family Therapy*, 1995, v. 21, p. 289-308.

CAROL, L. (1865) *Alice no país das maravilhas*. São Paulo: Editora Nacional, 1998.

CHAMBLESS, D. L.; OLLENDICK, T. H. Empirically supported psychological interventions; controversies and evidence. *Annual Review of Psychology*, 2001, v. 52, p. 685-716.

CRANE, D. R. et al. Assessing marital quality with distressed and nondistressed couples: a comparison and equivalency table for three frequently used measures. *Journal of Marriage and the Family*, 1990, v. 52, p. 87-93.

CRANE, D. R.; MIDDLETON, K. & BEAN, R. Establishing criterion scores for the Kansas Marital Satisfaction Scale and the Revised Dyadic Adjustment Scale. *American Journal of Family Therapy*, 2000, v. 28, p. 53-60.

DEBRUYNE, P.; HURMAM, J.; DESCHOUTHEETE, M. (1977) *A dinâmica da pesquisa em ciências sociais*. Rio de Janeiro: Francisco Alves Editora, 1985.

DENKER, P. G. Results of a treatment of psychoneuroses by the general practitioner. *New York State Journal of Medicine*, 1946, v. 46, p. 2146-2166.

DINIZ NETO, O. *Conjugalidade*: Proposta de um modelo construtivista social de terapia de casal. Tese de Doutorado – Psicologia clínica, PUC-RIO, 2005.

_____. FÉRES-CARNEIRO, T. Eficácia psicoterapêutica: terapia de família e o efeito Dodô. *Estudos de* Psicologia, Natal, 2005a, v. 10, p. 355-361.

_____. Psicoterapia de casal na pós-modernidade: rupturas e possibilidades. *Estudos de Psicologia*, Campinas, 2005b, v. 22, p. 133-141.

EYSENCK, H. J. The effects of psychotherapy: an evaluation. *Journal of Consulting Psychology*, 1952, v. 16, p. 319-324.

FALKNER, R. A.; KLOCK, K.; GALE, J. E. Qualitative research in family therapy: publications trends from 1980 to 1999. *Journal of Marital and Family Therapy*. Jan. 2002, v. 28, n. 1, p. 69-74.

GARSKE, J. P.; LYNN, S. Hacia un esquema general de la psicoterapia: eficácia, factores comunes e integración. In: GARSKE, J. P. & LYNN, S. (Orgs.). *Psicoterapias contemporáneas*: Modelos e mitos. Bilbao: DDB, 1985, p. 623-647.

GOTTMAN, J. M.; RUSHE, R. H. The analysis of change; issues fallacies and new ideas. *Journal of Consulting and Clínical Psychology*, 1993, v. 61, n. 6, p. 907-910.

GROF, S. (1985) *Além do cérebro*. São Paulo: Editora MacGraw-Hill, 1988.

HAHWEG, K.; MARKMAN, H. J. Effectiveness of behavioral marital therapy: empirical status of behavioral techniques in preventing and alleviating marital distress. *Journal of Consulting and Clinical Psychology*, 1988, v. 56, p. 440-447.

HAWLEY, D. R.; BAILEY, C. E.; PENNICK, K. A. A content analysis of research in family therapy journals. *Journal of Marital and Family Therapy*, 2000, v. 26, n. 1, p. 9-26.

HAZELRIGG, M. D.; COOPER, H. M.; BORDUIN, C. M. Evaluating the effectiveness of family therapies: an integrative review and analysis. *Psychological Bulletin*, 1987, v. 101, p. 428-442.

HENGGELER, S. W. Decreasing effect sizes for effectiveness studies – implications for the transport of evidence-based treatments: comment on Curtis, Ronan, and Borduin. *Journal of Family Psychology*, 2004, v. 18, n. 3, p. 420-423.

HSU, L. M. Effects of directionality of significance tests on the bias of accessible effect sizes. *Psychological Methods*, 2000, v. 5, n. 3, p. 1082-1989.

JHONSON, S. The "coming of age" of couple therapy: a decade review. *Journal of Marital and Family Therapy*, 2000, v. 26, n. 1, p. 23-38.

KIESLER, D. J. Some myths of psychotherapy research and the search for a paradigm. *Psychological Bulletin*, 1966, v. 65, p. 110-136.

KIMMEL, D.; VAN DER VEEN, F.. Factors of marital adjustment in Locke's marital adjustment test. *Journal of Marriage & Family*, 1974, v. 36, 57-63.

KOPTA, S. M. et al. Individual psychotherapy outcome and process research: challenges leading to greater turmoil or a positive transition? *Annual Review of Psychology*, 1999, 50, p. 441-469.

KUHN, T. (1962) *A estrutura das revoluções científicas*. São Paulo: Perspectiva, 1975.

LADIS, C. A statistical evaluation of psychotherapeutic methods. In: HINSIE, E. (Org.). *Concepts and problems of psychotherapy*. New York: Columbia University Press, 1937.

LAZARUS, A. Toward delineating some causes of change in psychotherapy. *Professional Psychology*, 1980, v. 11, p. 863-870.

LOCKE, H. J.; WALLACE, K. M. Short marital adjustment and prediction tests: Their reliability and validity. *Marriage and Family Living*, 1959, 21, p. 251-255.

LUBORSKY, L. A note on Eysenck´s article, the effects of psychotherapy: an evaluation. *British Journal of Psychology*, 1954, v. 45, p. 129-131.

LUBORSKY, L.; SINGER, B. & LUBORSKY, L. Comparative studies in psychotherapy: a review of quantitative research. *Archives of General Psychiatry*, v. 32, 1975, p. 995-1008.

MALAN, D. H. The outcome problem in psychotherapy research: a historical review. *Archives of General Psychiatry*, 1973, v. 29, p. 719-729.

MARKS, I.; GELDER, M. G. Common ground between behavior therapy and psychodynamic methods. *British Journal of Medical Psychology*, 1966, v. 39, p. 11-23.

MARMOR, J. Dynamic psychotherapy and behavior therapy: Are they irreconcilable? *Archives of General Psychiatry*, 1971, v. 29, p. 22-28.

MARX, M. H. & HILLIX, W. A. (1963) *Sistemas e teorias em psicologia*. São Paulo: Cultrix, 1998.

MILLER, S.; HUBBLE, M.; DUNCAN, B. No more whistles and bells. *Net Worker*, New York, 1995 Mar./Apr., p. 53-63.

MORIN, E. Problemas de uma epistemologia complexa. In: MORIN, E. et al. (Orgs.). *O problema epistemológico da complexidade*. Portugal: Europa America, 1996, p. 13-34.

NATIONAL RESEARSH COUNCIL. *Combining information; statistical issues and opportunities for research*. Washington: National Academy Press, 1992.

NUTT, D. J.; SHARPE, M. Uncritical positive regard? Issues in the efficacy and safety of psychotherapy. *Journal of Psychopharmacology*, 2008, v. 22, n. 1, p. 3-6.

PINSOF, W. M.; WYNNE, L. C. (Orgs.). Special issue: the effectiveness of marital and family therapy. *Journal of Marital and Family Therapy*, 1995a, v. 21, n. 4, p. 1-7.

_____. The efficacy of marital end family therapy: a overview, conclusions and recommendations. *Journal of Marital and Family Therapy*, 1995b, v. 21, n. 4, p. 585-613.

_____. Toward progress research: closing the gap between family practice and research. *Journal of Marital and Family Therapy*, 2000, v. 26, n. 1, p. 1-7.

PROCHASKA, J. O.; DICLEMENTS, C.; NORCROSS, J. C. In search of how people change. *American Psychologist*, 1992, v. 47, n. 9, p. 1102-1114.

ROSENZWEIG, S. A. A transvaluation of psychotherapy – a reply to Hans Eysenck. *Journal of Abnormal and Social Psychology*, 1954, v. 49, p. 298-304.

SCHUMM, W. R. et al. Characteristics of responses to the Kansas marital satisfaction scale by a sample of 84 married mothers. *Psychological Reports*, 1983, v. 53, p. 567-572.

SHADISH, W. R. et al. Effects of family and marital psychotherapies: a meta-analysis. *Journal of Consulting and Clínical Psychology*, 1993, v. 61, n. 6, p. 992-1002.

_____. et al. The efficacy and effectiveness of marital and family therapy: a perspective from meta-analysis. *Journal of Marital & Family Therapy*, 1995, v. 21, p. 345-360.

SLOANE, R. B. et al. *Short term analytical oriented psychotherapy vs. behavior therapy*. Cambridge: Harvard University Press, 1975.

SMITH, M. L.; GLASS, G. V; MILLER, T. I. *The benefits of psychotherapy*. Baltimore: Johns Hopkins University Press, 1980.

SPANIER, G. B. Measuring dyadic adjustment: new scales for assessing the quality of marriage and similar dyads. *Journal of Marriage and the Family*, 1976, v. 38, p. 15-28.

STRICKER, G. The relationship of research to clínical practice. *American Psychologist*, 1992, v. 47, n. 4, p. 543-549.

WACHTEL, P. L. *Psychoanalysis and behavior therapy*: Toward an integration. New York: Plenun, 1981.

WEIL, P. *Fronteiras da evolução e da morte*. Petrópolis: Vozes, 1978.

WOOD, D. N. et aL. What works for whom: a meta-analytic review of marital and couples therapy in reference to marital distress. *The American Journal of Family Therapy*, 2005, v. 33, p. 273-287.

Conjugalidade e parentalidade na clínica com famílias[1]

Andrea Seixas Magalhães
Pontifícia Universidade Católica do Rio de Janeiro

Introdução

A clínica com famílias apresenta demanda diversificada, incluindo conflitos no estabelecimento da conjugalidade, na delimitação dos papéis familiares, no estabelecimento da hierarquia familiar e de limites intrafamiliares e extrafamiliares, assim como relacionados ao cuidado, à educação e à promoção do desenvolvimento afetivo-emocional dos filhos. Observamos que, no enfrentamento desses conflitos, tornam-se cada vez mais complexas as relações entre conjugalidade e parentalidade. Na família, essas duas dimensões são interdependentes e, na psicodinâmica familiar, muitas vezes, apresentam um desequilíbrio de forças.

A investigação da conjugalidade tem sido nosso principal foco de interesse, dentre as diferentes temáticas pesquisadas no campo de estudos da família. Em trabalhos anteriores (Magalhães, 1993; 2000a; 2000b; 2003; Féres-Carneiro & Magalhães, 2001; Magalhães & Féres-Carneiro, 2003a;

---

[1] Participaram da pesquisa os bolsistas de Iniciação Científica: Rodrigo Roma (FAPERJ), Edjane Rocha (CNPq/PIBIC), Paula Kraviser (CNPq/PIBIC) e Adriana Gabriel (PUC-Rio).

2003b) investigamos a conjugalidade segundo diferentes enfoques. Em nossa pesquisa realizada em 1993, discutimos as influências do individualismo sobre o casamento, numa perspectiva transdisciplinar, enfatizando as transformações do contexto sociocultural na estruturação da conjugalidade contemporânea. Posteriormente, na pesquisa de 2000, nosso foco de investigação foi o processo de transformação das subjetividades dos parceiros. Nesse estudo, consideramos os aspectos transubjetivos que atravessam a conjugalidade, mas privilegiamos a investigação da intersubjetividade no laço conjugal.

Em nossas investigações, temos discutido a tendência à privatização das relações e à idealização do sentimento amoroso na conjugalidade, que passou a ocupar um lugar central para a felicidade e para o sucesso conjugal. Tais fatores têm condicionado a conjugalidade na contemporaneidade, conferindo aos cônjuges importante papel na legitimação do "eu" (Magalhães & Féres-Carneiro, 2003a).

Do nosso ponto de vista, a conjugalidade contemporânea, fundamentada na valorização da intimidade e do intenso envolvimento afetivo favorecido pela nuclearização da família moderna, passou a ser vista cada vez mais como um importante suporte subjetivo. Giddens (1993) ressalta que a busca do parceiro ideal é a busca da auto-identidade que é validada na descoberta do outro.

Consideramos que a dinâmica de trocas intersubjetivas inerente à conjugalidade ativa um processo de transmutação das subjetividades dos parceiros. Ressaltamos que a vivência compartilhada, alicerçada na trama identificatória conjugal, desdobra-se em contínuas transformações subjetivas em cada um dos parceiros (Magalhães, 2003).

Em estudos mais recentes (Magalhães & Féres-Carneiro, 2004; 2005; 2007; Féres-Carneiro & Magalhães, 2005; Féres-Carneiro, Magalhães & Ziviani, 2006; Féres-Carneiro, Ziviani & Magalhães, 2007) temos investigado a dimensão da transmissão psíquica geracional como um eixo importante do processo de subjetivação e da estruturação da conjugalidade.

Nesses últimos estudos, focalizamos o papel da transmissão psíquica geracional nas trocas intersubjetivas conjugais, dentre os processos de subjetivação de modo mais amplo. A partir da dupla exigência que engendra a subjetivação – absorver a herança e transformá-la – buscamos analisar como são processados e metabolizados os legados familiares na conjugalidade. Consideramos a conjugalidade uma dimensão importante no processo de subjetivação e buscamos realçar seus aspectos potenciais transformadores e criadores.

No presente trabalho, ressaltamos a importância de investigar as dimensões da conjugalidade e da parentalidade na clínica com famílias, delimitando-as na avaliação familiar, na elucidação da demanda terapêutica e no processo mais amplo de psicoterapia familiar, visando ao aprimoramento da intervenção clínica nesse campo. Apresentamos um recorte de um projeto de pesquisa,[2] em andamento, que tem sua origem em questões emergentes no nosso trabalho de supervisão clínica desenvolvido nos últimos cinco anos no SPA (Serviço de Psicologia Aplicada) da PUC-Rio.

O estudo da conjugalidade

A conjugalidade implica o entrelaçamento de dois "eus", duas subjetividades, na direção da constituição de um terceiro eu, uma identidade compartilhada. Na base desse entrelaçamento encontram-se os modelos parentais das famílias de origem dos parceiros, ou seja, o passado geracional da conjugalidade. Na direção da constituição da identidade compartilhada acena o ideal de um projeto conjugal, projeção do futuro familiar, marcado pelo mito de continuidade geracional. Conjugalidade e parentalidade estão, assim, imbricadas na origem e no destino. Por um lado, a conjugalidade se constitui a partir dos modelos

---

[2] Este projeto foi contemplado com a bolsa Jovem Cientista do Nosso Estado – FAPERJ 2008.

parentais, da parentalidade ancestral e, por outro, também está destinada a se desdobrar na parentalidade, na medida em que a sociedade e a família esperam que do casal conjugal seja derivado um novo casal parental, dando continuidade à transmissão intergeracional. Essas duas dimensões se entrelaçam num movimento em espiral marcado pelo paradoxo fusão-separação (Puget & Berenstein, 1993).

A contradição fundamental do vínculo conjugal diz respeito ao paradoxo fusão-separação. O casal tem a tarefa central de operar a separação de seus vínculos familiares, desprender-se dos vínculos parentais e criar uma estrutura inédita, derivada da transformação dos modelos parentais de cada parceiro. Essa nova estrutura é produto da metabolização das representações de casal das famílias de origem. Admite-se que há uma relação dialética entre as diferentes estruturas vinculares, dando lugar ao interjogo sociedade-família-casal-sujeito.

Eiguer (1984) conceitua conjugalidade como resultante de uma superposição das relações de objeto dos parceiros, que têm como modelo de identificação a representação do casal parental de cada um. Os estudos sobre a conjugalidade, na perspectiva psicanalítica, ressaltam que no engajamento amoroso ocorre uma modalidade particular de troca intersubjetiva. Postula-se que a escolha do parceiro ancora-se num acordo inconsciente. Os parceiros reativam, no encontro amoroso, suas vivências edípicas e pré-edípicas. O engajamento amoroso é considerado equivalente às formações de compromisso, às organizações sintomáticas. A escolha do cônjuge é uma escolha condicional, condicionada pela estruturação edípica dos parceiros. Substitui-se o objeto amoroso do romance familiar por um amor possível, que permanece secretamente relacionado ao amor infantil recalcado.

Outros autores psicanalistas da área de família discutem a organização inconsciente da conjugalidade, sustentando a premissa da existência de um psiquismo partilhado. Willi (1978) postula o conceito de colusão: um jogo inconsciente não confessado entre os parceiros, com base em conflitos infantis não elaborados. Segundo essa concepção, considera-se que os parceiros unem-se motivados pela busca de superação de seus conflitos inconscientes por meio da relação amorosa. A ilusão de completude na relação conjugal derivaria da conjugação de conflitos infantis complementares dos parceiros. Lemaire (1988) sustenta que a conjugalidade constitui-se em torno de zonas mal delimitadas do ego, na porosidade dos limites dos "eus" dos parceiros. Puget e Berenstein (1993) postulam o conceito de *zócalo*, a plataforma inconsciente do casal, base do psiquismo compartilhado conjugal, constituída por uma combinação de relações sujeito-objeto, consolidada por acordos e pactos inconscientes.

A estruturação do psiquismo compartilhado, na conjugalidade, presssupõe um interjogo contínuo e dinâmico de conteúdos psíquicos no par amoroso. Consideramos que o conceito winnicottiano de *transicionalidade* é fundamental para a compreensão das trocas interpsíquicas ou intersubjetivas. Kaës (1979) destaca que o espaço potencial transicional é o espaço do estado amoroso, da vida familiar, da criatividade, do jogo, do humor e dos intercâmbios de modo mais amplo.

Winnicott (1971) postula que autonomia e maturidade emocional são processos intermináveis e que o sujeito se desenvolve a partir de uma dependência, rumo à independência. Ao abordar o processo de subjetivação, o autor confere uma importância especial à terceira área do psiquismo humano, uma área intermediária de experimentação. Essa área intermediária, transicional, comporta realidade interna e realidade externa.

Consideramos que a conjugalidade e a parentalidade desafiam a autonomia e a maturidade emocional dos parceiros. Essas dimensões são estruturadas nessa área intermediária do psiquismo humano e dependem intrinsecamente das trocas intersubjetivas. E a saúde emocional da família depende, em grande medida, do estabelecimento de uma discriminação suficientemente boa entre essas dimensões subjetivas.

Parentalidade e conjugalidade na clínica com famílias

Na clínica com famílias, freqüentemente, a demanda de tratamento é focada nos filhos, e as famílias trazem conflitos relacionados ao exercício da parentalidade. Esses conflitos são, muitas vezes, desencadeados por mudanças evolutivas do ciclo de vida da família ou por acontecimentos que envolvem uma reestruturação mais ampla na psicodinâmica familiar. Em nossa prática clínica, observamos que as dificuldades no exercício da parentalidade relacionam-se diretamente com a dimensão da conjugalidade. Do nosso ponto de vista, na psicoterapia da família, essas duas dimensões são interdependentes e devem ser bem discriminadas visando a promover a saúde emocional na família.

Fala-se de uma tendência à desvinculação entre essas duas dimensões, de uma autonomia da família conjugal em relação à parental (Singly, 2004) ou de uma disjunção entre conjugalidade e parentalidade (Julien, 2000). Os historiadores e os autores da sociologia da família analisam o longo processo que levou a conjugalidade a tornar-se um domínio relativamente autônomo da família e voltado para dinâmicas internas, nas quais a sexualidade é central (Áries & Béjin, 1985a; Giddens, 1993; Kaufmann, 1993; Segalen, 1999). A separação entre público e privado contribui diretamente para esse processo.

Julien (2000) postula que a modernidade define-se por uma clivagem entre público e privado, sendo o público o lugar da parentalidade e o privado o da conjugalidade. Na antigüidade, nas sociedades patriarcais, o poder parental sobre as famílias era nítido; o casamento resultava do entendimento dos pais sobre o futuro de seus filhos e havia uma obrigação de fidelidade aos valores da linhagem. Na modernidade, o declínio da imagem social do pai contribuiu para a autonomia dos parceiros na escolha conjugal. A autonomia da conjugalidade associa-se ao declínio do poder paterno.

Por outro lado, a parentalidade passa a depender cada vez mais do social, que opera por intermédio dos especialistas. Costa (1979) discute o papel do discurso médico no processo de normatização familiar. O social interfere na relação entre pais e filhos, por meio da ação de profissionais de saúde, educadores e representantes da lei, figuras do terceiro social (Julien, 2000).

Ao final do século XVIII, Rousseau (apud Julien, 2000) acentuara o papel dos pais como representantes da Nação. E, ao longo dos séculos XIX e XX, delineia-se a tendência a definir a parentalidade civilmente, valorizando-se a autoridade reconhecida pela lei. A parentalidade passa a ser definida não somente pela biologia, mas por fatores sociais, afetivos e civis.

Na clínica, deparamo-nos com o sofrimento psíquico relacionado também com uma falta de contorno do coletivo, de parâmetros e de referencias sociais mais nítidos. Roudinesco (2002) fala de um desejo de normatividade em meio à desordem dos múltiplos e possíveis arranjos familiares. Cabe ao psicoterapeuta de família refletir sobre as questões suscitadas no interjogo conjugalidade-parentalidade. E, no campo da pesquisa em psicologia clínica, cabe investigar tais dimensões.

A constatação, na clínica, da interdependência entre essas dimensões nos leva a desdobrar algumas questões: Em que medida a conjugalidade é reestruturada pela parentalidade? Em que medida a conjugalidade se alimenta ou é esvaziada pelo investimento narcísico parental? Em que medida a parentalidade se apóia na conjugalidade?

O narcisismo é um eixo estruturante da transmissão psíquica geracional: há uma urgência em transmitir a herança psíquica. O casal parental imprime a marca geracional. Kaës (2001) ressalta que, na teoria freudiana, a questão narcísica é colocada da seguinte forma: o "eu" reluta em inscrever-se na linhagem, legado dos pais, iludindo-se em se pensar auto-engendrado.

O vínculo conjugal e o vínculo parental, contudo, impõem a obrigatoriedade de submeter-se à alteridade. As trocas intersubjetivas ocorrem no espaço potencial e são mobilizadas pelo efeito de alteração provocado pelas presenças mútuas. Segundo Puget (2000), a intersubjetividade tem suporte sobre a alteração/perturbação permanente à qual o vínculo expõe os sujeitos. Considera-se que o sujeito estrutura-se a partir de cada um de seus vínculos e dos contextos no qual se situa. Compreende-se, porém, que a simples presença do outro não é suficiente para que ocorra uma vinculação, no sentido do potencial transformador do vínculo com potencialidade vinculante, ou seja, com possibilidades de propiciar o surgimento de novos sentidos. Há os casos em que as trocas e os intercâmbios são repetitivos, com função desvinculante.

A partir da noção de função vinculante (Puget, 2000), podemos postular que tanto a conjugalidade quanto a parentalidade podem se estruturar de modo que os sujeitos-parceiros e a família como um todo sejam enriquecidos a partir da produção de novas significações, ou empobrecidos, nos casos em que essas dimensões encontram-se a serviço da função desvinculante, cativas do narcisismo dos parceiros-pais.

No trabalho de supervisão de psicoterapia de família e casal, no SPA (Serviço de Psicologia Aplicada, PUC-Rio), despertamos para a riqueza do material clínico produzido nos atendimentos e para algumas questões levantadas nas discussões clínicas com a equipe de atendimento, dentre as quais ressaltamos os questionamentos acerca das relações entre conjugalidade e parentalidade.

Pesquisando na clínica com famílias

A temática das relações entre conjugalidade e parentalidade tem sido alvo de muitas pesquisas, sobretudo na área clínica. Alguns estudos apontam as repercussões da relação conjugal no comportamento dos filhos (Féres-Carneiro, 1980; Mannoni, 1980; Santos & Costa, 2004; Brito, 2007) e outros enfatizam o resgate do espaço conjugal no sentido de gerar um ambiente mais saudável para toda a família (Féres-Carneiro, 1983; Gomes, 2007).

Na clínica com famílias, observamos que as dimensões da conjugalidade e da parentalidade estão profundamente imbricadas e que a investigação de tais dimensões pode ser enriquecida com a utilização da metodologia clínica de pesquisa.

No trabalho com famílias, destacamos as seguintes questões: Como essas dimensões são constituídas e delimitadas? Como conjugalidade e parentalidade interagem? Quais são as influências geracionais na constituição dessas dimensões e na delimitação das mesmas? Que relações podem ser estabelecidas entre tais dimensões e a demanda de psicoterapia de família e de casal? A investigação dessas dimensões fornece subsídios teórico-clínicos para o trabalho com famílias e para o aprimoramento da formação de profissionais nesse campo de atuação.

A utilização da metodologia clínica de pesquisa para fins de estudo das dimensões da conjugalidade e da parentalidade envolve a análise de dados coletados por meio de entrevistas clínicas com famílias e/ou da aplicação de instrumentos específicos de avaliação psicológica familiar. No SPA, além das entrevistas clínicas preliminares, utilizamos a EFE – Entrevista Familiar Estruturada (Féres-Carneiro, 1983) e o ADF – Arte-Diagnóstico Familiar (Kwiatkowska, 1978).

As equipes de Casal e Família do curso de graduação e curso de especialização do Serviço de Psicologia Aplicada da PUC-Rio recebem um grande número de encaminhamentos de casos para avaliação e tratamento, tendo acesso a dados valiosos para o desenvolvimento de pesquisas nessa área. Os membros das famílias atendidas concordam com a utilização dos dados clínicos para fins de ensino, pesquisa e publicação científica e assinam um "Termo de Consentimento Livre e Esclarecido".

Para finalidade de identificação dos diferentes tipos de configuração familiar atendidos no SPA, elaboramos uma FCF – Ficha de Configuração da Família. Nesta ficha, são registrados dados relativos à idade, sexo, escolaridade, profissão, estado civil, orientação sexual, configuração da família de origem, configuração da família atual, classe social, religião, renda familiar e contribuição individual de cada familiar para a renda total alcançada.

Embora as categorias clínicas de análise só possam ser definidas após a realização das entrevistas e da aplicação dos instrumentos de avaliação familiar, é possível antecipar alguns temas, a elas referidos, derivados da literatura e da nossa experiência clínica com famílias. Dentre eles, poderíamos citar: modelos parentais, interação conjugal, interação familiar e promoção de saúde na família.

A discussão dos dados clínicos pode ser ainda ampliada com a literatura dos campos da sociologia, da antropologia, da psicologia social e da psicanálise de família, enriquecendo os recursos interpretativos da investigação clínica.

Ressaltamos a importância de desenvolver investigações no âmbito da clínica com famílias, aprofundando o conhecimento acerca das dimensões da conjugalidade e da parentalidade, considerando as repercussões do conhecimento gerado no desenvolvimento de instrumentos de avaliação familiar, de recursos técnicos para a intervenção clínica e na elaboração de estratégias de promoção de saúde emocional familiar, subsidiando as práticas de saúde mental.

As pesquisas clínicas desenvolvidas em centros de ensino universitário têm também repercussões importantes na formação de profissionais de saúde mental qualificados, na medida em que estimulam a atitude clínico-investigativa e a produção de reflexões teórico-metodológicas mais contextualizadas, além de gerar conhecimentos acerca dos modos de configuração e da psicodinâmica familiar dos segmentos médios e baixos da população.

Referências bibliográficas

ARIÈS, P.; BÉJIN, A. *Sexualidades ocidentais*. São Paulo: Brasiliense, 1985a.

ARIÈS, P.; BÉJIN, A. *Transmissão psíquica geracional*. São Paulo: Escuta, 1985b.

BRITO, L. M. T. Família pós-divórcio: a visão dos filhos. *Psicologia: ciência e profissão*, mar. 2007, v. 27, n. 1, p. 32-45.

COSTA, J. F. *Ordem médica e norma familiar*. Rio de Janeiro: Graal, 1979.

EIGUER, A. *La thérapie psychanalitique de couple*. Paris: Dunod, 1984.

FÉRES-CARNEIRO, T. Psicoterapia de casal – a relação conjugal e suas repercussões no comportamento dos filhos. *Arquivos Brasileiros de Psicologia*, 1980,v. 32, n. 4, p. 51-61.

_____. *Família*: diagnóstico e terapia. Petrópolis: Vozes, 1983.

_____. MAGALHÃES, A. S. "Retour de la conjugalité sur la subjectivité des partenaires: une question pour la clinique psychanalitique du couple". *Genérations*, França, 2001, n. 23, p. 43-46.

_____; Conjugalidade dos pais e projeto dos filhos frente ao laço conjugal. In: FÉRES-CARNEIRO, T. (Org.). *Família e casal*: Efeitos da contemporaneidade. Rio de Janeiro: EDPUC-Rio/ Loyola, 2005, p. 111-121.

_____. ZIVIANI, C. Conyugalidad de los padres y proyectos vitales de los hijos frente al matrimonio. *Revista Cultura y Educación – Familia y Pareja*, 2006, v. 18, n. 1, p. 95-108.

FÉRES-CARNEIRO, T.; ZIVIANI, C.; MAGALHÃES, A. S. Questionário sobre a conjugalidade dos pais como instrumento de avaliação. In: FÉRES-CARNEIRO, T. (Org.). *Família e casal*: Saúde, trabalho e modos de vinculação. São Paulo: Casa do Psicólogo, 2007, p. 251-268.

GIDDENS, A. *A transformação da intimidade*: Sexualidade, amor e erotismo nas sociedades modernas. São Paulo: UNESP, 1993.

GOMES, I. C. *Uma clínica específica com casais*: Contribuições teóricas e técnicas. São Paulo: Escuta/FAPESP, 2007.

JULIEN, P. *Abandonarás teu pai e tua mãe*. Rio de Janeiro: Companhia de Freud, 2000.

KAËS, R. *Crise, rupture et dépassement*. Paris: Dunod, 1979.

KAËS, R. *Transmissão da vida psíquica entre gerações*. São Paulo: Casa do Psicólogo, 2001.

KAUFMANN, J-C. *Sociologie du couple*. Paris: PUF, 1993.

KWIATKOWSKA, H. Y. *Family therapy and evaluation through art*. Illinois: Charles C. Thomas, 1978.

LEMAIRE, J. Du je au nous, ou du nous au je? Il n'y a pas de sujet tout constitué. *Dialogue: recherches cliniques et sociologiques sur le couple et la famille*, 1988, v. 102, n. 4, p. 72-79.

MAGALHÃES, A. S. *Individualismo e conjugalidade*: Um estudo sobre o casamento contemporâneo. Dissertação de Mestrado – PUC-Rio, 1993.

_____. O *"eu" transformado pelo "nós"*: Influências da conjugalidade sobre a subjetividade dos parceiros. Tese de Doutorado – Curso de Pós-Graduação em Psicologia Clínica, Pontifícia Universidade Católica do Rio de Janeiro, Rio de Janeiro, 2000a.

_____. Conjugalidade e transicionalidade. In: IX Encontro Latino-Americano sobre o Pensamento de D. W. Winnicott, 20 a 22 de outubro de 2000. *Anais*. Rio de Janeiro, 2000b, p. 367-372.

_____. Transmutando a subjetividade na conjugalidade. In: FÉRES-CARNEIRO, T. (Org.). *Família e casal*: Arranjos e demandas contemporâneas. Rio de Janeiro: EDPUC-Rio/Loyola, 2003.

_____. FÉRES-CARNEIRO, T. *Conjugalidade e subjetividades contemporâneas*: O parceiro como instrumento de legitimação do "eu", 2003a. Disponível em: http: www.estadosgerais.org

_____. A conjugalidade na série identificatória: experiência amorosa e recriação do "eu". *Pulsional Revista de Psicanálise*, São Paulo, dez. 2003b, n. 176, p. 41-50.

_____. Transmissão psíquica geracional na contemporaneidade. *Psicologia em Revista*, Belo Horizonte, dez, 2004, n. 16, p. 24-36.

_____. Conquistando a herança: sobre o papel da transmissão psíquica familiar no processo de subjetivação. In:

FÉRES-CARNEIRO, T. (Org.). *Família e casal*: Efeitos da contemporaneidade. Rio de Janeiro: EDPUC-Rio/Loyola, 2005, p. 24-32.

_____. Transmissão psíquica geracional: um estudo de caso. In: FÉRES-CARNEIRO, T. (Org). *Família e casal*: Saúde, trabalho e modos de vinculação. São Paulo: Casa do Psicólogo, 2007, p. 341-364.

MANNONI, M. *A criança, sua doença e os outros*. Rio de Janeiro: Jorge Zahar, 1980.

PUGET, J.; BERENSTEIN, I. *Psicanálise do casal*. Porto Alegre: Artes Médicas, 1993.

PUGET, J. Disso não se fala... Transmissão e memória. In: CORREA, O. B. R. (Org.). *Os avatares da transmissão psíquica geracional*. São Paulo: Escuta, 2000, p.73-87.

ROUDINESCO, E. (2002). *A família em desordem*. Rio de Janeiro: Jorge Zahar, 2003.

SANTOS, L. V.; COSTA, L. F. Avaliação da dinâmica conjugal violenta e suas repercussões sobre os filhos. *Psicologia: teoria e prática*, jun. 2004, v. 6, n. 1, p. 59-72.

SEGALEN, M. *Sociologia da família*. Lisboa: Terramar, 1999.

SINGLY, F. (2004) *Sociologia da família contemporânea*. Rio de Janeiro: FGV, 2007.

WILLI, J. *La pareja humana*: relación y conlicto. Madrid: Morata, 1978.

WINNICOTT, D. *O brincar e a realidade*. Rio de Janeiro: Imago, 1971.

13

De volta ao lar: mulheres que se afastaram de uma carreira profissional para melhor se dedicar aos filhos. Retrocesso ou um "novo" modelo de família?

Maria Lúcia Rocha-Coutinho
Universidade Federal do Rio de Janeiro
e Universidade Salgado de Oliveira

Introdução

Em pesquisas por nós realizadas com mulheres cariocas (Rocha-Coutinho, 2003a; 2003b; 2005; 2007) observamos que, a despeito das inúmeras mudanças ocorridas no papel e na posição da mulher das camadas médias urbanas de nossa sociedade, estas se fazem sentir, de modo mais marcante, no espaço público do que no doméstico. Neste último, as mulheres parecem continuar a acreditar que o homem é o principal responsável pelo provimento financeiro da família e a mulher pelos cuidados da casa e dos filhos, resquícios da antiga divisão de trabalho e responsabilidades de homens e mulheres. Mais do que isso, apesar da importância atribuída pelas mulheres ao trabalho fora de casa, nossos dados parecem reforçar a antiga idéia de que a maternidade dá completude à vida da mulher – ainda que, para elas, algumas mulheres possam ser felizes sem ter filhos – e de que nada pode ser mais gratificante do que gerar, parir e amamentar um filho.

A chegada de um filho sempre implicou em inúmeras mudanças na vida da mulher, tanto no plano pessoal quanto em termos das alterações em suas prioridades e dos ajustes que têm de ser feitos em sua vida profissional, no caso daquelas que investem em uma carreira. E, apesar da conciliação família-trabalho ter sido percebida por nossas entrevistadas como possível e desejável, pudemos notar que ela acarreta uma imensa sobrecarga física e emocional para a mulher e, em especial, muita culpa por não dar aos filhos a atenção e os cuidados que acreditam ser necessários, especialmente durante os primeiros anos de vida. Acresce-se a isso o fato de que a mulher que trabalha fora de casa acredita estar perdendo inúmeros episódios importantes na vida do(s) filho(s), deixando de acompanhar mais de perto seu processo de desenvolvimento físico e emocional. Em decorrência disso, inclusive, muitas de nossas entrevistadas resolveram diminuir o ritmo de trabalho e o investimento na vida profissional para que lhes sobrasse mais tempo para se dedicarem ao(s) filho(s), mesmo quando isto pudesse implicar em uma mudança de cargo ou redução de salário.

Observamos, no entanto, que, apesar de ainda pouco comum, algumas mulheres cariocas das camadas médias e altas vêm tomando atitudes mais radicais do que apenas diminuir o ritmo de trabalho, tais como pedir demissão do emprego – quer para vivenciar plenamente e em tempo integral a maternidade, quer para abrir um negócio próprio, com horário mais flexível, em sua casa ou em local bem próximo – para melhor poder "curtir" seu(s) filho(s). Este "novo" fenômeno, que estamos denominando aqui de "volta ao lar" e que diz respeito às mulheres que abandonam suas carreiras para se tornarem mães em tempo integral – e, assim, parecendo lembrar o retorno a uma época anterior –, é ainda bastante recente e pouco estudado, tanto no Brasil quanto no exterior, ainda que tenha sido objeto de um artigo relativamente recente do *The New York Times*, que a ele se referiu como "*opting out*". A expressão "*opting out*" implica em uma escolha, e a primeira questão que se levanta aqui é: Será que essas mulheres que alcançaram algum sucesso em sua atividade profissional realmente estão escolhendo abandonar suas carreiras para retornar aosa seus lares?

Por meio de entrevistas abertas realizadas com mulheres americanas que abriram mão de uma carreira bem-sucedida – como médicas, advogadas, cientistas, profissionais da área financeira, entre outras – para se dedicar ao lar e aos filhos, Stone (2007) buscou observar o papel desempenhado pelos maridos, filhos e colegas de trabalho dessas mulheres em seu processo de tomada de decisão, bem como os esforços por elas empreendidos para construir uma nova vida e identidade – decorrentes do retorno ao lar – e suas aspirações e planos para o futuro. Os resultados apontaram para o fato de que, na verdade, essas mulheres não optaram por abandonar uma carreira de sucesso para retornar ao lar, mas, antes, foram levadas a abandonar o trabalho em decorrência das dificuldades encontradas para conciliar as altas demandas de uma carreira profissional com os intensos cuidados envolvidos nas tarefas domésticas e, principalmente, na criação e educação dos filhos. Com base nas experiências dessas mulheres, Stone (2007), inclusive, lança algumas idéias concretas para se redesenhar o mercado de trabalho, de forma a torná-lo mais fácil para que mulheres – bem como homens – alcancem seus objetivos de viver uma vida gratificante em que possam combinar família e carreira profissional.

Alguns dos dados apontados por Stone (2007) estavam presentes nos discursos das mulheres de classe média cariocas por nós estudados. Contudo, apesar dessas semelhanças, faz-se necessário apontar aqui que os contextos brasileiro e norte-americano diferem em muitos aspectos. Enquanto nossas entrevistadas afirmaram contar com o auxílio de empregados e familiares, especialmente suas mães, no cuidado com a casa e os filhos, as mulheres americanas não parecem contar com outro tipo de ajuda que não a de seus companheiros, que, segundo as estatísticas, contribuem com uma parcela muito pequena e limitada de afazeres. Assim, acreditamos ser importante buscar uma melhor compreensão destas mulheres brasileiras que abriram mão, total ou parcialmente, de uma carreira profissional para melhor poder se dedicar à maternidade, fenômeno a que estamos aqui denominando de "volta ao lar". Ao fazer uso dessa expressão, contudo, não estamos querendo dizer que houve um retorno da mulher a um antigo papel, mas, antes, que esta volta pode não apenas ser decorrente das dificuldades encontradas para conciliar família e carreira, como aponta Stone (2007) no caso das americanas, como também representar o surgimento de um "novo" tipo de família no Brasil, em meio a tantos outros que se pode observar no momento atual em que, supostamente, as pessoas podem escolher o que mais lhes convêm.

A fim de melhor entendermos o fenômeno, faz-se necessário levantar algumas questões e mudanças que provavelmente podem ter contribuído para levar as mulheres a fazer esta opção. Só então poderemos traçar diretrizes para o desenvolvimento de uma pesquisa de campo que nos ajude a melhor entender, entre outras questões, se, no caso brasileiro houve realmente uma escolha por parte das mulheres ou se elas foram levadas a abrir mão do trabalho. Serão analisadas questões, como: o que pode ter levado essas mulheres a abrir mão de uma carreira profissional bem-sucedida para se dedicar à casa e aos filhos; o que as levou a tomar essa decisão; qual o papel desempenhado por seu companheiro, filhos e trabalho nesta escolha; que importância as mulheres de hoje atribuem à maternidade e à carreira profissional; como o discurso social vê esta decisão da mulher; que tipo de arrependimento pode advir desta opção; o que as mulheres gostariam de mudar em suas vidas, se pudessem; quais as suas perspectivas para o futuro.

A maternidade "revisitada": a coexistência, nem sempre pacífica, de antigos e novos modelos

Com os Movimentos Feministas das décadas de 1960 e 1970, que abriram espaço para a entrada maciça de mulheres brasileiras das camadas médias no mercado de trabalho, e em decorrência, em grande parte, do processo de globalização e modernização pelo qual vem passando o país nas últimas décadas, o modelo de família formado pelo pai provedor e pela mãe dona de casa sofreu um processo de questionamento, pelo menos por certos segmentos das classes médias urbanas brasileiras (Vaitsman, 1994; 2001). Nestes segmentos – em sua maioria, compostos por homens e mulheres que habitam as grandes cidades, geralmente com grau universitário e defensores de valores individualistas, anti-autoritários e igualitários –a família hierárquica, com papéis bem definidos quanto a gênero e geração, estaria dando lugar, sobretudo como ideal, a um tipo de família igualitária, em que os papéis e atribuições distintos de homens e mulheres, bem como as posições hierárquicas de pais e filhos na família estariam se diluindo (Araújo & Scalon, 2005).

Contudo, embora no discurso social, pelo menos em seu nível mais aparente, o casamento ideal seja descrito como aquele em que homem e mulher devem ser e se sentir igualmente responsáveis pelos cuidados da casa, criação e educação dos filhos e provimento emocional e financeiro da família, estudos por nós desenvolvidos (Rocha-Coutinho, 2001; 2003a; 2003b; 2003c; 2005; 2007) com mulheres cariocas desses segmentos da classe média, bem como trabalhos realizados em países os mais distintos (Elvin-Novak & Thomsson, 2001; Harris, 1979; Hoffnung, 1992; 1995; Roland & Harris, 1979) continuam a apontar para o fato de que, tanto homens como mulheres, em níveis distintos de consciência, parecem ainda acreditar que a casa e, especialmente, os filhos são responsabilidade da mulher, enquanto o homem é visto como responsável pelo provimento financeiro da família.

Parece, assim, que, a despeito de todas as mudanças, paralelamente a esse discurso supostamente mais moderno, continuamos a reproduzir o antigo discurso de que "mãe é mãe", de que ela é quem melhor sabe cuidar do(s) filho(s), e que, em última instância, identifica maternidade e feminilidade. Tal idéia é reforçada, em grande parte, inclusive, pela inscrição da maternidade no corpo feminino. Como afirmam Araújo & Scalon (2005):

> Embora a ruptura com a tradição, propiciada pela modernidade, tenha alcançado também essas duas dimensões [mulheres e família], as mudanças não foram e não são lineares. E assim como em outras dimensões da vida, as relações entre gênero e familiares são marcadas pela emergência constante de novos valores e atitudes que propiciam dinâmicas inovadoras de interação, convivendo com formas tradicionais e conservadoras de perceber e de conduzir tais relações – encontros reprodutores de antigos conflitos e geradores de novos (p. 9).

Estudos de historiadores sociais e pesquisadores das ciências humanas e sociais (Ariès, 1962; 1986; Faragher, 1979; Roland & Harris, 1979; Zaretsky, 1976) realizados nas últimas décadas, no entanto, têm apontado para o fato de que nem sempre a mãe foi vista desta forma. Segundo eles, a glorificação da maternidade e o aumento de suas responsabilidades têm suas raízes no século XIX. Antes disso, a criação dos filhos estava integrada a outros afazeres das mulheres e não era nem mesmo considerada uma de suas principais tarefas. O cuidado das crianças, em grande parte, estava entregue à amas e aos irmãos mais velhos, e aquelas crianças que sobreviviam aos primeiros anos de vida logo tomavam seu lugar na vida social e econômica da família. Da mesma forma, o provimento das necessidades dos membros da família estava nas mãos tanto de homens como de mulheres. A necessidade de sobrevivência na economia pré-industrial requeria, não apenas dos homens como também das mulheres, que o trabalho de produção fosse priorizado sobre as preocupações reprodutivas. Além disso, trabalho e lazer se davam no mesmo espaço: o da casa.

A Revolução Burguesa e o processo de industrialização, que tiveram lugar na época moderna, contudo, separaram as esferas do público e do privado, "fazendo com que a família perdesse seu caráter de unidade produtiva voltada para o mercado" (Vaitsman, 1994, p. 29), uma vez que as atividades, a partir de então, foram hierarquizadas e classificadas como produtivas – ligadas ao mundo da produção, do trabalho remunerado – ou improdutivas – ligadas ao mundo da reprodução, do trabalho doméstico. Assim, a unidade casa-trabalho das sociedades antigas foi rompida, o poder patriarcal diminuído e o trabalho da mulher na família desvalorizado, uma vez que as atividades produtivas centraram-se no mundo público, espaço quase que de domínio exclusivo do homem.

A vida nas sociedades industriais caracteriza-se por pares de oposição: produção-reprodução, trabalho-lazer, adulto-criança, entre outros. As atividades realizadas fora de casa são remuneradas, enquanto que, dentro de casa, as atividades são realizadas supostamente por amor. O trabalho tem lugar nas fábricas ou escritórios, o lazer se dá dentro de casa. Os adultos trabalham, as crianças brincam. Com esse novo conjunto de valores, às mulheres foi designado o espaço considerado não-produtivo da casa, enquanto que o trabalho produtivo remunerado passou a ser realizado, prioritariamente por homens, no mundo público das fábricas e escritórios. Com isso, a família assumiu um novo significado, centrada em torno da mulher-mãe. A ela caberia, agora, fornecer os cuidados necessários e o conforto físico e emocional, para que seu marido e filho(s) se recuperassem das pressões e dificuldades do trabalho e da escola.

A combinação dos cuidados com a casa e a criação e educação dos filhos, apesar de ser um trabalho em tempo integral, não rendia à mulher nenhum dos benefícios auferidos pelo trabalho fora de casa. Contudo, como assinala Hoffnung (1995), embora na época antiga as tarefas reprodutivas exigissem mais do ponto de vista físico, elas não eram tão desligadas do trabalho produtivo da família nem tinham uma importância psicológica tão significativa. Desta forma, em contraste com o valor atribuído ao trabalho exercido pela mulher no passado, a devoção da mulher ao "trabalho de casa" tornou-a dependente das pessoas de quem ela cuida, isto é, ela se tornou economicamente dependente do marido – um homem escolhido por amor – e psicologicamente dependente do(s) filho(s), produto de sua maternagem (Rocha-Coutinho, 1994).

Mudanças históricas ocorridas nas últimas décadas abriram novas possibilidades de escolha para as mulheres. Além das lutas políticas, avanços tecnológicos tornaram a contracepção relativamente segura e efetiva, separando a sexualidade da maternidade. Com isso, a taxa de fertilidade caiu muito, especialmente nas camadas médias urbanas, como apontado pelas últimas pesquisas do IBGE no caso brasileiro. Essa queda no número de filhos reflete tanto a eficácia dos métodos anticoncepcionais quanto o aumento no nível educacional e nas oportunidades ocupacionais abertas às mulheres, conseqüência de importantes mudanças econômicas e políticas. Estas últimas resultaram, em grande parte, da pressão de movimentos sociais, especialmente dos Movimentos Feministas. Como ressalta Hoffnung (1995), *"coeducation, contraception, and the need for wage laborers have promoted the integration of women into the economic system; feminism has promoted the integration of women into the political system"*[1].

Assim, hoje em dia, apesar de algumas diferenças ainda persistirem, as mulheres – no caso brasileiro, pelos menos as mulheres das camadas médias e altas – são educadas, como os homens, para competir e crescer profissionalmente, para acreditar e buscar o seu sucesso pessoal – primeiro na escola e, posteriormente, no competitivo mercado de trabalho – e para valorizar a sua independência financeira. Ao mesmo tempo, contudo, as mulheres ainda são treinadas para ser o sustentáculo de suas famílias, como esposas e mães. Sua socialização inicial continua a encorajar o desenvolvimento de características essenciais para este papel – o que pode ser visto, inclusive, na permanência de certas brincadeiras tipicamente femininas (a brincadeira de casinha, por exemplo) –, como uma interdependência com relação às pessoas, que torna a atividade de cuidar das necessidades dos outros quase que vital

---

1 "coeducação, contracepção, e a necessidade de trabalhadores assalariados promoverem a integração das mulheres no sistema econômico; o feminismo promoveu a integração das mulheres no sistema político". (Tradução da autora)

para seu bem-estar[2]. Parece, portanto, como assinala Hoffnung (1995), que "a noção em vigor no século XIX de que 'o lugar da mulher é em casa' persiste, tendo sido apenas alterada para 'o lugar *essencial* da mulher é em sua casa'" (p. 164).

Podemos observar, deste modo, a coexistência de dois tipos de expectativa com relação às mulheres: de um lado, aquelas que se tornaram possíveis com o processo de industrialização contemporânea – individualidade, sucesso e realização pessoal e profissional, igualdade entre os sexos, por exemplo – e, de outro, aquelas tributárias à antiga tradição patriarcal – o domínio público pertence aos homens, o provimento das necessidades financeiras da família é atribuição dos homens, as mulheres são responsáveis pelo cuidado com os filhos e por desenvolver e preservar uma vida familiar harmoniosa, entre outras coisas. Embora estas expectativas sejam conflitantes, elas nem sempre são percebidas como tal e/ou sentidas de forma forte pelas mulheres. A maioria delas aprende desde criança a compartimentar, a manter separadas a esfera de realização profissional e a esfera doméstica, como pudemos observar no discurso das executivas e das profissionais bem-sucedidas por nós entrevistadas. A separação das duas esferas de atuação, a casa e o trabalho, assim, pode ser uma estratégia empregada pelas mulheres para lidar com essas expectativas contraditórias.[3]

A própria estrutura da vida moderna faz com que essa distinção acabe por parecer "natural". As meninas são encorajadas a ter sucesso na escola e a se preparar bem para um trabalho futuro, mas também se espera delas que, mais tarde, se tornem mães. Ao longo de suas vidas, as mulheres de classe média e alta podem, em alguns momentos, se dar conta dessas expectativas contraditórias, sentindo-se descontentes e aborrecidas com

---

2 Tal fato, juntamente com outros traços tributários à antiga identidade feminina, pode ser observado no discurso das mulheres executivas por nós entrevistadas em estudo já aqui mencionado. Ao assinalar diferenças nas formas femininas e masculinas de trabalho, elas apontaram o fato de que as mulheres, em geral, têm maior cuidado, tato e atenção para com as necessidades das pessoas ao lidar com os membros de sua equipe.
3 Como assinalamos anteriormente, uma das estratégias apontadas por nossos entrevistados para conciliar casa e trabalho foi manter estas esferas separadas, não levar problemas e preocupações para casa.

a discriminação sexual no trabalho, com as responsabilidades desiguais pelos cuidados com a casa e o(s) filho(s), ou se sentido culpadas por não conseguirem sustentar, com o nível de excelência por elas almejado, destas suas duas esferas de atuação. Contudo, de maneira geral, como pudemos observar em nossos estudos anteriores, as mulheres acabam conseguindo encontrar uma forma – geralmente esta é uma solução individual, como afirmaram nossas entrevistadas – de corresponder às expectativas provenientes desses dois mundos por onde circulam: o doméstico e o público.

Apesar da discriminação – mesmo que mais sutil do que a discriminação aberta do passado – ainda sofrida pelas mulheres no espaço público,[4] acreditamos que é no espaço doméstico que vão se situar os maiores impasses para a mulher contemporânea. Segundo Araújo & Scalon (2005), isto se daria porque:

> Na sociedade contemporânea, as tensões entre tradição e modernidade, entre afirmação da individualidade e convivências coletivas, entre o público e o privado, espaços cindidos em suas formas de organizar a reprodução da vida cotidiana e entre os significados e as conseqüências dos pertencimentos de gênero – ser homem ou mulher – encontram na organização da vida doméstica e nas relações familiares intensos loci de experiências, dado que constituem espaços privilegiados de vivências de interação afetiva e de condução da vida cotidiana, marcados por conflitos, tensões e também prazeres (p. 9).

O século XXI é marcado por uma diversidade de arranjos familiares (Féres-Carneiro & Magalhães, 2005; Wagner, 2002), uma transformação das relações pessoais, sobretudo afetivas e sexuais (Giddens, 1994) e um enfraquecimento da hierarquia nas relações de gênero e entre gerações, ocasionando o surgimento de formas mais horizontais ou simétricas de interação

---

4 As mulheres continuam a receber salários mais baixos do que os homens para exercer a mesma função e, na maioria das vezes, ocupam cargos de menor poder e prestígio social, como assinalamos em trabalho anterior (Rocha-Coutinho, 2003a; 2003b).

(Castells, 2000). Contudo, ainda se pode observar, como apontamos anteriormente, a permanência, por vezes modificada, da clássica divisão sexual do trabalho, bem como a persistência de representações sociais dicotômicas sobre os lugares ocupados por homens e mulheres na família e na sociedade, em que estas continuam a ser as grandes responsáveis pelos encargos familiares (Jablonski, 2005), mesmo assumindo responsabilidades cada vez maiores no mercado de trabalho e no provimento financeiro da família (Rocha-Coutinho, 2003a; 2003b; 2003c; 2005).

Os resultados de nossas pesquisas anteriores parecem não se aplicar apenas às mulheres brasileiras. Constatamos que, com a chegada da maternidade, as responsabilidades com a família geralmente passam a ser priorizadas sobre a carreira profissional, a qual elas sempre atribuíram tanta importância, assim como verificamos que estas profissionais fizeram ajustes em suas vidas para conciliar família e carreira profissional. Em trabalho realizado com americanas de classe média, Hoffnung (1995) observou que, apesar de a maioria das entrevistadas atribuírem importância ao trabalho, as responsabilidades com a família vieram em primeiro lugar para a maior parte delas e, assim, com a chegada da maternidade, tiveram de buscar algum tipo de flexibilidade naquela esfera, como alterar os horários de trabalho, mudar de emprego, ou diminuir o investimento na carreira para poder atender agora não só às demandas do trabalho, como também às de seus filhos.

Tanto o trabalho quanto a família exigem tempo, energia e investimento emocional, e muitas pressões – internas e externas – levam a mulher a dirigir boa parte de suas forças para a família. Como resultado, as mulheres freqüentemente se afastam das carreiras de maior prestígio e poder.[5] O cuidado

---

5 Como afirmou uma de nossas entrevistadas: "Se você realmente quer ser presidente da empresa, realmente você vai ter dificuldade, na maternidade, em ser mãe, no seu papel de mãe, porque ninguém é dois e o dia tem 24 horas, porque o nível de exigência é muito alto, né? Então eu acho que a questão é de ter claro consigo mesma e ter uma noção daquilo que você quer em termos profissionais e em termos pessoais, entendeu? Então, se você é uma pessoa que realmente tem uma ambição; é... assim... uma ambição profissional tal que você vai trabalhar quinze, dezesseis horas por dia, você não vai ter tempo de ser mãe" (PZ1).

com as crianças é um trabalho que consome 24 horas por dia e pode acarretar muito cansaço físico e mental. Assim, para as mulheres com uma carreira e que estão sujeitas a um horário de trabalho mais ou menos fixo, as constantes e intensas demandas associadas ao nascimento de uma criança podem ser bastante estressantes e envolver grandes mudanças em seu estilo de vida anterior. Não é à toa que, para muitas delas, o nascimento de um filho pode ser acompanhado de muita tensão, depressão – a depressão pós-parto pode, por vezes, ser um sinal dessa dificuldade – e/ou sofrimento psíquico.

Em pesquisas anteriores, realizadas com mulheres das camadas médias que trabalham fora de casa, observamos que, com o nascimento dos filhos, várias delas – tanto as executivas, que têm um alto grau de investimento na carreira profissional, quanto mulheres envolvidas em um emprego sem este grau de investimento – oscilaram muito na hora de retornar ao trabalho após o término da licença-maternidade. Além disso, a maioria das mulheres com um emprego por nós entrevistadas reduziu sua carga horária e até abriu mão de um emprego melhor para se dedicar mais aos filhos e quase todas as executivas fizeram ajustes em sua vida profissional – como diminuir a carga horária, evitar trazer trabalho para casa, reduzir as viagens, entre outros – após a maternidade. É como se a licença-maternidade tivesse constituído um momento de reflexão para essas mulheres repensarem suas vidas, carreiras e prioridades.

É nosso ponto de vista, no que diz respeito à mulher contemporânea, em especial às das camadas médias e altas da sociedade, que uma das questões mais complexas, problemáticas e conflitantes continua a ser a maternidade, particularmente sua articulação com uma carreira ou profissão.[6] Em grande parte, inclusive, a despeito de todas as mudanças ocorridas nas últimas

---

6 Acreditamos que esta questão se torne mais complexa, problemática e conflitante no caso das mulheres brasileiras das camadas médias e altas, pois, no momento atual, a fim de atender as necessidades financeiras da maioria das famílias tornou-se necessário, de modo geral, que ambos os cônjuges tenham um trabalho remunerado, o que tem levado muitas mulheres brasileiras das camadas médias ao mercado de trabalho. Porém, a questão ainda pode se configurar, até certo ponto, para elas como uma

décadas, parece que nossas crenças ainda estão muito ligadas à idéia de que a unidade mãe-filho é básica, universal e psicologicamente mais apropriada tanto para o desenvolvimento sadio da criança quanto para a completude da mãe. Para Berg (1972): *"The experts have no doubts: they are unanimous in their statement that only the mother, and no one else, should take care of her child. No other question is answered so definitely and plainly. The mother is the person to look after her child"*[7].

Uma vez que, como assinala Hoffnung (1995), a criação de crianças é um trabalho social extremamente necessário, de fundamental importância para a continuidade das próprias sociedades, gratificante para o "instinto" humano de gerar seres, além de altamente valorizado na vida de mulheres que têm filhos, é fácil para nós acreditar nesses especialistas e aceitar a "mística da maternidade". Assim é que, tanto para as executivas quanto para as mulheres com um emprego, entrevistadas em nossas pesquisas (Rocha-Coutinho, 2007), a maternidade foi vista, pela grande maioria delas, como a essência da condição feminina ("ser mulher = ser mãe") e a mãe considerada indispensável para o bom e saudável desenvolvimento de seus filhos.

Até o presente, no entanto, buscamos nos voltar apenas para as mulheres inseridas no mercado de trabalho. Contudo, como assinalamos anteriormente, observamos que, apesar de ainda pouco comum, algumas mulheres cariocas das camadas médias e altas, com a chegada dos filhos, vêm tomando atitudes das mais radicais, como abrir mão totalmente de um trabalho, às menos radicais, como abrir seu próprio negócio ou virar autônomas, montando um escritório em casa ou em local próximo, para poder viver mais plenamente a maternidade. Abandonar o emprego para melhor "curtir" o bebê, no entanto,

"escolha". No caso das mulheres das camadas populares, contudo, o trabalho fora de casa nunca se apresentou como uma opção, uma vez que praticamente "desde sempre" elas tiveram de trabalhar para se sustentar e/ou complementar a renda familiar. Muitas vezes, inclusive, são elas que sustentam suas famílias (Pacheco, 2005).

7 Os especialistas não têm dúvida: são unânimes em afirmar que somente a mãe, e ninguém mais, deveria cuidar da criança. Nenhuma outra questão é respondida de forma tão direta e definitiva. A mãe é quem deve tomar conta de seu filho. (Tradução da autora)

não é uma opção fácil. Mesmo que as finanças domésticas o permitam, o trabalho dá *status* e, com as pressões sociais que sofre e os valores que incorporou, é difícil para uma mulher se sentir plenamente realizada sendo "apenas" mãe. Consideramos importante, portanto, desenvolver um estudo para melhor entender essas mulheres que abriram mão, total ou parcialmente, de uma carreira profissional para se dedicar mais plenamente aos filhos e ao lar.

Faz-se necessário, como apontamos antes, um estudo de campo que nos ajude a entender melhor se, no caso brasileiro, houve realmente uma escolha ou se, como aponta Stone (2007) em estudo desenvolvido com mulheres americanas, as mulheres foram "empurradas" para fora do mercado de trabalho em decorrência das dificuldades encontradas para conciliar dois papéis igualmente desgastantes, uma carreira bem-sucedida e a maternidade. Assim, no momento, estamos estruturando um estudo com mulheres cariocas que fizeram esta "opção" para observar e entender se no caso brasileiro, diferentemente do que ocorreu nos Estados Unidos, houve realmente uma escolha: que fatores podem ter levado essas mulheres a tomar a decisão de abrir mão de uma carreira profissional bem-sucedida para se dedicar aos filhos e à casa; que papel desempenharam seu companheiro, filho(s) e trabalho nesta escolha; que importância as mulheres atuais atribuem à maternidade e a uma carreira profissional; como as pessoas à sua volta vêem esta decisão da mulher e que tipo de pressão exercem sobre ela; que arrependimentos podem advir desta opção; o que as mulheres gostariam de mudar em suas vidas, se pudessem; quais as suas perspectivas para o futuro; dentre outras coisas. É nosso ponto de vista que os resultados dessa pesquisa podem lançar uma luz no que pode ser alterado no mercado de trabalho e em casa para tornar a vida mais gratificante e menos conflituosa tanto para homens quanto para mulheres. Mas isto, espero, será objeto de um próximo artigo.

Referências bibliográficas

ARAÚJO, C.; SCALON, C. (Orgs.). *Gênero, família e trabalho no Brasil*. Rio de Janeiro: Editora Fundação Getúlio Vargas, 2005.

ARIÈS, P. *Centuries of childhood*. New York: Knopf, 1962.

_____. *História social da criança e da família*. Dora Flaksman (Trad.). Rio de Janeiro: Guanabara, 1986.

BERG, J. H. *Dubious maternal affection*. Pittsburgh, Pa: Duquesne University Press, 1972.

CASTELLS, M. *O poder da identidade*. Rio de Janeiro: Paz e Terra, 2000.

ELVIN-NOVAK, Y.; THOMSSON, H. Motherhood as idea and practice: a discursive understanding of employed mothers in Sweden. Cópia cedida pelas autoras, aceita para publicação em *Gender & Society*, 2001.

FARAGHER, J. M. *Women and men on the overland trail*. New Haven, Conn.: Yale Univ. Press, 1979.

FÉRES-CARNEIRO, T. & MAGALHÃES, A. S. Conjugalidade dos pais e projeto dos filhos. In: FÉRES-CARNEIRO, T. (Org.). *Família e casal*: Efeitos da contemporaneidade. Rio de Janeiro: Ed. PUC-Rio, 2005, p. 111-121.

GIDDENS, A. *As conseqüências da modernidade*. São Paulo: UNESP, 1994.

HARRIS, B. Careers, conflict, and children: the legacy of the cult of domesticity. In: ROLAND, A. and HARRIS, B. (Eds.). *Career and motherhood*: Struggles for a new identity. New York: Human Sciences Press, 1979.

HOFFNUNG, M. *What's mother to do?* Conversations on work and family. Pasadena, Cal: Trilogy Books, 1992.

_____. Motherwood: contemporary conflict for women. In: FREEMAN, J. (Ed). *Women*: a feminist perspective. Mountain View, Cal: Mayfield Pub. Co., 1995.

IBGE. Pesquisa Nacional por Amostra de Domicílios: Síntese dos Indicadores 2001. Rio de Janeiro: IBGE/Departamento de Empregos e Rendimento, 2002.

JABLONSKI, B. Atitudes de jovens solteiros frente à família e o casamento: novas tendências? In: FÉRES-CARNEIRO, T. (Org.). *Família e casal*: Efeitos da contemporaneidade. Rio de Janeiro: Ed. PUC-Rio, 2005, p. 93-110.

PACHECO, A. L. P. B. Mulheres pobres e chefes de família. Dissertação de Doutorado) – Curso de Pós-Graduação em Psicossociologia de Comunidades e Ecologia Social/UFRJ, Rio de Janeiro, 2005.

ROCHA-COUTINHO, M. L. *Tecendo por trás dos panos*. A mulher brasileira nas relações familiares. Rio de Janeiro: Ed. Rocco, 1994.

_____. Dos contos de fadas aos super-heróis: mulheres e homens brasileiros reconfiguram identidades. *Psicologia Clínica*, 2001, v. 12, n. 2, p. 65-82.

_____. Quando o executivo é uma "dama": a mulher, a carreira e as relações familiares. In: FÉRES-CARNEIRO, T. (Org.). *Família e casal*: Arranjos e demandas contemporâneas. Rio de Janeiro: Ed. PUC-Rio; São Paulo: Loyola, 2003a.

_____. Divididas e multiplicadas: a maternidade para mulheres executives cariocas. In: D'ÁVILA NETO, M. I. & PEDRO, R. (Orgs.). *Tecendo o desenvolvimento*: Saberes, gênero, ecologia social. Rio de Janeiro: MAUAD/Bapera Editora, 2003b.

_____. New options, old dilemmas: close relationships and marriage in Brazil. In: COMUNIAN, A. L. & GIELEN, U. P. (Eds.). *It's all about relationships*. Lengerich, Alemanha: Pabst Science Publishers, 2003c., p. 111-119.

_____. Variações sobre um antigo tema: a maternidade para mulheres com uma carreira profissional bem-sucedida. In: FÉRES-CARNEIRO, T. (Org.). *Família e casal*: Efeitos da contemporaneidade. Rio de Janeiro: Ed. PUC-Rio, 2005, p. 122-137.

_____. Família e emprego: conflitos e expectativas de mulheres executivas e de mulheres com um trabalho. In: FÉRES-CARNEIRO, T. (Org.). *Família e casal*: Saúde, trabalho e modos de vinculação. São Paulo: Casa do Psicólogo, 2007, p. 157-180.

ROLAND, A.; HARRIS, B. (Eds.). *Career and motherhood*: Struggles for a new identity. New York: Human Sciences Press, 1979.

STONE, P. *Opting out?* Why women really quit careers and head home. Berkeley/Los Angeles: University of Califórnia Press, 2007.

VAITSMAN, J. *Flexíveis e plurais*: Identidade, casamento e família em circunstâncias pós-modernas. Rio de Janeiro: Rocco, 1994.

_____. Gênero, identidade, casamento e família na sociedade contemporânea. In: MURARO, R. M. & PUPPIN, A. B. (Orgs.). *Mulher, gênero e sociedade*. Rio de Janeiro: Relume Dumará, 2001. p. 13-20.

WAGNER, A. (Org.). *A família em cena*: Tramas, dramas e transformações. Petrópolis, R.J.: Vozes, 2002.

ZARETSKY, E. *Capitalism, the family, and personal life*. New York: Harper Colophon, 1976.

14

Trabalho de turno de operários metalúrgicos e a dinâmica familiar: quinze anos depois

Isabel Cristina Gomes
Universidade de São Paulo

Introdução

No início da década passada, apresentamos em nossa dissertação de mestrado (Carvalho, 1991), os resultados de uma pesquisa qualitativa realizada com doze operários metalúrgicos de uma indústria automobilística em São Paulo. O método empregado constou de entrevistas semi-estruturadas, realizadas nas residências desses operários, escolhidos de forma aleatória a partir de um catálogo cedido pelo sindicato da categoria na região do ABC[1] e divididos em dois grupos: seis empregados de turno, os assim denominados horistas, e seis empregados de horário fixo (período diurno), os mensalistas. O objetivo era avaliar as interferências do turno de trabalho na dinâmica familiar, na medida em que a literatura da época já evidenciava os efeitos nocivos desse esquema de trabalho na saúde física e psíquica do trabalhador, bem como as conseqüências na família.

1 A região do ABC reúne as cidades de Santo André, São Caetano e São Bernardo do Campo, onde se localiza o pólo automobilístico da Grande São Paulo.

O objetivo desse texto envolve uma retomada do tema pesquisado anteriormente, com a finalidade de uma revisão bibliográfica atualizada e crítica, dentro do cenário da contemporaneidade e da manutenção do modelo tradicional de relacionamento no interior da família.

A área de saúde do trabalhador, seja do ponto de vista da saúde ocupacional ou sob a ótica da psicopatologia do trabalho, teve uma intensificação de estudos brasileiros a partir da década de 1980.

Fischer (1990) traz uma importante contribuição acerca das condições de trabalho e de vida dos trabalhadores do setor petroquímico, já que esse é outro ramo da indústria que funciona em turnos, apontando, além desse fator, as relações no trabalho movidas pela opressão de uma hierarquia autoritária e os riscos inerentes às atividades desenvolvidas. Nas discussões relativas à saúde dos trabalhadores importa a discriminação e análise dos fatores, dentro e fora do ambiente de trabalho, que repercutem no desencadeamento e manutenção dos processos de doenças. Vários estudiosos desse tema, como Rutenfranz e col. (1989), Fischer e col. (1989) e Folkard & Monk (1985), foram unânimes em afirmar que os turnos de trabalho são uma das causas das doenças físicas e psicossociais que acometem o trabalhador.

Toda a adaptabilidade do ser humano é feita considerando-se a capacidade de se encontrar ativo durante o dia, bem como sua disposição em dormir à noite. Contudo, o desenvolvimento tecnológico e cultural contemporâneo fez com que, gradativamente, a luz artificial fosse sendo introduzida no universo humano de tal modo que se tornou possível realizar várias atividades, incluindo o trabalho, sem se levar em conta a hora do dia. Isso acarretou conflitos e tentativas de adaptação nas funções fisiológicas e na vida social do homem, obrigando-o a restabelecer a harmonia perdida. Mas, as alterações na periodicidade diária das atividades levam a perturbações físicas, que promovem o desgaste individual dos trabalhadores em turnos e podem prejudicar seu rendimento, saúde e bem-estar, assim como sua vida familiar e social (Fischer e col., 1989).

Para a maioria dos autores, o maior desgaste dos trabalhadores em turnos consiste no fato de viverem constantemente na "contramão" da sociedade, o que os impede de adaptar os ritmos circadianos (repetições rítmicas de funções que têm um tempo de duração de aproximadamente um dia) de suas funções fisiológicas às alterações de hábitos forçadas pelo sistema de turnos. Esta situação é causadora de muitas perturbações no sujeito quanto ao ritmo do sono, alterações do apetite, dores de estômago e intestino, diabetes e irritabilidade (Silva, 1986).

Quando os ritmos corporais não mais coincidem com as demandas ambientais, eles podem vir a se adaptar a um novo ciclo de horas, todavia, trata-se de um processo lento. Alguns ritmos biológicos são menos adaptáveis a um novo horário do que outros. Além disso, algumas complicações podem resultar de conflitos emergentes do ambiente social dos trabalhadores, onde ajustamentos familiares e outras adaptações sociais têm de ser feitas. Segundo Fischer e col. (1989), a fim de reverter o sono para o período noturno e poder com isso dormir no mesmo horário que suas famílias, muitos trabalhadores passavam mais de 24 horas sem dormir.

Outro aspecto levantado pelos pesquisadores acima diz respeito ao fato de que dormir durante o dia é extremamente desfavorável devido à não-adaptação dos ritmos biológicos a esta inversão do trabalho noturno e repouso diurno. A qualidade do sono diurno é inferior à do noturno e, portanto, o prejuízo torna-se maior quando se trabalha muitos turnos consecutivos à noite.

Fisher (1989) cita pesquisas realizadas por autores ingleses, os quais se preocuparam em avaliar a influência do turno de trabalho na família. A autora conclui que as esposas, invariavelmente, se mostravam mais expostas a desgastes especiais, principalmente em famílias com crianças pequenas, na medida em que os horários das refeições precisavam ser modificados de acordo com o sistema de turnos, para manter, da melhor forma possível, os horários de contato entre pais e filhos, assim como entre marido e mulher. Entretanto, devemos ter em mente que os prejuízos desse tipo de trabalho afeta mais amplamente as demais relações sociais do trabalhador, impedindo-o de participar de atividades de lazer, acontecimentos e/ou festividades sociais e, para alguns, até de poderem dar continuidade aos próprios estudos.

Pesquisas nacionais e internacionais empreendidas entre os anos de 1970 e 1980 vieram demonstrar que trabalhadores de turno tinham menor quantidade de tempo livre à disposição para contatos com crianças em idade escolar, quando comparados com trabalhadores diurnos. Constatou-se que o trabalho de turno dos pais tinha efeitos prejudiciais na carreira escolar de seus filhos (Volger et al., 1988). Por outro lado, Rutenfranz et al. (1989) sugeriam que o trabalho de turno parecia ter um efeito positivo nas crianças que ainda não freqüentavam escola, pois, para esses pais havia um tempo livre depois dos turnos da manhã e antes dos turnos da tarde para desfrutar do convívio com a criança, estando ela acordada, especialmente nos dias de trabalho e não somente nos fins de semana, como no caso dos trabalhadores diurnos.

A relação conjugal e a vida sexual do trabalhador tornam-se complicadas pelo motivo óbvio que é a falta de oportunidades de convivência. No que diz respeito aos filhos, a dificuldade é a mesma, acrescentados, aí, novos incômodos como, por exemplo, a instabilidade sentida por um dos pais que precisa dormir justamente no período em que as crianças fazem mais barulho. Para contornar essa circunstância, muitas vezes, a pessoa faz um esforço penoso para se conter, de modo a evitar brigas com os filhos ou cônjuge. Esse autocontrole excessivo, no entanto, não resolve a situação. A irritação reprimida gera maior tensão que, somada à insatisfação afetiva, poderá produzir distúrbios psicossomáticos ou resultar em quadros psicopatológicos (Silva, 1986).

Os resultados de nossa pesquisa (Carvalho, 1991) comprovaram esse quadro apresentado pelos estudiosos da área. A situação familiar e conjugal dos seis operários que trabalhavam em turno[1] foi, consideravelmente, mais insatisfatória e

---

1 O turno desses operários consistia em trabalhar no período matutino, vespertino ou noturno, numa escala que mudava a cada 15 dias, com direito a uma folga semanal, que nem sempre coincidia com o sábado ou domingo. Muitos emendavam um período no outro, em épocas de acúmulo de serviço, fazendo horas extras para aumentar o ganho salarial.

conflituosa quando comparada com a vida familiar dos operários mensalistas que trabalhavam no horário diurno com folgas nos sábados e domingos. No trabalho de campo, quando abordávamos a relação do horário de trabalho e a vida familiar, todas as esposas quiseram dar seus depoimentos, convergindo para a grande dificuldade em conciliar a rotina da casa com o horário de trabalho do marido, na medida em que a casa silenciosa durante o dia demandava o impedimento das brincadeiras dos filhos pequenos ou, ainda, sair de casa e ficar na rua com eles até a hora propícia. Essas mulheres também se queixavam do quanto se sentiam sozinhas na criação e educação dos filhos; reclamavam da vida sexual (diminuição na freqüência quando o marido estava no horário noturno); falta de lazer e nervosismo do esposo por ter dificuldade em conciliar o sono durante o dia.

Os operários, por sua vez, mostravam-se bastante preocupados com a situação, quando não encontravam, nas esposas, a ajuda e compreensão necessárias. Alguns relataram que vários colegas haviam perdido as esposas, confirmando o medo da traição e o índice alto de separações conjugais entre os colegas de trabalho. Outros relataram o quanto foram ausentes no processo de crescimento dos filhos, a ponto de se sentirem verdadeiros desconhecidos frente aos filhos adolescentes.

As angústias e conflitos oriundos do meio familiar, bem como as advindas das relações do trabalho causavam nesses trabalhadores um alto índice de uso de álcool,[2] estados depressivos e busca por medicamentos, no intuito de sanar o sofrimento (físico e psíquico) que os afligia.

Fomos procurar na literatura recente estudos que também incluíssem a "trabalhadora de turno", na medida em que o universo profissional da mulher veio se expandindo consideravelmente após o feminismo e, da década de 1990 em diante, houve uma mudança significativa nos perfis profissionais. Carreiras eminentemente masculinas passaram a ser escolhidas por mulheres e,

---

2 Segundo Karam (2003), a alcoolização em massa enquanto ideologia de resistência demanda um trabalho clínico coletivo e intersubjetivo de inteligibilidade do sofrimento mental em sua relação com o trabalho.

carreiras preferencialmente femininas estão sendo ocupadas pelos homens paulatinamente; como exemplo, temos as ciências sociais e a psicologia que, nos últimos cinco anos tiveram uma procura grande por estudantes do sexo masculino.

Outra questão envolve a ampliação do sistema de revezamento de horários e o horário noturno para além das indústrias metalúrgicas e químicas, em decorrência do desenvolvimento tecnológico, da informatização e globalização da sociedade que, cada vez mais, vem exigindo o funcionamento de serviços e/ou atividades comerciais ou de outro tipo ininterruptas, prestadas durante 24 horas, o que vem aumentando o contingente de funcionários trabalhando em horário noturno e relegando ao passado a tradição do "horário comercial" de oito horas fixas e diurnas.

Se, por um lado, o trabalho em turnos de revezamento existe desde os tempos mais remotos na vida social dos homens, tendo-se como exemplos, os guardas-noturnos, bombeiros, médicos e enfermeiros, com a industrialização tivemos um rol maior, incluindo os operários das fábricas, e depois, pilotos e controladores de vôo e os servidores de áreas essenciais para manutenção da lei (policiais) e serviços básicos (energia e comunicação).

Na atualidade, esse número vem acrescido pelos funcionários do comércio 24 horas e pela entrada da internet como forma de comunicação globalizada, permitindo que vários tipos de serviços sejam oferecidos a qualquer horário do dia ou da noite. Com isso, o mundo contemporâneo traz consigo um ritmo alucinante e uma não separação entre os espaços público e privado, trabalho e vida familiar, que tanto pode ter características benéficas quanto patológicas, dependendo do uso que cada um faz. De posse desses novos paradigmas que regem a sociedade atual, verificaremos como essas mudanças foram incorporadas nos estudos e pesquisas realizadas na última década.

Estudos atuais

As pesquisas recentes continuam dando ênfase à influência do sistema de turno na saúde física do trabalhador, prioritariamente, e poucos estudos apontam a relação com a família. Embora presentes em maior número, as pesquisas com a mesma população anterior – operários de fábricas –, foram contemplados estudos com outros tipos de empregados de turno, por exemplo, controladores de vôo, enfermeiros, bancários e empregados precários.[3] Essa revisão atualizada será discutida a seguir.

Khaleque (1999), nos Estados Unidos, publica um artigo sobre a deficiência do sono e da qualidade de vida dos trabalhadores de turnos. Tal estudo pretende avaliar e comparar, entre manhã e noite, a quantidade e a qualidade do sono, saúde e bem-estar de trabalhadores de turnos em fábrica de cigarros, com idade em torno de 35 anos. O turno da noite, dentre os demais turnos – matutino e vespertino – foi o que causou distúrbios no sono e na qualidade de vida dos sujeitos. Aqueles com características pessoais "matutinas" e "vespertinas", contrariamente aos notívagos, eram os que sofriam mais significativamente o impacto do turno na sua qualidade de vida. De acordo com o autor, o turno da noite provoca um grande transtorno na vida social e familiar do trabalhador.

Cruz, Rocco e Hackworth (2000), também americanos, objetivaram ampliar os conhecimentos sobre o impacto do revezamento na saúde dos controladores de tráfego aéreo. Mais da metade dos trabalhadores pesquisados relatou períodos de muita fadiga, distúrbios gastrointestinais e má qualidade de sono. Melhores índices foram atingidos por trabalhadores que tinham preferência pelo turno noturno ou outro horário fixo.

Pesquisadores brasileiros, como Rotemberg, Moreno, Portela e col. (2000), abordaram as interferências do trabalho de turno em mulheres, quanto à saúde e ao relacionamento com seus filhos. Comparou-se a quantidade de sono diurno, as

---

[3] Denominação mais atual para empregados contratados por período temporário.

reclamações de fadiga e a qualidade do sono entre dezessete trabalhadoras no período noturno que eram mães e 26 que não tinham filhos. Após as entrevistas realizadas durante dez semanas consecutivas com os dois grupos, os autores concluíram que não havia diferenças significativas quanto à fadiga, quantidade e qualidade de sono. No entanto, as trabalhadoras com filhos tendiam a apresentar maiores índices de episódios de sono e de cochilo durante o dia. As reclamações sobre o sono não diferiram entre os grupos, mas as trabalhadoras/mães reclamavam da dificuldade de pegar no sono e grande insatisfação com a quantidade de horas de sono durante a semana, apresentando um aumento progressivo de cansaço no decorrer da semana. Muneratti (2002), em sua dissertação, procurou dar continuidade à nossa pesquisa anterior, na medida em que focou seu trabalho nas esposas dos operários metalúrgicos que trabalhavam em turnos, no mesmo pólo de indústrias automobilísticas do ABC. Utilizando o referencial winnicottiano e por meio de entrevistas semi-estruturadas, a autora procura conhecer o universo de dez esposas desses trabalhadores, no cenário familiar e social.

O cotidiano familiar continuava alternando-se de acordo com o horário de trabalho do pai/marido e cabia à esposa conciliar as atividades domésticas, dos filhos e do esposo. Algumas também relataram que, aos efeitos desse sistema de trabalho do marido sobrepunha-se o uso excessivo de bebida alcoólica o qual, por sua vez, gerava comportamentos agressivos deles para com elas e/ou filhos. Poucos foram os que conseguiram introduzir em sua rotina de vida a preocupação com o estudo e com o lazer. E, quando as relações familiares não ficavam "desgastadas" em função do horário de trabalho do empregado era porque as esposas conseguiam amenizar a situação. Como o estudo foi realizado de modo qualitativo e singular, a autora busca um aprofundamento na história de cada esposa, deixando claro que, na maioria dos casos, o turno de trabalho não era apenas um fator gerador de conflito e distanciamento da família, mas também contribuía para fazer emergir outras questões relacionadas à patologia individual e/ou conjugal.

O mundo, para a maioria das esposas entrevistadas, restringia-se ao cotidiano que levavam, não entrando em contato com fatores – estudo, trabalho remunerado – que poderiam despertar e ampliar seu interesse e sua consciência crítica. Anulavam ou postergavam seus desejos. Suas expectativas ficavam inteiramente vinculadas à perspectiva de vida do marido: se ele estava bem – não bebia, não jogava e conseguia manter-se adaptado ao sistema de horário de trabalho –, tudo caminhava bem. A perspectiva de auto-realização dessas mulheres era projetada nos filhos e, como forma de repararem algo que não aconteceu a si próprias, empenhavam-se para que seus objetivos se realizassem nas crianças. Com isso, ocupavam o último nível na hierarquia familiar em termos de reconhecimento de suas prioridades. Não que isso seja diferente das demais famílias que compõem a nossa sociedade; porém, as esposas dos trabalhadores sob turnos de revezamento, são visivelmente impotentes frente às constantes alterações do horário de trabalho do marido, que modificam a rotina diária da família (Muneratti, 2002, p. 121).

Paschoal e Tamayo (2005), estudiosos dos fenômenos organizacionais, trazem à tona a relação entre trabalho e família, demonstrando que na área de estresse ocupacional, enfocam-se os impactos ou as interferências do ambiente de trabalho sobre a família. Os autores pontuam que as interações negativas entre trabalho e família têm recebido especial atenção dos pesquisadores. Participaram da pesquisa 237 funcionários de uma instituição bancária, na proporção de 60% homens e 30% mulheres. Foi utilizado um questionário composto de três escalas que mediam: estresse no trabalho, interação trabalho-família e valores relativos ao trabalho. Os resultados comprovaram que somente a variável interferência família-trabalho explicou o surgimento do estresse ocupacional.

Foram considerados como eventos da interferência família-trabalho: mudar os planos no trabalho para atender aos compromissos familiares; sair mais cedo do trabalho para resolver problemas em casa e trabalhar de mau humor, pensando na família. Interferências desse tipo podem comprometer o planejamento e a execução de tarefas profissionais, deixando-as suscetíveis a acontecimentos que independem da vontade do indivíduo. Esse tipo de interferência pode atuar indiretamente no processo de estresse, favorecendo o aparecimento de afetos negativos, como irritação e ansiedade, que podem predispor o trabalhador a perceber os eventos organizacionais como estressores (Paschoal e Tamayo, 2005, p. 178).

Bohle et al. (2004), pesquisadores canadenses, analisaram o crescimento de empregos precários associado a efeitos negativos à saúde e à segurança do trabalhador. Os autores correlacionaram o trabalho de turno em empregados sem vínculo empregatício com empregados "permanentes" de horário fixo, para investigar a presença ou não de conflito trabalho-vida pessoal e saúde. Foram selecionados funcionários de dois hotéis cinco estrelas. Os resultados demonstraram grandes desvantagens do emprego sem vínculo empregatício, pois esses funcionários tiveram horários de trabalho mais longos do que o desejado e menos previsíveis, maior conflito trabalho-vida pessoal e mais queixas relativas à saúde que os empregados "permanentes" (p. 20).

Muller e Guimarães (2007), da Universidade de Brasília, discutem o impacto dos transtornos do sono sobre o funcionamento diário e a qualidade de vida. Este estudo revisou os avanços da literatura especializada sobre o impacto dos distúrbios de sono na vida das pessoas. Interessa-nos, aqui, comentar os resultados encontrados com respeito aos *distúrbios do sono relacionados ao ritmo circadiano*, em que se localizam os transtornos do sono por trabalhos em turnos – estudos mais recentes acerca do tema apresentam os mesmos resultados dos anteriores.

Os autores definem três níveis subseqüentes de conseqüências desses distúrbios que afetam a qualidade de vida da pessoa acometida: no primeiro nível temos as alterações fisiológicas decorrentes, como cansaço, fadiga, falhas de memória, dificuldade de atenção e concentração, taquicardia e alteração do humor. No segundo nível aparecem as implicações nas atividades cotidianas – aumento do absenteísmo no trabalho, de riscos de acidentes, problemas de relacionamento e cochilo ao volante. E no terceiro nível observamos as conseqüências a longo prazo – perda de emprego, seqüelas de acidentes, rompimento de relações e surgimento ou agravamento de problemas de saúde. Com relação ao último nível, os autores propõem estudos mais detalhados, de modo que possam oferecer uma real estimativa dos prejuízos pessoais e sociais conseqüentes dos distúrbios de sono.

Manetti e Marziale (2007), pesquisadoras paulistas, associam a natureza de alguns trabalhos – profissionais que interagem, a maior parte do tempo, com indivíduos que necessitam de sua ajuda – com uma maior susceptibilidade à problemas de saúde mental, agregando-se a esse quadro o fato de estarem ligados a funcionamentos em turno. Nesse estudo, que também teve um caráter teórico, enfoca-se os fatores associados à depressão em trabalhadores de enfermagem. Os resultados confirmam a hipótese preexistente de que a depressão no trabalhador de enfermagem traz conseqüências para o próprio trabalhador e para a instituição empregadora, tais como: presença de desgaste e tensão no ambiente de trabalho, influência na saúde física e psíquica dos profissionais, absenteísmo, insatisfação no trabalho, prejuízo na qualidade da assistência prestada e rotatividade.

Considerações finais

Nesses últimos quinze anos, pudemos observar um desenvolvimento paradoxal no interior de nossa sociedade: o contundente desenvolvimento tecnológico, imprimindo sua marca em todos os campos da vida, com conseqüências sérias na deterioração das condições sociais e econômicas da classe "assalariada" e na saúde física e psicossocial dos trabalhadores e seus familiares. São exemplos disso a diminuição de funcionários para manter o grau de lucratividade empresarial, causando, principalmente, o aumento da rotatividade dos turnos com maior dificuldade de adaptação fisiológica do indivíduo.

O aumento gradativo dos empregos informais e temporários nos países emergentes, como é o caso do Brasil, levou a um empobrecimento dos seres humanos sob o ponto de vista do mundo capitalista globalizado atual, acarretando sentimentos de menos valia, fragilidade, insegurança e adoecimento contínuo, no simples exercício das funções de cada um, seja na esfera laboral ou da intimidade do lar. Esses são aspectos gerais que acometem a todos e que trazem uma complexidade maior para o estudo dos "turnos de revezamento", quando comparados ao passado.

Contudo, a atualização da produção científica sobre o tema deixa suficientemente elucidadas as interferências causadas na saúde física e adaptabilidade social desse trabalhador, sem abordar criticamente as questões mencionadas acima. É extensa a bibliografia envolvendo os operários de fábricas e, mais recentemente, ampliou-se o "leque" de estudos para outros tipos de profissionais que também se associam a atividades realizadas em turnos, como por exemplo, controladores de vôo, enfermeiros, empregados temporários e serviços, existentes hoje, que exigem o funcionamento ininterrupto favorecendo o aumento de empregos em horário fixo noturno.

Nos artigos pesquisados não há uma análise, por exemplo, desse aumento progressivo da oferta de empregos noturnos que, embora sejam fixos, também contrariam nossos ritmos biológicos de sono, cujas influências negativas foram exaustivamente demonstradas. Tampouco da pouca distinção entre espaço laboral e a intimidade do lar em atividades realizadas na própria casa e sem horário determinado, principalmente nos serviços oferecidos pela internet ou executados no computador pessoal.

Retomando o final da década de 1980, alguns estudos começaram a pontuar a interferência do trabalho de turno na vida familiar desse trabalhador de forma prioritária e, secundariamente, mencionando as alterações ou conseqüências para as esposas desses funcionários.

Ainda hoje se observa que a interferência do trabalho de turno nas famílias é tanto maior quanto mais forte for a influência do modelo de família tradicional subjacente, que exige da esposa, dentro desse contexto, um posicionamento de intermediária e conciliadora entre as intempéries causadas pela variável ambiental (horário de trabalho do marido/pai) e a dinâmica das relações afetivas na família, sejam elas de natureza conjugal ou parental, deixando-a distanciada de um posicionamento pessoal (ser sujeito de seus desejos) diante da vida. Tudo isto nada mais é do que a repetição atualizada do "antigo papel" das mulheres em nossa sociedade.

Se, por um lado, um olhar diferenciado para a mulher, seja ela própria "trabalhadora de turno" ou esposa do trabalhador, se torna mais freqüente nos últimos anos, dando assim uma maior visibilidade às reflexões acerca das relações entre trabalho, gênero e família, por outro lado são ainda escassos os estudos que se detêm nessa temática; só encontramos uma pesquisa discutindo a relação entre trabalho de turno em mulheres/mães. Entretanto, nossa experiência na clínica com famílias e casais demonstra que esse seria um fator de relevância em estudos atuais na medida em que a divisão das tarefas domésticas, principalmente em se tratando do cuidado com os filhos, gera conflitos na esfera conjugal, ainda que se leve em conta as mudanças produzidas na família contemporânea.

A mulher, cada vez mais torna-se mão-de-obra indispensável e pertencendo a esferas ocupacionais que antes eram prerrogativas masculinas. Porém, em quase duas décadas de levantamento bibliográfico sobre o tema, percebemos o quanto a visão dos pesquisadores, nessa área específica, fica aquém das transformações socioculturais ocorridas ao longo desse período.

Se é indiscutível os transtornos promovidos pelo trabalho de turno na saúde física, psíquica e social do trabalhador, mesmo tendo o suporte da "esposa" para a adequação do ambiente familiar, que quadro obteríamos se nos aprofundássemos no estudo dessas mesmas interferências para a vida da trabalhadora, que também executa trabalho em turnos de revezamento, na medida que é muito comum ela não poder contar com o mesmo "suporte emocional" advindo do marido e/ou companheiro? Fica, aqui, uma importante indagação para ser respondida em trabalhos futuros.

Referências bibliográficas

BOHLE. et al. Working hours, work-life conflict and health in precarious and "permanent" employment. *Revista Saúde Pública*, Universidade de São Paulo, 2004, v. 38, suplemento, p. 19-25.

CARVALHO, I. C. G. *Efeitos do trabalho em turno e diurnos entre trabalhadores metalúrgicos da indústria automobilística.* Dissertação – IPUSP. São Paulo: Universidade de São Paulo, 1991. 176p.

CRUZ, C.; ROCCO, P.; HACKWORTH, C. *Effects of quick rotating schedules on the health and adjustment of air traffic controllers.* Civil Aeromedical Institute. Human Factors Research Laboratorie. Oklahoma City: USA, 2000.

FISCHER, F. M. *Condições de trabalho e de vida em trabalhadores do setor petroquímico.* Tese de Livre-Docência – Saúde Pública/USP. São Paulo: Universidade de São Paulo, 1990.

_____. GOMES, J. R.; COLACIOPPO, S. *Tópicos de saúde do trabalhador.* São Paulo: Hucitec, 1989.

FOLKARD, S. & MONK, T. H. *Hours of work.* Temporal factors in work-scheduling. New York: Wiley, Chichester, 1985.

KARAM, H. O sujeito entre a alcoolização e a cidadania: perspectiva clínica do trabalho. *Revista de Psiquiatria*, Rio Grande do Sul, 2003, v. 25, n. 3, p. 468-474.

KHALEQUE, A. Sleep deficiency and quality of life of shift workers. *Social Indicators Research*, Eastern Connecticut State University, Depto. Psychology, 1999, v. 46, n. 2, p. 181-189.

MANETTI, M. L.; MARZIALE, M. H. P. Fatores associados à depressão relacionada ao trabalho de enfermagem. *Estudos de Psicologia*, 2007, v. 12, n. 1, p. 79-85.

MULLER, M. R. & GUIMARÃES, S. S. Impacto dos transtornos do sono sobre o funcionamento diário e a qualidade de vida. *Estudo de Psicologia*, Campinas, 2007, v. 24, n. 4, p. 519-528.

MUNERATTI, H. N. R. *A psicodinâmica da esposa do trabalhador sob turnos de revezamento*. Dissertação – Universidade São Marcos. São Paulo, 2002. 234p.

PASCHOAL, T.; TAMAYO, A. Impacto dos valores laborais e da interferência família-trabalho no estresse ocupacional. *Psicologia: Teoria e Pesquisa*, 2005, v. 21, n. 2, p. 173-180.

ROTEMBERG, L.; MORENO, C.; PORTELA, L. F. e col. The amount of diurnal sleep, and complaints of fatigue and poor sleep, in night/working women: the effects of having children. *Biological Rhythm Research*, Rio de Janeiro, 2000, v. 31, n. 4, p. 512-522.

RUTENFRANZ, J.; KNAUTH, P.; FISCHER, F. M. *Trabalho em turnos e noturno*. São Paulo: Hucitec, 1989.

SILVA, E. S. (Col.). *Crise, trabalho e saúde mental no Brasil*. São Paulo: Traço, 1986.

VOLGER, A.; ERNEST, G.; NACHREINER, F.; and HANECKE, K. *Common free time of family members under differente shift systems*. German: Universitat Oldenburg, 1988.

15

Pais e filhos adolescentes construindo sentidos, ideais de trabalho e projetos profissionais

Teresa Cristina Carreteiro
Universidade Federal Fluminense

Os mercados de trabalho contemporâneos têm passado por grandes transformações acarretando conseqüências para todo e qualquer indivíduo. As intensas e velozes inovações tecnológicas, o incremento da globalização, o aumento da competitividade no comércio interno e externo, a reestruturação organizacional e as novas formas de gestão empresarial compõem tal cenário. Este complexo contexto traz mudanças tanto nas concepções das atividades realizadas, quanto nas novas demandas dirigidas aos trabalhadores. Exige-se flexibilidade, novas formações e adaptações rápidas ao forte movimento do mercado, tudo acompanhado por uma crescente atenção à qualidade. Estes aspectos são objetos de numerosos estudos e têm repercussões nos projetos profissionais e nas concepções de trabalho dos adolescentes que estão em processo de formação (Tolfo e Piccinini, 2007; Camarano, Mello, Pasinato e Kanso, 2004; Jacobina e Costa, 2008; Wagner, 2007; Dejours, 1998; Sarriera e Camara, 2001; Sarriera, 2000; Antunes, 2000). Os pais destes jovens são duplamente afetados por este panorama: nos seus contextos empregatícios e nas formas de educar os filhos.

Partimos do pressuposto de que os sentidos que os adolescentes atribuem ao trabalho e às profissões futuras estão articulados a uma teia de influências, atravessadas por aspectos sociais e históricos, das quais se destacam as demandas laborais contemporâneas, das famílias, da instituição escolar e as influências das políticas sociais juvenis.

Este texto enfoca a relação dos pais, de classe média baixa,[1] na construção de projetos profissionais e de trabalho para os adolescentes.[2]

Contextualização da investigação

No ano de 2007, realizamos uma pesquisa[3] junto a dezoito jovens, de ambos os sexos, com idade entre dezessete e dezoito anos, cursando o último ano do ensino médio em uma escola pública do município de Queimados, Baixada Fluminense do Rio de Janeiro. A metodologia foi qualitativa, sustentou-se na pesquisa-ação[4], tendo apoio do recurso audiovisual. Foram feitos dois grupos focais,[5] que investigavam os sentidos atribuídos

---

[1] Estamos referindo-nos às pesquisas realizadas pela ABEP, abr. 2006 (inclui estimativas de renda informal) e que propõe 7 estratos de renda. Os adolescentes que participaram da pesquisa tinham renda compreendida no estratos C, de 1.036 a 2.149.

[2] O conjunto da pesquisa ainda não está concluído. No momento, estamos realizando-a em uma escola de classe média alta. O objetivo é repetir a mesma investigação.

[3] "Juventudes e trabalho", com apoio do CNPq. A pesquisa contou com três bolsistas (Bruna Oliveira Santos Pinto, Luciana Rodriguez e Suelen Oliveira), que realizaram a maior parte do trabalho de campo. Duas coordenavam os grupos e uma era responsável pelas filmagens. A autora deste projeto coordenava todo o trabalho indo a campo em momentos precisos: no da contratação com a escola, com os grupos de jovens e na conclusão do trabalho junto aos jovens, escola e pais/responsáveis. A edição do vídeo foi feita pelo aluno de cinema Rodrigo Sellos. Após a edição do vídeo e a devida discussão com a equipe pedagógica escolar e com os pais, cada aluno recebeu uma cópia do mesmo.

[4] A pesquisa-ação é uma das principais metodologias da psicossociologia. Ela enfatiza o processo grupal e considera que os participantes da investigação têm um saber que pode ser transformado, clarificado e reelaborado durante o trabalho de grupo que visa focalizar uma determinada problemática. A este respeito, Carreteiro, T. C., 2007a.

[5] Estes grupos trabalham sobre uma temática precisa.

ao trabalho e aos projetos futuros dos jovens. Pesquisamos diversas influências e transmissões de valores recebidas e elaboradas pelos jovens, dentre as quais, as do contexto da escola, dos pais e do grupo de pares. Este artigo se deterá àquelas relativas aos pais. Todo o trabalho de grupo foi filmado e, posteriormente, transcrito.[6] Partimos da idéia de que o vídeo representa um veículo de forte apelo para os adolescentes. Ele pode ser empregado em várias acepções, desde aquelas que reforçam a visibilidade e fragilizam qualquer forma de interioridade, até as que o concebem como um dispositivo potente, auxiliando no aprofundamento reflexivo de uma determinada temática. Reiteramos esta última perspectiva no uso metodológico deste instrumento. Cada grupo teve seis encontros com duração de noventa minutos. Elaborou-se, no final dos encontros, um vídeo,[7] formatado a partir da análise de conteúdo (Bardin, 1975) do discurso juvenil, em relação às áreas investigadas.

A formação dos grupos atentou a aspectos éticos e o "termo de consentimento esclarecido" foi assinado ou pelos pais ou pelos alunos, quando estes já tinham 18 anos. Na construção dos grupos buscamos uma eqüidade de gênero. Os níveis escolares, sociais e financeiros dos familiares não puderam ser equalizados, devido a questões institucionais; este limite foi contornado por um questionário aplicado individualmente. Convém salientar que o grupo pesquisado tem muitas dificuldades financeiras.

As temáticas contemplaram o seguinte roteiro:

- significações do trabalho para os pais;
- significações do trabalho para os adolescentes;
- formas de participação dos pais nos estudos dos filhos;
- sentidos atribuídos pelos pais aos estudos, ao trabalho futuro e às profissões dos filhos;

---

6 A este respeito, ver artigo: "Subjetividades juvenis em debate"(Carreteiro, T. C. O.; Rodriguez, L.; Pinto, B. O. S.; Oliveira, S. C., 2008).
7 Realizamos um vídeo intitulado "Com a palavra os jovens", com vinte minutos de duração. O segundo ainda não foi feito, por motivos externos à nossa vontade.

- situações em que os pais participam e emitem opiniões sobre as temáticas acima;
- percepções parentais sobre as demandas contemporâneas do mercado de trabalho;
- formas dos pais apoiarem os filhos nos estudos, trabalho e profissões futuras;
- projetos dos adolescentes sobre o futuro (estudo, profissões e trabalho);
- conhecimentos dos adolescentes sobre a trajetória laboral dos pais e dos avós.

Elaboração e análise de zonas de sentido

A análise do material nos levou a distinguir diversas zonas de sentido, que passamos a discutir.

Momento de passagem: "dezoito anos" e término da escolaridade média

Os adolescentes estão vivendo várias mudanças: a conclusão do ensino médio e os dezoito anos, maioridade legal. Este momento é marcado por forte apelo da temporalidade, como impulsionadora de transformações. À medida que a conclusão dos estudos se aproxima, associada aos dezoito anos, o imaginário referente ao futuro se intensifica, fazendo-se presente nos contextos familiares, educacionais e de amizades. Tudo faz lembrar que no próximo ano eles não mais estarão na posição de estudantes; terão deixado o colégio. Os adolescentes vivem grandes exigências provindas dos vários contextos e têm poucos recursos materiais e outros apoios para lidar com elas. Este quadro os deixa bastante ansiosos.

A maioria tem indefinições quanto ao futuro. Aqui são incluídas questões referentes aos empregos, aos cursos profissionalizantes e/ou universitários e aos diversos cenários que podem ser confrontados. Os limites que encontram para fazer face ao futuro são enfatizados. As dificuldades financeiras são muito evocadas. Todos gostariam de cursar uma universidade, mas não têm condições para fazê-lo.

Demandas diferentes para homens e mulheres

A maioria dos rapazes se sente mais exigida do que as moças no momento de passagem acima evocado. Há, para eles, uma súbita exigência social dos pais e do contexto para modificarem suas condutas e posturas na vida.

Urgência de autonomia financeira: exigência mais dirigida aos homens

Muitos rapazes afirmam que não gostariam ainda de ter de assumir responsabilidades. No vídeo realizado, esta questão é ilustrada em uma dramatização criada pelo próprio grupo. Um rapaz afirma: "Gostaria de continuar azarando as gatinhas", e a mãe retruca: "Você deve estudar para ter um bom trabalho".

Muitos pais, devido à escassez financeira e ao término do ensino médio dos filhos, tendem a considerá-los aptos a enfrentar o mercado de trabalho. Eles insistem que, principalmente os filhos de sexo masculino tenham um projeto de futuro a curto prazo e busquem modos de alcançar uma autonomia financeira. Os jovens rapazes sabem que terão de abandonar certos projetos e se concentrar nas oportunidades que lhes permitam ter independência financeira e, ainda, ajudar a família. A maior parte sente-se cobrado nesta direção.

A narrativa de um jovem rapaz é ilustrativa da transição vivida:

"Procurar um trabalho é de acordo com a necessidade. Porque se você tem dezoito anos e o teu pai ganha bem, tua mãe ganha bem, você nem vai se preocupar muito, tá tudo tranqüilo.

Agora, se tua mãe já tá cheia de dívidas e te cobrando aí é diferente!... Dezoito anos, aí esses caras que o pai ganha bem, a mãe ganha bem, vai fazer dezoito anos, vai ganhar o quê? Vai ganhar carro! O outro que chega aos dezoito anos: "Toma, vai trabalhar meu filho!

Esta fala, além de indicar a ruptura com o modo de vida anterior, aponta a injustiça social, ao estabelecer uma comparação com outros adolescentes e com as diferenças de oportunidades entre eles. Isto nos reporta às análises de Castel (2001, p. 121), quando distingue dois contextos sociais bem delineados: um que produz o que denomina "indivíduos por falta", outro, os "indivíduos por excesso". O primeiro propicia poucos suportes objetivos e, por conseqüência, há poucas chances de os indivíduos desenvolverem "estratégias pessoais e de terem, a partir deles próprios, margens de manobras". No segundo, encontram-se os indivíduos que têm suportes objetivos suficientes, o que lhes permite encontrar estratégias, sem terem de recorrer à dependência.

Os adolescentes da pesquisa não se enquadram totalmente em nenhuma destas configurações; situam-se entre ambas. Não estão, por um lado, totalmente desprovidos de suportes e, por outro, não os têm suficientemente. Podemos dizer que são "adolescentes sanduíches"; eles têm as ambições dos indivíduos por excesso, mas se vêem impossibilitados de alcançá-las, ao menos a curto e médio prazo, pois as demandas materiais são mais prementes. Ter concluído esta etapa da escolaridade já lhes proporciona um capital, visto que, segundo as estatísticas brasileiras é pequeno o percentual juvenil que conclui o ensino médio, se comparado com o número total de jovens (IBGE, 2008).

Discutimos, a seguir, como se apresentam as solicitações dos pais quanto à autonomia.

Formas de expressão das demandas parentais: Explícita, implícita e contraditória

Os pais, ao formularem explicitamente suas idéias, podem fazê-lo como sugestão ou como exigência. Um rapaz expõe os planos do pai: "ele quer que eu seja militar. Ele é frustrado por não ter sido. Minha avó também quer, ela é frustrada por ele não ter sido. Ele quer de qualquer maneira". E continua: "a palavra obrigação para o jovem é uma das piores sensações".

Eles podem também mostrar suas concepções de formas mais sutis, referindo-se a situações com outras pessoas. Outras vezes, os filhos as percebem em situações ocorridas com outros familiares: "Minha irmã terminou agora os estudos (ensino médio) e ficou parada, meu pai sempre chega com o jornal falando de emprego" (sic).

Podem também sentir, da parte dos pais, mensagens contraditórias: ao mesmo tempo em que querem que os filhos continuem a estudar, não almejando que trabalhem, também esperam que tenham autonomia financeira, contribuindo nas despesas familiares. Esta contradição é expressa nos momentos em que os pais reconhecem o peso de ter de arcar com as obrigações financeiras dos filhos. Isto, por exemplo, leva um jovem a relatar que o pai se aborrece quando ele lhe pede dinheiro, mas que depois se arrepende.

Flexibilidade na autonomia financeira

A relação com o futuro, apresentada pelas jovens de sexo feminino, mostrou-se diferente. Os rapazes são mais exigidos pela urgência. A vivência da temporalidade para os pais das moças é mais flexível. Só uma jovem vive a mesma premência de autonomia que os rapazes; a sua família tem grandes restrições financeiras. Na sua maioria, elas relatam menos exigências dos pais em ter que se tornarem rapidamente autônomas. Elas são menos cobradas a terem projetos imediatos que redundem em atividades rentáveis.

Muitas demonstram sentir-se desvalorizadas ou protegidas, quando percebem que os pais são mais condescendentes com elas no que tange à necessidade de trabalhar ou continuar estudando após o término do ensino médio. Uma moça diz que os pais se ressentem quando ela expressa o desejo de sair de casa e trabalhar ao terminar os estudos: "Eu queria morar em república, eles não querem de jeito nenhum. Toda vez que eu falo isto minha mãe faz aquela cara de choro, como se eu fosse embora e nunca mais fosse voltar". Em seu projeto, ela parece mostrar o desejo de ter igualdade de gênero, o que é difícil de suportar, principalmente pela mãe.

Para muitas jovens, a autonomia externa não é muito exigida pelos pais, mas, por outro lado, elas têm a obrigação de contribuir na dinâmica doméstica, serem responsáveis pelos irmãos e pelas tarefas da casa. "Acho que os pais deveriam cobrar menos dos filhos mais velhos esta responsabilidade", nos diz uma moça.

Analisaremos, a seguir, os tipos de incentivo que os filhos recebem.

Modalidades e ausências de apoios

Antes de iniciarmos este item, vale contextualizar a participação das políticas públicas (PROUNI, PRÉ-VESTIBULAR COMUNITÁRIO etc.) que contribuem para o incentivo educacional dos adolescentes que estão concluindo o ensino médio. Apesar de estas começarem a existir em escala federal, estadual e municipal, elas ainda não são suficientes para se fazerem eficazes e diminuírem a incerteza de pais e filhos quanto ao futuro. Por outro lado pode-se, também, objetar que elas ainda não têm o caráter universal, visto que só um número restrito de adolescentes consegue se beneficiar delas. Isto leva a maioria dos jovens, de ambos os sexos, a considerar que as oportunidades de estudo se afunilam ao término do ensino médio. Pensam que o momento vivido, para ser ultrapassado ou pelos estudos ou por capacitações diversas, deveria ser apoiado por políticas públicas. Gostariam de contar com elas para poder continuar e reclamam da sua escassez e do seu número limitado.

Alguns jovens demonstram o interesse de cursar uma universidade e apontam as dificuldades financeiras para manterem estes planos. A falta de apoios institucionais é patente no relato desesperançoso de uma jovem: "Fiquei cinco horas na fila para uma bolsa de um curso de pré-vestibular e não consegui nada".

Por outro lado, eles sentem que a escola é pouco atenta a criar mecanismos para auxiliá-los na passagem que estão experimentando. Eles não percebem que a instituição pública tem uma política neste sentido; pelo contrário, a grande maioria a considera alheia. No entanto, testemunham a presença desta preocupação na atitude de alguns professores, que tentam informá-los de ocasionais oportunidades de capacitações, cursos e bolsas públicas.

Todo este cenário corrobora para que os pais fiquem na posição quase que exclusiva de promotores de apoio aos filhos.

Vale destacar aqui a escolaridade dos pais dos adolescentes. Do conjunto pesquisado, só um tinha os dois progenitores com nível de escolaridade universitário, sendo que os pais eram separados e a mãe sustentava a casa. O trabalho do pai deste jovem não se relacionava com os estudos universitários; era motorista. O outro (uma adolescente), o pai era advogado, mas vivia com dificuldades financeiras e a mãe continuava contribuindo nas despesas com seu trabalho de doméstica. De modo geral, os jovens tinham alcançado um patamar de escolaridade superior ao dos progenitores, que se concentrava no ensino fundamental completo. Este fato, aliado às dificuldades financeiras e à ausência de oportunidades públicas para continuar os estudos, leva-nos a pensar que os pais consideram que os filhos estavam concluindo uma etapa importante da formação escolar, sendo mais aptos para iniciar a vida laboral.

Apoio durante a escolaridade média

A grande maioria dos pais insistiu que os filhos não trabalhassem enquanto estavam cursando o ensino médio. Esta atitude, muitas vezes, não era objeto de acordo entre ambos os progenitores. Durante o ensino médio, quando havia insistência para o trabalho, 30% dos casos, eram feitas pela mãe. Só há um rapaz que trabalhou durante o último ano escolar. Muitos pais receavam que os filhos parassem de estudar, se iniciassem em um trabalho. Esta preocupação é corroborada com dados de outras pesquisas; elas mostram que grande parte dos jovens interrompe os estudos devido ao ingresso no mercado de trabalho (Abramovay e Castro, 2002).

Neste sentido, um adolescente evoca a situação vivida pelo irmão. Ele terminou o ensino médio, começou a trabalhar e entrou para a faculdade de informática, onde obteve uma bolsa. O emprego, por ser muito intenso, levou-o a abandonar a faculdade. Tal situação ficou marcada na família como algo muito difícil. O pai se entristece pelo filho ter interrompido os estudos e mais tarde ter tido a oportunidade de ser promovido, se tivesse diploma universitário. Nesta família, em que o pai é agente de limpeza e a mãe não trabalha fora, o irmão seria a primeira geração com escolaridade universitária. No caso em questão, o que os pais desejariam é que o filho continuasse investindo nos dois contextos (estudo e trabalho).

Apoio como obrigação

Refere-se à conduta incisiva dos pais para que o adolescente persiga uma meta: ou procure emprego ou estude, visando a ter um trabalho futuro. As perspectivas traçadas para os filhos geralmente se voltam à obtenção de vínculos empregatícios estáveis.

Os pais que podem investir nos estudos dos filhos, extra ensino público, o fazem com grande esforço. Eles são bastante vigilantes em relação aos resultados. Por seu lado, os filhos sentem este comportamento como um enorme peso: "Com que cara eu vou olhar a minha família se eu não conseguir?". Esta fala é exemplar de outros discursos.

Um adolescente nos diz que o pai insiste para que ele faça curso de mecânica e não trabalhe, durante a realização do mesmo. A mãe já pensa que ele pode estudar e trabalhar; ela se incomoda muito com a ociosidade do filho. Apesar de os pais discordarem da forma, eles pensam que é importante o filho ter um curso técnico. Ele terá, na percepção deles, mais facilidade de conseguir rápido um emprego, ter autonomia e, também, ajudar nas despesas. Os pais deste adolescente parecem ter algumas restrições financeiras. O pai é técnico de ar-condicionado e trabalha em uma firma e a mãe não trabalha fora; ela reclama da falta de autonomia financeira e gostaria de fazer salgadinhos para que o filho os vendessem. No caso deste adolescente, ele não concorda com as escolhas parentais. Ele parece ter encontrado em servir o exército uma forma de negociação, pois deste modo terá um salário.

Outro jovem relata: "Meu pai me obrigou a fazer a FAETEC (escola profissionalizante), me obrigou a estudar. São pressões que eles, sem querer, impõem à gente. É uma sensação horrível".

Outro rapaz expõe que a mãe quer que ele faça um concurso para a Petrobrás. "Ela disse que seria uma boa se eu fosse trabalhar lá, seria um emprego fixo". Ela quer que o filho faça um curso para capacitá-lo melhor a fazer o exame.

Servir o exército está, também, muito presente nas perspectivas parentais de médio prazo. Certos pais parecem compensar a incerteza profissional dos filhos, após o ensino médio, com a elaboração do projeto do exército. Este propicia disciplina e um pequeno salário. Um rapaz narra que a mãe quis acompanhá-lo na defesa civil, onde ele se alistou. Lá, ela conversou muito com o oficial e conseguiu que ele fosse selecionado. "Ela contou a vida inteira para ele", relatou o jovem.

Apoio enquanto incentivo x desinteresse

Há concordância que o "incentivo é como um combustível". Eles se sentem mais encorajados, quando percebem que os pais estão ajudando-os a manter metas ou a construí-las. Consideram positivo quando os pais participam, escutam, perguntam sobre situações e se inteiram do que acontece com eles.

Confrontando-se com estas atitudes, há pais que mostram um desinteresse e mesmo uma atitude agressiva com os filhos em momentos especiais. Uma moça conta que havia sido selecionada para as olimpíadas de matemática e, ao chegar a casa com a novidade, os pais mostraram-se alheios: "não falaram nada, nem ligaram, ficaram quietos. Nisto, o entusiasmo caiu", conclui ela.

Outro rapaz mostra-se triste em ver que a família não teve contentamento, quando foi selecionado para servir o exército como pára-quedista. Só alguns são escolhidos depois de vários exames médicos e provas que comprovam a resistência e o preparo físico dos candidatos.

Os adolescentes também ficam muito mobilizados quando tiram boas notas e a família responde que "não fazem mais do que a obrigação".

Uma adolescente relata gostar de escrever. Em certa ocasião, o pai rasgou uma poesia que estava fazendo, pois considerava este hábito supérfluo. Este exemplo mostra que há diferenças entre os hábitos produzidos pela escolaridade da filha e os adquiridos pelo pai. A atividade de escrever tem um apelo intelectual. Evoca uma temporalidade que não passa pelo imediatismo, pois requer reflexão e introspecção. Necessita uma cultura do afeto, os sentimentos são conduzidos por palavras, imagens, metáforas, figuras abstratas. O pai, ao rasgar a poesia da filha, está imbuído de outra temporalidade – a do agir, do tempo presente –, que compõe um quadro no qual o aspecto utilitário é premente. Ele tem, para a filha, um projeto a curto prazo: quer que ela trabalhe. Talvez, na sua concepção, a atividade intelectual irá afastá-la da perspectiva que elaborou para ela.

A diferença entre os capitais culturais (Bourdieu, 1980)[8] e os capitais técnicos[9] está também presente em muitas famílias, criando situações que podem ser consideradas pelos adolescentes como de desinteresse. Muitos pais se vêem distanciados de alguns ideais dos filhos (como no caso relatado acima), pois o seu universo de valores é mais voltado para questões técnicas e operatórias, não sabendo como valorizar situações que fujam desta perspectiva. Eles se sentem pouco à vontade quando são explanadas posições que desconhecem, principalmente quando o interesse do filho caminha nesta perspectiva. Os pais, muitas vezes, vivem o novo trazido pelo filho como uma ameaça. Isto os leva, muitas vezes, a insistirem no capital técnico no qual o saber fazer é voltado para a praticidade. Um rapaz nos diz: "meu pai me ensinou a dirigir e sempre me perguntava se eu queria ser motorista". Percebe-se como a aprendizagem deve ser direcionada a um destino, que auxilia a sobrevivência.

Um rapaz, ao relatar o quadro de obrigação que vivencia, tem uma observação bastante pertinente em relação à atitude dos pais: "A maioria deles querem para nós uma coisa que não tiveram que é a estabilidade no emprego. Então eles querem para a gente aquilo que não deu certo para eles".

Podemos pensar, com o apoio da psicanálise[10] que, em uma perspectiva transgeracional, os filhos podem ocupar o lugar de espelho para os pais. É como se eles precisassem dos filhos para superar situações vividas, impossibilidades que tiveram e falhas narcísicas. No entanto, eles às vezes podem se ver frustrados, pois sabem das difíceis condições do mercado de trabalho. Isto corrobora que fiquem ainda mais exigentes com os filhos e insistam nas obrigações.

---

8 Bourdieu (1980) considera que as competências culturais, quaisquer que sejam as suas formas, só se tornam capitais culturais à medida que se estabelecem relações objetivas entre sistemas econômicos de produção e sistema de produção de produtores.
9 Considero que o capital técnico é o que representa o conjunto do saber operatório que o indivíduo deve possuir para exercer um *"métier"* que aparece no universo no qual ele vive como um valor preponderante.
10 A este propósito, Schützenberger, 1993.

Quando são evocadas profissões que requerem um nível universitário, o que ocorre poucas vezes, o lado utilitário novamente se faz presente. "Minha mãe sugeriu que eu fizesse fisioterapia, pois diz que poderia curá-la das dores nas costas", comenta uma moça.

A perspectiva da faculdade quando surge é também incentivada, mas como uma forma de ter maior capacitação para garantir melhores perspectivas de trabalho futuro. "Meu pai diz que você deve estudar sempre para ter muitos diplomas". Os pais, geralmente, têm poucos recursos para auxiliarem os filhos a pensarem, de modo preciso, nas oportunidades que as profissões lhes darão. Mas, por outro lado, eles estão cientes das dificuldades do mercado de trabalho e exigem que eles as cumpram.

O contexto da obrigação que acompanha a vivência de todo jovem é mais evidente no caso dos rapazes. Isto reforça a idéia, ainda tão difundida na sociedade com herança machista, que a expectativa de provedor continua sendo atribuída aos homens.

Apoio traduzido em ações de acompanhar em situações específicas

Aqui se incluem os desejos dos adolescentes que os pais, em certas ocasiões, tenham atitudes concretas, ou seja, que realizem ações referentes a projetos futuros vinculados a trabalhos ou a vida posterior ao ensino médio. Alguns filhos desejariam ter a companhia dos pais, principalmente a das mães, em situações que simbolizam uma transição com a vida que tinham anteriormente. Ao irem a lugares que representam esta mudança, muitas vezes gostariam de ser acompanhados pelos pais. Um adolescente disse que só foi se apresentar para o alistamento militar ao completar dezoito anos, pela insististência da mãe, que o acompanhou.

Essas situações parecem mostrar um lado bastante paradoxal. Ao mesmo tempo em que criticam a atitude dos pais de ingerência em suas vidas, esperam também que eles tenham tais condutas. A ambivalência adolescente entre, por um lado, se tornar adulto e, por outro, manter uma atitude mais infantil tem sido muito trabalhada na literatura (Erickson, 1965; Sudbrack, 2006; Abramovay et al., 2002 entre outros). No entanto, se contextualizamos o momento existencial vivenciado por eles com o fato de pertencerem a estratos sociais médios baixos, podemos inferir que sentem, nestas circunstâncias, o peso das exigências e de certos rituais sociais como sendo marcadores de uma vida adulta, e da ruptura que a família espera que vivenciem, por meio das futuras opções de estudo e trabalho. Eles não parecem se sentir aptos para viverem tais mudanças, mas sabem que terão de fazê-lo.

Os jovens, a função de provedor e a realização profissional

As perspectivas de gêneros são diferentes. Os rapazes percebem mais o peso da obrigação familiar de contribuir para a própria independência financeira e/ou de auxiliar a família. A maioria, ao se referir ao futuro e a constituição de uma família, insiste na função provedora dos homens. Só 20% destacam que a função de prover a família pertence ao casal. Apesar de todas as transformações nas famílias contemporâneas percebe-se que, neste grupo, esta função continua sendo uma responsabilidade predominantemente masculina. No entanto, todos os integrantes concordam que as mulheres devem trabalhar. Justificam esta opinião se referindo à sobrevivência, às transformações do contexto de trabalho, e dizem que, se um dos parceiros perder o emprego, o outro terá como assumir as despesas. Há, também, os que justificam a independência financeira das mulheres pelo lado efêmero dos casamentos ou dos vínculos afetivos. Uma jovem diz concordar com o pai quando ele afirma: "você deve trabalhar, ser independente, pois se um dia o teu casamento acabar, você vai poder se sustentar".

Foram unicamente as mulheres que evocaram, junto com as referências de autonomia financeira, os valores de realização profissional. Elas relacionaram trabalho com a busca de prazer e vontade de fazer o que gostam. Já os homens destacaram mais os vinculados a valores morais (dignidade, honestidade, responsabilidade) ligados à autonomia financeira.

Metodologia de pesquisa e efeitos de transformação grupal

Como dissemos anteriormente, o trabalho de pesquisa-ação foi, em sua maior parte do tempo, realizado por bolsistas, com a coordenação da autora deste capítulo. As bolsistas têm uma idade média de 24 anos, o que faz com que a distância etária dos jovens do grupo seja de aproximadamente 7-8 anos. Este fato, associado à boa qualidade do trabalho realizado pelas bolsistas, integrando investigação e escuta clínica apurada, criaram efeitos não previstos no início da pesquisa. Depois do grupo terminado e da conclusão do ensino médio, continuaram mantendo contato com as bolsistas, via internet. Isto ocorria em ocasiões precisas, relacionadas à temática do grupo, ou seja, quando haviam conquistado mudanças na nova vida. Este fato aconteceu com jovens de ambos os sexos.

Cabe, aqui, levantarmos algumas hipóteses sobre este aspecto. Podemos pensar que o início do grupo não se deu devido a uma demanda dos jovens, mas dos pesquisadores. No entanto, o trabalho proposto encontrou uma demanda implícita dos adolescentes. Durante o trabalho de investigação, os jovens mostravam um grande desamparo em relação à transição em que estavam vivendo. Já enfocamos como se sentiam exigidos pelos pais e os poucos apoios da escola e de políticas públicas. Poder expressar as situações que vivenciavam e ter uma visão ampla sobre os contextos que davam contornos às experiências vividas parece ter sido muito importante para eles. Vale destacar aqui alguns eixos desta experiência:

– o grupo foi construído em um enquadre diferente dos demais grupos de pertencimento. Ele, ao mesmo

tempo em que tinha o objetivo de investigação, também permitia pensar a temática trabalho, em diferentes acepções (emprego, ocupação, formação, profissão, participação dos pais, da escola, dos pares, do contexto, entre outras). Ele não representava um contexto de avaliação e não impulsionava a ação ou a tomada de decisões como os demais;
- o grupo pôde, então, funcionar como um espaço de reflexão, não se construindo sobre o "ter de fazer", mas sobre o "poder pensar". Sabemos que a narrativa oral é uma forma potente de as pessoas falarem sobre suas vidas; ela favorece ao pesquisador explorar não apenas fatos e atividades como também sentimentos, isto é, a experiência emocional de seus informantes (Rocha-Coutinho, 2006);
- o grupo também propiciou a troca de experiências entre os adolescentes. Eles puderam constatar que há muita proximidade em suas vivências, permitindo que se sentissem menos solitários;
- o grupo criou solidariedades. Em muitos momentos, alguns alunos foram informados de oportunidades de formações existentes e usaram o contexto grupal para comunicar aos demais;
- a experiência com as pesquisadoras foi importante, criou uma identificação positiva. Esta lhes possibilitou vislumbrar que em alguns anos é possível alcançar um status de competência e uma posição que promova uma ascensão social, financeira e cultural.

Os momentos nos quais, finalizado o grupo, os jovens retomaram contato com as pesquisadoras, representavam um desejo de compartilhar uma experiência positiva. Esta podia ser a conquista de um emprego, de uma vaga no pré-vestibular, de um curso profissionalizante ou da entrada na faculdade. Pode-se pensar que o grupo, durante o seu funcionamento, tornou-se um envelope de acolhimento da questão laboral e dos projetos profissionais. Esta inscrição simbólica continuou marcada nos jovens, mesmo após o encerramento da pesquisa-ação.

Conclusão

A transição para a vida adulta não é considerada apenas como a passagem da escola para o trabalho, mas como um processo complexo que envolve a formação escolar, a inserção profissional e familiar, articulando um sistema de dispositivos institucionais e de socialização que interfere na vida dos jovens e influencia na aquisição de posições sociais (Camarano et al., 2004).

A hipótese que construímos a partir da análise realizada é que não são somente os adolescentes estão preocupados com a vivência da passagem, mas que todo o contexto no qual estão envolvidos também está. Neste sentido, a transição não é unicamente vivida pelos adolescentes; os pais também são mobilizados por ela. Isto se faz bastante visível nas atitudes e ações parentais. Pode-se pensar que o desamparo não só ronda os adolescentes, mas também os seus pais. De acordo com suas posições socioeconômicas, eles podem sentir mais ou menos a questão do desamparo em auxiliar os filhos. Para a maioria dos pais a conclusão do ensino médio pelos filhos é motivo de orgulho, mas também de preocupação, pois sabem que só a conclusão dos estudos não é suficiente para garantir um emprego e uma posição mais confortável na escala social. Eles, na sua maioria, entendem ser necessário associar a finalização dos estudos a outras qualificações ou formações. O IBGE (2008) mostrou recentemente resultado de pesquisas que apontam neste sentido. Os jovens que concluíram o ensino médio são os que têm maiores dificuldades de encontrar colocações no mercado de trabalho. No entanto, a conclusão desta etapa educacional é condição necessária para que qualquer indivíduo possa ter maiores possibilidades de inserção no mercado de trabalho (Camarano et al., 2004). Ela funciona como um patamar.

Pode-se deduzir que as motivações que levam os pais a se mobilizarem com o futuro profissional dos filhos são múltiplas. Mas o cenário de fragilidade e transformações no mundo do trabalho é muito sentido, fazendo com que a preocupação com a estabilidade seja um forte fator nas projeções e idealizações parentais. Por outro lado, esta mesma inquietação acompanha os adolescentes. Eles vivem tanto o movimento instável do mercado de trabalho, quanto a insegurança do mesmo. O emprego estável é uma constante referência nos projetos juvenis. Esta preocupação é, em nossa análise, uma forma de reagir ao contexto laboral contemporâneo, que tem sido dominado por forte instabilidade.

Referências bibliográficas

ABRAMOVAY, M.; CASTRO, M. G. *Ensino médio*: Múltiplas vozes. Brasília: Unesco, Mec., 2002.

ABRAMOVAY, M. et al. *Juventude, violência e vulnerabilidade social na América Latina, desafio para políticas públicas*. Brasília: Unesco, Banco Interamericano de Desenvolvimento, 2002.

ANTUNES, R. *Adeus ao trabalho*. São Paulo: Cortez, 2000.

BARDIN, L. *Análise de conteúdo*. Lisboa: Ed. 70, 1975.

BOURDIEU, P. *Lle sens pratique*. Paris: Ed. De minuit, 1980.

CAMARANO, A. A.; et al. *Caminhos para a vida adulta*: As múltiplas trajetórias dos jovens brasileiros, Santiago, 2004, v. 12, n. 21, p. 1-29.

CARRETEIRO, T. C. Famílias confrontadas com o trabalho futuro dos filhos – um projeto de pesquisa. In: FÉRES-CARNEIRO, T. (Org.). *Família e casal*: Saúde, trabalho e modos de vinculação. São Paulo: Casa do Psicólogo, 2007, p. 181-201.

CARRETEIRO, T. C. et al. "Subjetividades juvenis em debate". In: OLIVEIRA, H. & CHAGAS, M. (Orgs.). *Corpo expressivo, construção de sentidos*. Rio de Janeiro: Bapera, 2008.

CASTEL, R.; HAROCHE, C. *Proprieté sociale, proprieté privée, proprieté de soi*. Paris: Fayard, 2001.

DEJOURS, C. *La banalisation de l'injustice sociale*. Paris: Seuil, 1998.

ERIKSON, E. *The challenge of youth*. NY: Garden city, 1965.

IBGE. *Pesquisa nacional por amostra de domicílios*. Rio de Janeiro, 2008. Disponível em: www.ibge.com.br.

JACOBINA, O.; COSTA. Para não ser bandido: adolescentes em conflito com a lei e trabalho. *Cadernos de Psicologia Social e Trabalho*, 2008 (no prelo), v. 10, n. 2.

ROCHA-COUTINHO, M. L. *A narrativa oral, a análise de discurso e os estudos de gênero*. Natal: Estud. Psicol [*online*], 2006 v. 11, n. 1.

SARRIERA, J. Adolescentes e classes populares à procura de trabalho: dificuldades e expectativas. *Revista Psicologia Argumento*, abril 2000, ano XVIII.

_____. Critérios para seleção para o trabalho de adolescentes – jovens: perspectivas dos empregadores. *Psicologia em estudo*, 2001, Maringá, v. 6, n. 1.

SCHÜTZENBERGER, A. *Aïe mês aïeux!* Liens transgénérationnels, secrets de familles, syndrome d´anniversaire et pratique génosociogramme. Paris: Desclée de Brouwer, 1993.

SUDBRACK, M. F. et al. (Orgs.). *Prevenção do uso de drogas para educadores de escolas públicas*. Brasília: Editora UNB, 2006, v. 1. 268 p.

TOLFO, S.; PICCININI, V. Sentidos e significados do trabalho: explorando conceitos, variáveis e estudos empíricos brasileiros. *Psicologia & Sociedade Psicol. Soc.*, Porto Alegre, v. 19, 2007, n. especial, p. 38-46.

WAGNER, A.. A construção das metas e práticas educativas na família contemporânea: estudo de casos. In: FÉRES-CARNEIRO, T. (0rg.). *Família e casal*: Saúde, trabalho e modos de vinculação. Porto Alegre: Casa do Psicólogo, 2007, p. 71-98.

16

Memória e violência fetal: algumas considerações

Maria do Carmo Cintra de Almeida Prado
Universidade Federal do Estado do Rio de Janeiro

– "Ela é muito amarga!"
– "Eu tenho meus motivos."

Esse fragmento de diálogo, desenvolvido em sessão de terapia familiar psicanalítica (TFP), indica a atualidade de certas lembranças, que permanecem inalteráveis, e suas articulações em três tempos: algo que *é*, no presente (amarga), tem suas raízes no passado (os motivos) e mantém-se cristalizado no futuro devido à impossibilidade de transformação da experiência (continuidade). A amargura é indicada, mas seus motivos restam silenciados. O casal evita falar a respeito.

No que diz respeito ao funcionamento psíquico, o passado se torna potencialmente *eficaz* quando o presente deixa de ser presente, na medida em que é vivenciado de outro lugar. Desta forma, passado e presente coexistem temporalmente e comprometem o futuro.

Questionando como se daria a eficácia do passado no presente, Tanis (1995) considera que a inscrição não metabolizada possui um poder de transferência para a atualidade, sendo condição de possibilidade que detona em determinada experiência. Deste modo, subverte-se qualquer tipo de cronologia temporal e a reconstrução do sentido dessa inscrição só poderá se dar *a posteriori*.

Experiências não metabolizadas, sobretudo as traumáticas, ainda mais quando são muito precoces, se apresentam como um "corpo estranho" na mente. Ele não age apenas do interior do aparelho psíquico individual, mas também do familiar, funcionando como uma verdadeira "bomba relógio" dentro do sujeito e de sua família. Na verdade, a bomba já explodiu, mas o terreno continua minado. A maneira como o sujeito considera seus próprios recursos se articula a uma disposição inconsciente para fazê-lo. O filho do casal em questão, que chamamos de Bertolet, então com 35 anos, onze anos antes da TFP havia sofrido um grave acidente de moto que o deixara com sérias seqüelas motoras, situação que desenvolvemos em artigo anterior (Almeida-Prado e Mariz, 2007). Antes desse desastre, tivera muitos outros, desde a infância, em "rachas" de bicicleta, de carro e de moto, embora de menor gravidade. Ninguém em seu meio – familiar, escolar ou assistencial – considerou, em algum momento, o que poderia representar tantos e repetitivos acidentes, implicando cuidados médicos e registros policiais. Bertolet não conseguiu ultrapassar a terceira série do ensino fundamental, mas consertava motos, pelas quais se dizia apaixonado. Após o acidentou que o lesou, comentou se sentir como um relógio parado: assim, fixava-se um tempo, que deixava de ser marcado.

Considerando-se o sujeito em si, é pelo *tempo sincrônico* que uma cena psíquica permanece presente e pode ser reativada. Já fatos temporalmente afastados envolvem um *tempo diacrônico* (Laplanche apud Tanis, 1995). Da perspectiva familiar, também está presente o tempo nos sentidos sincrônico e diacrônico e o sujeito recebe, no presente, a carga do passado familiar, com suas atribuições, expectativas e legados, bem como com o peso de seus segredos, sobretudo daqueles que envolvem situações não superadas de perda, humilhação, vergonha, rancor e ódio e que têm efeito traumático. Trata-se de experiências violentas que, caladas, dão margem a novas edições de violência.

Já nos primórdios de seu trabalho psicanalítico, Freud (1896) se viu às voltas com questões relacionadas à memória e seu funcionamento, com suas óbvias e numerosas distorções, reconhecendo claramente a importância patogênica das impressões ligadas aos primeiros anos de vida.

Conforme questiona Botella (1991), poder-se-ia falar de diferentes tipos de memória e de traços mnêmicos? A memória do sonho seria da mesma natureza que a recordação? E aquela que só é acessível sob a forma de repetição na transferência? Na via regressiva, além da "imagem-recordação", o que se torna a memória?

Neste trabalho, retomamos o tema da violência fetal, procurando enfocá-la enquanto registro mnêmico, como inscrição em busca de representação e com força de destino.

A vida psíquica em tempos cristalizados

Na teoria psicanalítica, tempo evoca repetição, mas também desenvolvimento, identificações e pontos de organização; o *a posteriori*, por meio do balanço das heranças que modelam o presente, favorece que se avaliem as origens e que perspectivas futuras sejam reconsideradas.

A memória, em toda sua complexidade, guarda consigo a capacidade de resgatar o tempo da história, não como um tempo passado, mas inscrito nas entranhas do atual (Tanis, 1995). Aquilo que recusa ser esquecido traz conseqüências, pois reaparece, com força sísmica, como um enigma a ser decifrado, determinante de um destino: há aqui duas vias possíveis, isto é, submeter-se ao desconhecido, cristalizando-se a estagnação, ou apropriar-se do que há a ser conhecido, com possibilidade de sublimação e escolhas objetais menos inertes.

O tempo é essencial e sua conquista envolve mensuração, sucessão, continuidade, investimento e lembranças, podendo ser referido no passado e organizado quanto ao futuro. Na polifonia de uma história de vida, as narrativas favorecem a introjeção de uma voz, que permite um processo, com a possibilidade de reconhecer, de ver e de ser visto.

Todo um conjunto de investimentos se concretiza no sujeito pela organização de dois modos de funcionamento, qualificados por Freud (1900) como *via regressiva* e *via progressiva*, que, no seu intrincamento e equilíbrio, representam um dos fundamentos do psiquismo.

Ao tratar deste assunto, Botella (1991) afirma que a via progressiva permite ao psiquismo refletir sobre si mesmo e é indissociável da noção de espaço e tempo. Compreendendo a identidade de pensamento, tende em direção da Cs, privilegiando a representação de palavra e o escoamento da energia em "pequenas quantidades". Ela representa uma ancoragem nos sistemas de representação, com um vínculo e uma distância entre a representação de si e a do objeto. Essas correspondem a dois investimentos interdependentes que só podem se criar e existir simultaneamente e constituir uma unidade que se faz e desfaz continuamente e nunca é definitivamente adquirida. O autor assinala, assim, a importância do objeto nessa interação com o sujeito. Quando ele falha em sua continência, restringem-se para o bebê as trocas e as possibilidades de simbolização das experiências, o que acarretará conseqüências sérias.

A via regressiva domina a identidade de percepção e a satisfação alucinatória de desejo, aspira a ultrapassar a "imagem-recordação" e alcançar o pólo perceptivo e alucinatório, sendo desprovida da qualidade de "tomada de consciência". A precariedade do teste de realidade e a indiscriminação entre percepção-representação terminam em descarga, sob a forma de ato, sonho ou pura alucinação. Feita de imediatismo, a essência da via regressiva é a ausência na noção de espaço-tempo.

Botella (op. cit.) considera que quando a regressão segue seu curso até o fim, tempo e memória se desligam; o eu é desconectado de seu passado, o ontem se torna atual, a memória não é mais história e a representação retorna à imagem sensorial de onde ela partiu um dia. Com a atemporalidade decorrente, surge uma *memória estranha*: os traços do passado continuam a existir, mas sem história, e a memória se exerce, então, sem seu suporte habitual de lembranças representadas. A representação, nesta via regressiva, perde seu caráter de historicidade e se põe a serviço da figurabilidade, passando por cima do conteúdo e do simbólico. De acordo com o autor, o trabalho analítico, além de revelar a lembrança representada e recalcada, deve fazer surgir esta memória da ordem do irrepresentado, isto é, não organizada em recordações, para torná-las representáveis e assimiláveis.

A complexidade do tema é bastante grande, pois, em outro contexto, pode-se encontrar este mesmo fenômeno de *memória-sem-memória*, conforme assinalado por Botella (op. cit.). O autor compreende-o como fazendo parte do alicerce de certo tipo de traumatismo, qualificado por Freud (1939) como "de efeitos negativos", sem detalhar as características que o definem, limitando-se a dizer que se traduzem por "evitações" que podem se calar em "inibições". Botella considera que esse trauma sem memória, qualificado por ele de traço perceptivo ou de não-representação, é o fundamento do verdadeiro trauma infantil e de seu poder desorganizador da vida psíquica. Assinala que ele é radicalmente diferente do trauma da infância, representado *a posteriori*, e que é, ao contrário, um dos pilares da estruturação e do desenvolvimento do psiquismo. Entende que a representação deva ser considerada como um fato de memória, derivada da compulsão à repetição e de um ato de recordação se instalando sobre a negação. Esta, sucessora da expulsão, pertence à pulsão de morte, mais precisamente ao que Green (1988) chamou de "qualidade desobjetalizante da pulsão de morte". Botella comenta que o eu tem interesse em saber se servir dela para sair da união anímica com o objeto, própria a Eros, se ele quer se tornar capaz de representar e de se representar, portanto de pensar; em resumo, de ser e de existir.

Violência e lembranças encobertas

Hirigoyen (2005) considera, nos maus-tratos entre casais, os ataques psicológicos como os mais perigosos porque têm conseqüências mais graves, uma vez que a identidade do outro não é preservada e nem há respeito à sua pessoa, já que se visa dominá-la e esmagá-la. Funcionam como desorganizadores do grupo conjugal e incitam a experiência de morte.

A violência no casal se torna ostensiva quando há agressão física. No entanto, tudo se inicia com intimidações, comportamentos abusivos, admoestações, não sendo possível, portanto, separar a violência física da psicológica. Quando um homem bate em uma mulher, ele quer mostrar quem manda e quem deve obedecer: o ganho visado é sempre a dominação. Tal situação se torna ainda mais grave quando há uma gestação em andamento, pois envolve forçosamente um terceiro participante.

Bertolet considerava seu pai como responsável por suas limitações, expressão curiosa, pois no oitavo mês de sua gestação houve uma violenta briga entre seus pais, que envolveu agressão física. Após este ocorrido, o feto ficou imóvel, o que levou a mãe a se consultar com o médico, temerosa de que ele tivesse morrido. O parto foi pós-termo, demorado e sofrido; o bebê nasceu com a clavícula quebrada, fato que a mãe relacionava à pancadaria sofrida (estariam aqui os motivos para sua amargura?), enquanto o pai considerava como decorrente das dificuldades no nascimento. Ao voltar da anestesia, a mãe se deparou com o médico e um policial, que veio fazer o registro da ocorrência. Contudo, sobre tudo isto o casal silenciava: o assunto chegou a ser abordado pela mãe, em uma ocasião em que Bertolet saíra da sessão acompanhado por seu pai para ir ao toalete, e não se falou mais a respeito. Continuavam a coabitar, mas referiam-se à relação conjugal como tendo terminado há muito tempo. O clima entre eles era "quieto", cheio de amargura e rancor. O presente do casal, carregado de lembranças, era então experienciado de outro lugar.

De acordo com Freud (1896), a lembrança coloca sérios desafios para uma teoria da memória. Ela produz e organiza a percepção do presente, opera na base da causalidade psíquica e se torna patogênica na sua relação com o afeto, provocado pela vivência. Como registro das experiências, é dependente do aspecto pulsional envolvido e do universo de fantasias inconscientes.

Na Carta 52 a Fliess (06/12/1896), Freud apresenta sua tese de que a memória não se faz presente de uma só vez, mas se desdobra em vários tempos e é registrada em diferentes tipos de indicações. Chamou de W (percepções) os neurônios nos quais as percepções teriam origem, e que se ligam à consciência, sem, no entanto, conservar nenhum traço do que aconteceu. A seu ver, consciência e memória se excluem mutuamente. Assinala dois registros, Wz (indicação de percepção) e Ub (inconsciência), como inacessíveis à consciência, ainda que os traços Ub possam corresponder a lembranças conceituais, isto é, sem representação verbal. Um terceiro registro, Vb (pré-consciente), está ligado às representações de palavra e torna-se consciente de acordo com determinadas regras. Freud entendia essa secundária *consciência do pensamento* como subseqüente no tempo, provavelmente ligada à ativação alucinatória das representações verbais. Assim, o psiquismo se forma por um processo de estratificação e o material presente, sob forma de traços mnêmicos, fica sujeito a rearranjos.

Tanis (1995) enfatiza que tais registros representam sucessivas aquisições do ciclo vital e requerem, em sua fronteira, uma tradução do material psíquico. As dificuldades nessa tradução acarretam conseqüências muito sérias no psiquismo, não apenas relacionadas às neuroses, mas a outras formas mais graves de patologias, devido à falta de transcrição posterior, já que se trata de articular tempos diferentes com o modo de funcionamento psíquico.

Da perspectiva familiar, trata-se da articulação de feixes de relações, no sentido sincrônico e diacrônico, na qual os objetos mnêmicos transgeracionais têm sua parte, com suas criptas e fantasmas (Abraham e Torok, 1978).

Um bebê depende de seus pais para que suas experiências possam ser traduzidas e transformadas, permitindo-lhe o acesso aos seus pensamentos pensados e ao desenvolvimento de seu aparelho para pensar pensamentos (Bion, 1967). A violência conjugal assinala uma falha na capacidade de metabolizar as tensões via psíquica. Assim sendo, a continência psíquica e os recursos para evitar descargas da tensão interna, através da atividade motora ou de atuações, mostram-se precários. Isto denota uma falência da função paterna e a incapacidade para desempenhar satisfatoriamente a função simbólica, contensora e interditora.

Para o bebê Bertolet, em total dependência do outro, restou o registro mnêmico da dor em seu corpo ferido, traços não simbolizados, fonte de sofrimento não apenas para si, mas também para seus pais culpabilizados que, com seu silêncio, retiraram toda a possibilidade de transformação e elaboração dessa experiência, tanto para o bebê quanto para si próprios.

A vivência traumática não se perde. A existência de um registro mnêmico da experiência traumática continuará agindo em algum nível. Como seus pais, Bertolet repetirá, em ato, seu vivido, machucando-se repetitivamente em acidentes graves, às voltas com cuidados médicos e registros policiais, como se deu por ocasião de seu nascimento. Parecia assinalar que algo inscrito em seu corpo mantinha-se sem representação, à espera de tradução. Trata-se, aqui, do que Green (1990) denominou de *memória amnésica*, favorecedora da compulsão à repetição, que age silenciosa, porém destrutivamente.

Carel (2000) considera que o tempo do vínculo precoce é aquele que conjuga construtividade e destrutividade da maneira mais estreita possível, tanto por causa dos acontecimentos biológicos quanto pelas mobilizações psíquicas a eles relacionadas. Jean Bergeret aborda a "violência fundamental", que tanto pode ser organizadora, por meio de seus efeitos de vitalidade e potência na conquista narcísica e objetal, quanto desorganizadora, quando as condensações morto/vivo geradas pelas experiências de catástrofe fazem desta conquista uma luta pela sobrevivência.

O feto: precursor do bebê

A partir do "desejo" de filho, que pode estar mais ou menos bem formulado e aceito, e entre a fecundação e o nascimento, há os meses dos períodos embrionário e fetal. Se são conhecidas há tempos as conseqüências, ao longo da vida de uma pessoa, das vivências envolvendo seu nascimento e sua infância, cada vez mais se tem dado atenção aos processos e impasses que dizem respeito a esses períodos essenciais da vida, com suas diferenças cronológicas específicas e em crescimento acelerado constante.

Souza-Dias (1999) afirma que os primeiros movimentos fetais são observáveis pela ultrassonografia entre a quinta e a sexta semanas de gestação, seguidos pelo rápido aparecimento de outros tipos de movimento. Ao atingir a décima segunda semana, quando a placenta se encontra pronta e o saco vitelino completamente desaparecido, o feto já realiza todos aqueles movimentos que terá a termo, semelhantes aos observados em sua vida pós-natal. Nessa época, ele está com as suas estruturas orgânicas prontas e a partir daí, irá crescer e ganhar peso. Quanto ao desenvolvimento psíquico, a autora pensa que também possa ser assim, estabelecendo-se os alicerces para o desenvolvimento mental. Ela reconhece ser uma afirmativa arrojada, mas diz que tudo, absolutamente tudo o que ocorre durante a fase embrionária deixará vestígios para sempre. Como exemplo, faz referência à introdução de um alfinete em um embrião durante a fase de mórula, blástula ou gástrula, cujas lesões produzidas serão irreversíveis, sendo que o mesmo fato, ocorrendo em fases posteriores da vida fetal, poderá não provocar conseqüências. Pensa que aconteça o mesmo quanto ao desenvolvimento psíquico, contudo, podemos considerar que, devido ao crescimento cortical, o feto fique mais vulnerável, em termos psíquicos, a situações com efeito traumático. Conforme observa a autora, desde o momento da concepção, o ser enfrenta a realidade implacável, com intensas cargas de estímulos ameaçadores, sem que tenha ainda estrutura física e psíquica para suportá-las. A partir da décima segunda semana gestacional, ele possui os primórdios do funcionamento dos órgãos dos sentidos e, com isso, passa a ter contato sensorial com o mundo externo ou momentos de vigília.

O desenvolvimento dos cinco sentidos ocorre em uma ordem invariável no decorrer da vida intra-uterina: primeiramente o tátil, depois o olfato e o gosto, a audição e, por fim, a visão (Golse, 2006). Segundo Relier (2001), a partir da oitava semana estabelecem-se todos os receptores sensitivos, sensoriais e afetivos que farão do embrião um feto perspicaz, multi-perspicaz e, até mesmo, hiper-perspicaz. Desde então, ele está em interação contínua, primeiramente com sua mãe, depois, através dela, mais ou menos diretamente, com seu entorno. Uma infinidade de estímulos periféricos vai moldar seu cérebro e todos os seus órgãos, não somente nas áreas sensitivas e motoras, o tálamo e o hipocampo, mas também, no entender do autor, todas as regiões misteriosas e ainda mal exploradas, sede da consciência e, sem dúvida, do inconsciente – este, referido como misterioso, por muito tempo inadmissível, receptáculo de muitos acontecimentos inominados que correspondem à herança transgeracional, esta mensagem bizarra, transmitida de geração a geração, responsável por muitas histórias, felizes ou não, mas que às vezes são terríveis.

É a dimensão arcaica do funcionamento sensitivo-perceptual do feto que constitui o fundamento da vida psíquica ulterior, cuja matriz organizadora tem nela seu registro originário.

Fazendo uma ponte entre o psíquico e o biológico, Verny (apud Wilheim, 1988), ao tratar do resgate de memórias precoces, considera a possibilidade de haver relação entre o hormônio regulador das contrações uterinas durante o trabalho de parto, também estimulado pela amamentação do bebê – a ocitocina – com a amnésia. Ela é um regulador da musculatura, mas tem um efeito muito específico, de apagar memórias. O autor afirma que a incapacidade para a recordação de situações ou acontecimentos específicos, assim como dos sentimentos a eles relacionados, não significa que estejam perdidos. A seu ver, memórias profundamente enterradas têm ressonância emocional e a capacidade para evocá-las pode também estar relacionada à outra substância, o hormônio adrenocorticóide (ACTH), cujo efeito é justamente a retenção mnêmica. No entender do autor, isto explicaria o registro precoce de acontecimentos perturbadores ou traumáticos. Assim, uma gestante estressada secreta hormônios próprios a esta situação, regulados pelo ACTH, o que atinge também o feto, cujo organismo se vê invadido por eles, e isto contribui para que a perturbação e seu efeito fiquem registrados clara e vividamente em seu psiquismo.

Busnel (2002) é de opinião de que o apoio psicológico e fisiológico proporcionado à mãe que se encontra em sofrimento melhora muito a situação psicofisiológica do bebê no momento do nascimento e tem efeitos permanentes.

Procurando responder à pergunta se o feto pensa, Golse (2006) afirma que, entendendo-se "pensar" como o simples processo de inscrição psíquica dos estímulos sensitivo-sensoriais, pode-se dizer que sim, levando-se em conta o nível considerado pelos filósofos como não tético. O que importa, no entender do autor, do ponto de vista do transgeracional e do *a posteriori*, é que a hipótese de uma vida psíquica pré-natal, mesmo que apenas ao nível de uma inscrição psíquica não reflexiva, representa um pressuposto fundamental e necessário, sem o qual a reflexão sobre o lugar da vida intra-uterina no seio da teoria do *a posteriori* não teria razão de ser.

Bergeret (2006) considera que, quando se trata de uma vivência remontando ao passado fetal, nosso interesse deve voltar-se para o destino dos afetos e não para o das "representações", no sentido freudiano do termo. Assinala ser evidente que tais vivências não serão direta ou facilmente apreensíveis em sua forma ou contexto fetal, cabendo-nos seguir seu destino, por meio de novas e tardias ligações com representações de uma época mais recente da vida afetiva. Entende que o termo "memória" fica muito limitado se reduzido à possibilidade de tornar conscientes representações que tenham sido percebidas *visualmente*, referindo-se a estudos que apontam que traços de percepção sensorial muito precoces, não visuais, existem e podem permanecer muito ativos, mesmo sem atingir o nível da consciência. A seu ver, afetos arcaicos deixam traços indeléveis, como "lembranças/não lembranças", que vão continuar a perturbar a vida afetiva e relacional do sujeito, buscando encontrar *a posteriori*, ligação com uma representação mais tardia, porém utilizável. No jogo relacional, diz o autor, observa-se a repetição do que se passou em uma época "esquecida" e a ocorrência de reações defensivas/agressivas a respeito do interlocutor atual, parceiro escolhido por suas características que remetem às experiências primitivas, evitando-se assim uma mentalização que se faz tão necessária.

Depois, o bebê

Freud (1926) observou haver muito mais continuidade entre a vida intra-uterina e a primeira infância do que a impressionante cesura do parto nos faria supor. Na biografia de uma pessoa, a situação pré-natal mereceria ocupar um lugar de destaque, o de primeiro capítulo, e não de preâmbulo ou de pré-história. A partir do momento em que se adotou esta perspectiva, a perinatalidade passou a comportar o estudo do feto e também daquele que mais se parece com ele, o bebê prematuro (Soulé, 2000).

Se os registros mnêmicos das experiências tidas nos primeiros anos de vida já se mostram intrigantes, ainda que sejam de crucial importância na configuração do destino de uma pessoa, o que dizer então daqueles relativos às vivências *in utero*! No entanto, conforme assinala Piontelli (1992), afinal, para o feto, o útero é todo o seu universo.

Referindo-se a seus achados, enquanto psicanalista infantil e a partir da observação de bebês, antes e após o parto, a autora considera ser pouco provável que eles se "lembrem" de suas experiências dentro do ventre e de seu nascimento, pois elas são continuamente retomadas e elaboradas na medida em que crescem e se desenvolvem. Contudo, se as crianças não se mostram capazes de recordar consciente ou coerentemente os acontecimentos de seu passado, parecem não poder "reprimir" – acharíamos mais apropriado dizer "suprimir" – ou "esquecer" algumas das sensações pertencentes a ele, o que parece prejudicar o seu movimento para adiante, em direção à vida.

Piontelli constatou que "a maioria destas crianças parecia, de fato, estar presa a uma reedição fatídica de um passado incongruente" (p. 238) e que o resultado deste aprisionamento se evidenciava nas suas freqüentes terríveis condições, entre elas o isolamento, a concretude e o aniquilamento do aparelho perceptivo, além de outras manifestações em seu quotidiano. A autora considera que embora os "ventres" possam parecer um lugar seguro, muitas das emoções pertencentes à vida pré-natal permanecem indissoluvelmente ligadas a um modo habitual de se relacionar com a vida.

Ainda de acordo com Piontelli, "falar em vida fetal, de modo geral, é uma simplificação grosseira, uma vez que o feto não pode ser considerado um *unicum* em seu desenvolvimento turbulento e no preparo das condições a serem encontradas na vida pós-natal" (p. 239).

Para Soulé (2000), a partir do momento em que se suprime o nascimento como uma barreira, a parentalidade pode ser compreendida de outra forma. A seu ver, parentalidade e parentalização começam muito cedo, antes mesmo da concepção do embrião. A fecundação, a constituição do feto e suas relações com o organismo materno dão um impulso novo à parentalização. Para o autor, esta engloba os fenômenos pré-natais e, em particular, a vida psíquica e biológica da mãe e do pai com o feto nessa época. Referindo-se às dezoito razões que tem a mãe para odiar seu bebê, apresentadas por Winnicott (1958) ao tratar do ódio na contratransferência, Soulé comenta que o estabelecimento da parentalização não se dá facilmente e que aquelas mesmas questões se mostram pertinentes com relação ao feto, sobretudo quando ocorrem acidentes de percurso. Considerando a possibilidade de uma deficiência placentária, parcial ou global, durável ou temporária, afirma que serão fragilizadas *linhas de fratura* nas funções fetais que reaparecerão depois. Assim, o que ocorre com o feto terá repercussões futuras em seu ser e na relação do bebê com seus pais. Um ambiente pós-natal altamente patológico certamente não irá ajudá-lo.

Uma história fetal de final infeliz

Bertolet repetirá, em ato, pela vida afora, as linhas de fratura estabelecidas em sua gestação e em seu nascimento, sem encontrar em seu meio familiar ou circunstancial, ninguém que tenha podido compreender e dar sentido a seu vivido. Os repetidos acidentes pareciam ter a finalidade de dar história, coerência emocional e unidade ao que vivera como sensação, em seu passado pré-natal, e permanecera registrado em sua memória. Parecia ser a forma que encontrara para retomar uma história silenciada, a fim de dar-lhe um significado simbólico, mas também o meio de buscar dominá-la, revertendo a experiência sofrida passivamente, em outra que ficasse sob seu domínio e controle. Ele era tido como imbatível nos rachas, sempre retomados, mesmo depois de repetidos acidentes. Seu passado, sem meios de ser acolhido, se atualizava através de atuações recorrentes, o que nos faz considerar tratar-se da memória regressiva no campo da repetição.

Após o desastre que o deixou lesado, Bertolet referia a si mesmo como um carro sem rodas, como um relógio quebrado. Perdera totalmente a autonomia, locomovia-se com dificuldade e não tinha recursos psíquicos que pudessem favorecer vias de sublimação para a terrível situação em que se encontrava. Urinava e defecava propositalmente fora do vaso sanitário, andava nu pela casa, "namorava-se", como dizia, molhando o pão no café e passando pelo corpo, ou então se cuspindo e esfregando. Por meio desses comportamentos muito regressivos, desafiava e exasperava a mãe, impondo-lhe ao mesmo tempo cuidados próprios a um bebê. Ele já havia feito algumas tentativas de suicídio, de forma que a mãe tomava bastante cuidado para não deixar facas acessíveis a ele.

Se a assistência em terapia familiar psicanalítica em si já era bastante mobilizante, havia ainda a dificuldade de locomoção, pois Bertolet não conseguia utilizar o transporte público devido a suas lesões e a família tinha impedimentos financeiros para fazer uso recorrente de táxi. Desanimados e abatidos, começaram a faltar, mas a saída da terapeuta devido ao término de sua Residência foi a mais difícil de suportar. Apesar de outra profissional ter assumido o caso, não mais compareceram, ainda que tenham sido feitos diversos contatos telefônicos. Em um deles, foi participado o falecimento de Bertolet: ele foi encontrado morto no chão do quintal, encolhido no meio de uma poça d' água, tendo na boca a mangueira com a qual costumava molhar sua goiabeira. Veio-nos, de imediato, à mente, a imagem de um feto. A *causa mortis* foi afogamento e, pela última vez, houve os registros médico e policial.

Considerações finais

Um traumatismo no período fetal envolve três tempos (Golse, 2006): o primeiro, pré-natal, ligado à inscrição psíquica de traços mnêmicos sensitivo-sensoriais, se dará durante a vida intra-uterina. Diferentemente de nós, Golse (2006) considera que eles não serão necessariamente patogênicos ou estruturantes, o que dependerá do encontro com o objeto relacional pós-natal e sua capacidade de *rêverie*. Este corresponde ao segundo tempo. O terceiro é contingente e diz respeito ao encontro posterior com acontecimentos relacionais que podem ser, ou não, metabolizados em função do trabalho psíquico interiorizado.

Golse (op. cit.) afirma que certas violências físicas e psíquicas vividas pela mãe durante a gravidez podem ser registradas pelo feto, mas de modo latente, à espera de um sentido por meio da intervenção bastante tardia da narrativa de um terceiro. Tal violência é caótica e desorganizada, mas não traz consigo uma história significativa da filiação da criança. Trata-se aqui do que o autor chama de *violência-episódio* ao invés de violência-narrativa.

Quando o filho tem acesso à reconstrução da história parental, da qual resultam as violências pré-natais, ela se torna acessível a ele pelo relato de outro e não pelo conteúdo mesmo dos traços mnêmicos. Contudo, estes permanecem efetivos no psiquismo e se expressam por atuações e/ou patologias graves.

As violências vivenciadas pela mulher grávida ou as que atingem o feto pormeio delas, podem afetar de forma muito negativa as bases do apego e do entendimento afetivo entre mãe e filho. O relacionamento mãe-bebê ver-se-á assim permeado por significantes arcaicos insensatos e informações sensoriais mais ou menos anárquicas, particularmente quando as questões conjugais permanecem silenciadas e não superadas. As experiências negativas de apego favorecem o apego ao negativo, com a repetição dessas experiências pela vida afora, como variações sobre um tema (Anzieu, 1996).

A amnésia fetal apresenta-se como um fenômeno complexo e obscuro. A nosso ver, qualquer tipo de violência envolvendo a gestante afeta o feto, ainda mais quando ele é atingido fisicamente, como no caso de pancadaria entre seus pais ou traumatismo na hora do parto, entre outras possibilidades, nas quais não nos deteremos por fugirem ao foco deste trabalho. Entendemos que essas experiências permanecem como impressões fragmentárias marcadas não apenas em sua mente como também em seu corpo, e afetam sua forma de se relacionar com a vida e também com o seu próprio destino. Os diversos acidentes sofridos por Bertolet apresentavam-se como reedições e, ao mesmo tempo em que revelavam, encobriam o fator verdadeiramente patogênico e arcaico a ser elaborado e transformado.

Tais situações envolvem forçosamente, em um segundo tempo, a condição que tenham os pais de absorverem-nas e elaborarem-nas, já que será a partir de seu aparato para pensar pensamentos que irá se desenvolver o do filho, viabilizando o acesso aos seus pensamentos pensados (Bion, 1967) e à possibilidade de se constituir enquanto sujeito. No entanto, a violência – psicológica e/ou física – assinala a incapacidade de os pais tratarem suas questões pela via psíquica e, desta forma, a situação se agrava quando eles se calam sobre a experiência, marcante e culpabilizadora, inviabilizando assim a via de elaboração e de reparação, tanto para si quanto para seu bebê, envolvido involuntariamente, durante sua gestação, nas brigas do casal. Cabe ressaltar que, até o início da proposta de terapia familiar psicanalítica, tanto Bertolet quanto seus pais sempre ficaram totalmente desassistidos em termos psicológicos.

As perspectivas de alguma possibilidade de elaboração e superação se restringem ainda mais se, em um terceiro tempo, no ambiente da criança e sua família, nenhum profissional da área de saúde ou educação possa considerar que situações violentas e repetitivas promovidas por uma criança, assim como dificuldades de aprendizagem que favoreçam a evasão escolar, requeiram atenção especial e providências imediatas em termos de assistência. Sem elas, permanece a repetição, sem saída e mortífera.

Referências bibliográficas

ABRAHAM, N.; e TOROK, M. *L'écorce et le noyau*. Paris: Flammarion, 1978.

ALMEIDA-PRADO, M. C. C.; MARIZ, N. N. O "racha": brincando com a morte para se sentir vivo. In: FÉRES-CARNEIRO, T. (Org.). *Família e casal*: Saúde, trabalho e modos de vinculação. São Paulo: Casa do Psicólogo, 2007, p. 11-33.

ANZIEU, D. El apego a lo negativo. *Revista de Psicoanalisis*, 1996, v. 53, n. 4, p. 831-844.

BERGERET, J. e HOUSER, M. Les enjeux affectifs de la vie foetale. Point de vue psychanalytique. In: BERGERET, J.; SOULE, M. e GOLSE, B. (Orgs.). *Anthropologie du foetus*. Paris: Dunod, 2006, p. 149-188.

BION, W. R.(1967) *Estudos psicanalíticos revisados*. Rio de Janeiro: Imago, 1988.

BOTELLA, C. La memoire sans souvenir. *Avancées metapsychologiques. L'enfant, la famille*, Paris: APSYGÉE, 1991, p. 121-125.

BUSNEL, M. C. Os efeitos do estresse materno sobre o feto e o recém-nascido. In: WILHEIM, J. (Org.). *Relação mãe-feto*:

Visão atual das neurociências. São Paulo: Casa do Psicólogo, 2002, p. 59-70.

CAREL, A. La naissance de l'enfant, répétition, renouvellement, renaissance. *Groupal 6 Le bébé et sa famille*, Paris: Les Éditions du Collége de Psychanalyse Groupale et Familiale, 2000, p. 8-15.

FREUD, S. (1900). A interpretação dos sonhos. *Edição Standard Brasileira das Obras Completas de Sigmund Freud*. Rio de Janeiro: Imago, 1972, v. IV-V, p. 1-663.

_____. (1896) Estudos sobre a histeria. *Edição Standard Brasileira das Obras Completas de Sigmund Freud*. Rio de Janeiro: Imago, 1974, v. II, p. 41-363.

_____. (1939) Moisés e monoteísmo: três ensaios. *Edição Standard Brasileira das Obras Completas de Sigmund Freud*. Rio de Janeiro: Imago, 1975, v. XXIII, p. 19-161.

_____. (1926). Inibições, sintomas e ansiedade. *Edição Standard Brasileira das Obras Completas de Sigmund Freud*. Rio de Janeiro: Imago, 1976a, v. XX, p. 107-198.

_____. Lembranças encobridoras (1899). *Edição Standard Brasileira das Obras Completas de Sigmund Freud*. Rio de Janeiro: Imago, 1976a, v. III, p. 333-354.

_____. (1950). Carta 52 (06/12/1896). *Edição Standard Brasileira das Obras Completas de Sigmund Freud*. Rio de Janeiro: Imago, 1977, v. I, p. 317-324.

GOLSE, B. Vie foetale, transgénérationnel et après-coup. In: BERGERET, J.; SOULE, M. et GOLSE, B. (Orgs.). *Anthropologie du foetus*. Paris: Dunod, 2006, p. 1-9.

GREEN, A. (1956). Pulsão de morte, narcisismo negativo, função desobjetalizante. In: GREEN, A. et al. *A pulsão de morte*. São Paulo: Escuta, 1988, p. 57-68.

_____. Temps et memoire. *Nouvelle Revue de Psychanalyse*, 1990, p. 179-205.

HIRIGOYEN, M-F. (2005). *A violência no casal*: Da coação psicológica à agressão física. Rio de Janeiro: Bertrand Brasil, 2006.

PIONTELLI, A. *De feto a criança*. Um estudo observacional e psicanalítico. Rio de Janeiro: Imago, 1992.

RELIER, J-P. Préface. In: GAUBERT, E. *De mémoire de foetus*. L' héritage familial s'inscrit dans nos cellules dès la conception. Gap: Le Souffle d' Or, 2001, p. 7-9.

SEGAL, H. (1981). *A obra de Hanna Segal*. Rio de Janeiro: Imago, 1983.

SOULE, M. Le foetus précurseur du bébé. *Groupal 6 Le bébé et sa famille*, Paris: Les Éditions du Collége de Psychanalyse Groupale et Familiale, 2000, p. 16-28.

SOUZA-DIAS, T. G. *Considerações sobre o psiquismo do feto*. São Paulo: Escuta, 1999.

TANIS, B. *Memória e temporalidade*: Sobre o infantil em psicanálise. São Paulo: Casa do Psicólogo, 1995.

WINNICOTT, D. W. (1958) *Textos selecionados*: Da pediatria à psicanálise. Rio de Janeiro: Francisco Alves, 1978.

WILHEIM, J. (1988). *A caminho do nascimento*: Uma ponte entre o biológico e o psíquico. Rio de Janeiro: Imago, 1988.

17

Familiares de idosos com demência moderada e grave: uma proposta de cuidado multidisciplinar no centro de medicina do idoso

Vera Lucia Decnop Coelho,
Maristela Coimbra
e Luciana Maria Santos Cesário
Universidade de Brasília

A síntese dos indicadores sociais de 2004, divulgada pelo IBGE (2005), aponta o crescimento do número e percentual de idosos na população brasileira. Estima-se que esta proporção salte de 8,6% em 2000 para 15% em 2025. Enquanto em 2000 existiam no Brasil 1,8 milhão de pessoas com 80 anos ou mais, em 2050 esse contingente poderá ser de 13,7 milhões. Já em relação à população mundial, Netto, Yauso e Kitad (2005) apontam a previsão de que o percentual de idosos atingirá 21% em 2025. Tais estimativas têm implicações que exigem imediata atenção de setores da sociedade civil e de governos.

É de se esperar que a longevidade seja acompanhada de uma melhoria na qualidade de vida desses idosos, envolvendo não apenas anos adicionais, mas primordialmente saúde, inclusão social e oportunidades de participação significativa na família e comunidade. Infelizmente, o processo de envelhecimento populacional vem sendo acompanhado por um aumento da prevalência de doenças crônico-degenerativas, dentre as quais se destacam as demências. A demência é uma síndrome caracterizada pela presença de *deficits* cognitivos, que incluem comprometimento da memória e ao menos uma das seguintes perturbações cognitivas: afasia, apraxia, agnosia e perturbação do funcionamento executivo com intensidade suficiente para interferir no desempenho social ou profissional do indivíduo (APA, 1995).

A Doença de Alzheimer (DA) é a causa mais comum de demência, sendo responsável por mais de 50% dos casos. A Demência Vascular é a segunda maior prevalência entre todos os tipos de demência, atingindo entre 10% a 20% dos idosos. Outros tipos de demência são menos prevalentes, como a Frontotemporal e a de Corpúsculos de Lewy (Machado, 2002; Sé, Queroz & Yassuda, 2004).

As demências afetam radicalmente a autonomia do idoso e a habilidade de se cuidar, na medida em que as alterações cognitivas e comportamentais se agravam, comprometendo o funcionamento global do indivíduo. Como a dependência e a fragilidade da pessoa idosa são progressivas, acompanhando o caráter crônico das doenças degenerativas, o cuidado se torna imprescindível. Essa assistência é, no mais das vezes, atribuição da família como um todo, ou de um de seus membros, que passa a se responsabilizar por tarefas e funções que o idoso não tem mais habilidade para realizar. Higiene pessoal, alimentação, administração financeira dos bens ou dívidas, cuidados com a segurança do idoso são apenas alguns dos inúmeros encargos que a pessoa cuidadora assume (Coelho, Falcão, Campos & Vieira, 2006).

Segundo Santos (2003), é no campo familiar que os indivíduos aprendem e desenvolvem suas práticas de cuidado, bastante influenciadas pelos aspectos socioculturais. Em alguns casos, o cuidado exercido pelos membros da família pode não ser o mais adequado tecnicamente, mas possui uma forte expressão simbólica por envolver vínculos afetivos, alianças e o compartilhar de uma história que é peculiar a cada sistema familiar. Estudos revelaram que o papel de cuidador(a) recai especialmente sobre a mulher, preferencialmente a esposa, seguida da filha, ocorrendo casos em que idosos morando com seus filhos adultos casados são assistidos, sobretudo, por suas noras (Neri & Sommerhalder, 2002).

O caráter progressivo das demências afeta inevitavelmente o processo de cuidados familiares à pessoa idosa. Necessidades específicas exigem atenção e constituem desafios em cada fase da doença. Com a evolução da demência, a supervisão inicial de atividades diárias cede lugar ao cuidado integral. Sobrecarga, cansaço, tristeza, desespero são apenas exemplos da multiplicidade vivencial de cuidadores de idosos com maior dependência e fragilidade. Há consenso de que orientação e suporte a esses familiares no contexto da assistência à saúde são fundamentais.

Partindo desse pressuposto, o presente trabalho apresenta reflexões iniciais sobre uma experiência de atendimento multidisciplinar grupal a familiares de idosos portadores de demências, que já se encontram em estado de comprometimento moderado ou grave da doença. Busca-se contribuir para a construção de um conhecimento acerca da assistência psicológica e interdisciplinar em situações de doenças crônico-degenerativas na velhice, com ênfase na perspectiva grupal.

Sobre o Centro de Medicina do Idoso

O Centro de Medicina do Idoso (CMI) está sediado no Hospital Universitário de Brasília (HUB), Distrito Federal. Lá funciona o Centro de Referência em Assistência à Saúde do Idoso e Portadores da Doença de Alzheimer, que realiza atendimento ambulatorial e em regime de hospital-dia aos usuários do Sistema Único de Saúde no período da manhã.

A proposta multidisciplinar do CMI é conduzida, desde o início dos trabalhos, por profissionais da terapia ocupacional, fisioterapia, medicina, psicologia (neuropsicologia e psicologia clínica), serviço social, nutrição, odontologia e farmácia. Atividades complementares envolvem uma Oficina de Pintura, cuja professora é artista plástica, e um Coral, coordenado por um maestro. Dessas oficinas participam pacientes e cuidadores, o que permite a socialização entre idosos e uma maior interação entre seus familiares.

A primeira etapa de atendimento ao paciente idoso com suspeita de demência é a triagem, da qual participam todas as especialidades acima mencionadas. Ao final da avaliação multiprofissional, os casos são discutidos pela equipe, visando à definição de diagnóstico, prognóstico e estratégias de assistência. Os encaminhamentos resultantes da triagem semanal e da reunião sobre os casos atendidos são:

a) Casos com provável ou possível doença de Alzheimer ou outras demências, *deficits* cognitivos associados a quadros depressivos e transtornos similares em estágios iniciais ou moderados, e que podem se beneficiar das atividades grupais são encaminhados ao programa do hospital-dia. Na estrutura atual, pacientes e familiares comparecem ao CMI duas manhãs, durante oito semanas. Na segunda-feira, pacientes idosos e seus familiares são acompanhados por membros das equipes de psicologia clínica e neuropsicologia; já, na quarta-feira, os pacientes realizam atividades coordenadas por profissionais da fisioterapia e terapia ocupacional. Simultaneamente, os familiares/cuidadores dos idosos recebem orientação em grupo da nutrição e farmácia. Além das atividades de segundas e quartas, os pacientes são atendidos pela medicina, em consultas que têm por objetivo o acompanhamento clínico do paciente. Ainda como parte dessa proposta multidisciplinar, os familiares dos pacientes que apresentam demência, *deficits* cognitivos e depressão são encaminhados para o setor de terapia ocupacional. Nesta ocasião são orientados quanto a cuidados, estímulos e atividades

a serem realizadas em casa com os pacientes, sendo também discutidas as atuais dúvidas dos familiares ou cuidadores.
b) Pacientes diagnosticados com demência em estágio mais avançado e impossibilitados de comparecer para atendimento no hospital são acompanhados em visita domiciliar realizada pela equipe multidisciplinar do Centro de Medicina do Idoso.
c) Casos em que a triagem afasta a suspeita de demência ou de *deficits* cognitivos são encaminhados às demais especialidades do Hospital Universitário de Brasília ou mesmo a outros serviços do sistema público de saúde.
d) Alguns pacientes, através da avaliação da terapia ocupacional, são encaminhados para a Oficina de Pintura e para o Coral.

As diferentes especialidades que atuam no CMI evidenciam, em sua prática diária, que doenças crônico-degenerativas atingem todo o sistema familiar. Não basta, portanto, diagnosticar e tratar a pessoa idosa. A família, mesmo que muitas vezes representada nos serviços de saúde por um único cuidador, carece de informações, orientação e apoio. Nesse sentido, a psicologia clínica vem realizando, de forma contínua, grupos com pacientes idosos e com seus familiares/cuidadores, temas já tratados anteriormente (Campos, Coelho, Curado & Pacheco (no prelo); Coelho, Falcão, Campos & Vieira, 2006; Coelho & Diniz, 2005).

No entanto, sabemos que o tratamento a essa população deveria incluir estratégias de acompanhamento longitudinal e não apenas pontual às famílias. Ao longo de um processo que se estende por anos, acarretando incapacidade progressiva em múltiplas dimensões, os membros da família que convivem e cuidam integralmente do paciente são os mais radicalmente atingidos. Esta realidade nos atingiu no dia-a-dia do trabalho com cuidadoras e cuidadores, exigindo que alguma intervenção fosse definida e implementada. Considerando, ainda, a complexidade e multiplicidade das exigências que o cuidado às demências trazem, entendemos que a assistência aos familiares deva ser de natureza multidisciplinar.

Nesse sentido, apresentamos no próximo tópico uma contextualização da proposta que vem sendo realizada, possibilitando uma reflexão sobre temas e questões que mais mobilizam os participantes, bem como o alcance e os limites dessa intervenção grupal.

O grupo multidisciplinar com familiares de pacientes graves

Sobre a organização do grupo e formas de encaminhamento

A demanda para criarmos esse grupo surgiu em aulas e discussões da equipe multidisciplinar, quando profissionais relatavam dificuldades do familiar/cuidador em lidar com situações, tais como: administrar medicações, alimentar e manipular o paciente, o aparecimento de escaras, uso de sondas ou não, e enfrentar a piora de saúde do idoso e a proximidade da morte.

Tendo em vista que são inúmeros os dilemas e as dúvidas que os cuidadores enfrentam, à medida que o estado de saúde do paciente se agrava, decidiu-se oferecer aos familiares uma atividade grupal da qual participassem diferentes profissionais. Assim, estes poderiam contribuir com informações e com a discussão de temas trazidos pelos participantes.

Os familiares são encaminhados ao grupo multidisciplinar através de diversas fontes: quando se percebe a grande dificuldade e necessidade do familiar por ocasião da primeira orientação com a terapia ocupacional; a partir da entrevista psicológica com o familiar cuidador, durante a triagem; nas consultas médicas, especialmente com a progressão da doença. No entanto, qualquer membro da equipe do CMI, ao perceber a necessidade do familiar, pode sugerir sua inclusão na atividade.

Aspectos da estrutura grupal

Participam das reuniões grupais profissionais do Centro de Medicina do Idoso, familiares e estagiários. Atualmente, o grupo é coordenado por psicóloga, terapeuta ocupacional e assistente social, autoras desse capítulo. Outros membros da equipe são chamados para o esclarecimento de um tema específico que surge durante um encontro, ou convidados a trazer informações aos participantes. Assim, por exemplo, dúvidas sobre alimentação são discutidas por nutricionista; a correta administração de medicamentos ao idoso é alvo de conversa com o farmacêutico; o médico é convidado a comentar questões sobre a fase terminal da doença, e cuidados de posicionamento e prevenção de escaras são tratados com o fisioterapeuta.

Entendemos que, idealmente, todas as especialidades que atuam no Centro de Medicina do Idoso poderiam integrar o grupo de familiares de pacientes graves, pois tanto os familiares cuidadores como a própria equipe se beneficiam, inegavelmente, da multiplicidade de saberes presentes nesse serviço de assistência à pessoa idosa. No entanto, a grande demanda de atendimento no Ambulatório de Geriatria e no hospital-dia do CMI limita a disponibilidade de tempo dos profissionais para esta atividade. Além disso, há que se desenvolver uma cultura do efetivo trabalho em equipe, algo que se constrói ao longo do tempo e de acordo com as características dos especialistas que compõem os serviços de saúde.

No que diz respeito aos cuidadores, na maioria das vezes, participam das reuniões grupais esposas e filhas, ou seja, familiares que geralmente se responsabilizam pela assistência ao paciente em casa. Esposos, filhos, noras e outros parentes comparecem com menor freqüência. Os encontros são semanais, com a duração de uma hora e meia a duas horas. As cadeiras são dispostas em círculo, de maneira a facilitar a constituição do grupo de trabalho.

O desenvolvimento grupal e temas

Inicialmente, cada participante se apresenta. As coordenadoras descrevem sinteticamente a proposta de trabalho, incentivando que os participantes tragam e compartilhem suas dúvidas, receios, dificuldades e vivências. A proposição de que cada participante aprenda e ensine nas reuniões é apresentada nesse primeiro encontro, sendo retomada nos subseqüentes.

Os familiares informam o nome do paciente que acompanham, seu grau de parentesco, trazendo dados adicionais sobre o diagnóstico, histórico da doença, entre outros. É comum que, desde esse momento, as apresentações se transformem em depoimentos marcados por aflição, choro, sofrimento. Dificuldades da convivência, mudanças nos comportamentos do paciente e nos cuidados ao longo da doença, medos em relação ao futuro, são situações que surgem já no primeiro encontro.

Às coordenadoras cabe facilitar e incentivar a constituição de um clima propício à discussão de assuntos de interesse coletivo, relacionados ao cuidado familiar. Estas apresentam livremente sua contribuição, trazendo informações e refletindo sobre algum aspecto do tema em questão, seja em relação aos depoimentos dos familiares, seja complementando a fala de outra profissional da equipe. Se, inicialmente, os participantes se dirigem primordialmente às facilitadoras, aos poucos começam a interagir. É como se concluíssem que o aprendizado e o apoio vêm, em grande parte, da troca de experiências que ali tem lugar.

Dentre os assuntos que surgem com maior freqüência destacam-se: sobrecarga do cuidador; sentimentos de revolta, decepção ou tristeza pela falta de apoio de outros familiares; vivências familiares de perda e luto; comportamentos difíceis do idoso; o engasgar e outros problemas físicos/fisiológicos; a falta de tempo para os cuidadores viverem suas próprias vidas; conflitos familiares; dilemas sobre incapacidade legal e institucionalização do idoso, o enfrentamento da morte. Algumas questões são tratadas nos encontros, mesmo que não sejam sugeridas pelos familiares: prevenção de escaras, alimentação na fase terminal, disfagia, administração de medicamentos, divisão de tarefas, limites do cuidar, necessidades do cuidador, a proximidade da morte, entre outros.

O grupo multidisciplinar: vivências familiares frente à doença e à morte

Neste tópico, propomo-nos a ilustrar algumas das idéias expostas anteriormente, por meio da apresentação de fragmentos de um dos primeiros grupos realizados pela equipe, e que incluiu familiares de três pacientes. Apesar de a proposta de intervenção ser destinada aos familiares de pacientes em estágio mais avançado, pode haver diferenças importantes quanto ao estado de saúde dos idosos e entre as famílias participantes, assim como entre membros de uma mesma família. Em certos casos, a "gravidade" está primordialmente presente nos cuidadores. Na ocasião, a proposta era de quatro encontros. Profissionais/estagiários de psicologia, terapia ocupacional, serviço social, medicina, fisioterapia, farmácia e enfermagem participaram ao menos uma vez. Os profissionais de psicologia e da terapia ocupacional estiveram presentes em todos os encontros.

O primeiro encontro teve início com uma breve explanação sobre a atividade, seguida da apresentação de todos os presentes. Os familiares comentaram sobre seu paciente idoso, ressaltando o seu estado físico e mental, além de relatarem sua participação e vivência no cuidado.

João, 83 anos, ainda consegue realizar algumas atividades da vida diária, mas com dificuldade. Aceita o que lhe é proposto, facilitando o cuidado. Seus familiares presentes foram: Suzana (filha), Vitor (filho) e Cláudia (cuidadora contratada). Suzana, que chora desde o início da reunião, é cuidadora do pai e foi igualmente responsável pelos cuidados da mãe, já falecida. O contato com outras famílias lhe permitiu reconhecer, desde esse momento, que seu pai não está tão grave como imaginava, especialmente em comparação com Estela.

Estela, 97 anos, está acamada há bastante tempo. Apresenta escaras, feridas associadas a pouca mobilidade da paciente no leito. Não reconhece mais ninguém à sua volta, confundindo a filha com sua própria irmã. Não é mais capaz de realizar atividades da vida diária, necessitando de cuidado integral. Familiares presentes: Selma (filha), Jorge (genro) e o genro de Selma, que comparece apenas a essa reunião.

Delma, 73 anos, havia participado do hospital-dia do CMI alguns anos antes. Naquela ocasião, já com diagnóstico de demência, cantava com voz melodiosa durante as atividades, sempre que era incentivada a isso. Gradativamente, a idosa perdeu essa prática, deixando de responder verbalmente ao ser interpelada. Participaram do grupo seu marido Ivo, as filhas Vilma e Ana, e três netos. Apenas Ivo e Vilma estiveram presentes em todos os encontros. Delma não tem dificuldade de tomar remédios nem de se alimentar; ainda realiza algumas atividades sozinha (comer, caminhar). Parece reconhecer o marido e as filhas, mas não consegue distingui-las pelo nome. É considerada pelos familiares como sendo a mais preservada entre os pacientes do grupo, o que não diminui a dor do seu companheiro.

Grande parte da reunião foi dedicada às apresentações, que nesse primeiro dia são dirigidas primordialmente à equipe. Os relatos são marcados pela dimensão da perda em vida e pela dificuldade em aceitar as limitações progressivas que a doença, presente há anos, traz. Selma, filha de Estela nos diz que a mãe *é sua vida* e que faz tudo o que pode para cuidar dela. Jorge, assumindo uma posição bem diversa, afirma que sua sogra já morreu. O genro de Selma, enfermeiro, cuida das escaras da idosa. Fala da dificuldade dessa tarefa, pois não há posição adequada para a paciente ficar. A idosa reside com a filha, e somos informados de que dorme no quarto do casal.

O contraponto entre Selma e Jorge sinaliza algo que merece atenção nessas situações: dificuldades conjugais podem ocorrer ou se intensificar na família de filhas cuidadoras. Sabemos que é comum a sobrecarga na mulher que cuida, pelo acúmulo de papéis e exigências (Neri & Sommerhalder, 2002). Por mais que os maridos apóiem e colaborem, a dedicação integral de filhas ao cuidado de pais idosos pode interferir na convivência do casal e seus filhos. Nesse sentido, apesar de corajosamente dizer que a sogra não está mais viva, é muito provável que sua presença acamada e silenciosa afete radicalmente a vida de Jorge e de sua família.

Ivo se emociona e chora ao falar. Tem receio de perder a esposa, e de que ela não o reconheça mais. As filhas se preocupam com a participação do pai no grupo, temendo que ele piore ao ouvir sobre casos mais graves que o de sua esposa. Essa é uma questão delicada, sempre presente nos grupos que temos realizado no Centro de Medicina do Idoso. A inevitável diversidade entre os pacientes leva familiares a se confrontarem com idosos mais comprometidos, ou que apresentam comportamentos disruptivos, difíceis de se lidar. Além disso, as informações prestadas pela equipe em diferentes contextos de atendimento favorecem que a família tome consciência do caráter progressivo e irreversível das demências. Alguns familiares chegam a verbalizar que "não querem saber o que vai acontecer", como se fosse possível negar a situação que estão vivendo. Outros fazem uso das informações que recebem e da discussão que se estabelece para a construção da aceitação e do enfrentamento do problema. Ivo chora. Embora tenha participado anteriormente das atividades grupais com familiares no CMI, e apesar de "saber" que sua esposa pode, muito provavelmente, deixar de reconhecê-lo a partir de certo momento, ele sofre, temendo que isso ocorra. Esposos, quando exercem a função de cuidadores principais, tendem a sofrer demasiadamente com a evolução da demência de suas companheiras.

Chegamos ao segundo encontro. Propôs-se ao grupo uma conversa sobre alimentação e medicação, possibilitando que os familiares fizessem questões aos profissionais, trazendo suas dúvidas. Contudo, apesar das perguntas e esclarecimentos, a conversa foi se direcionando para os dilemas familiares sobre vida e morte dos idosos.

Delma não tem dificuldade para tomar remédios ou alimentar-se. Sua filha Vilma pede esclarecimentos à equipe quanto ao uso de fraldas, recebendo idéias tais como incentivar a ida ao banheiro; fazer uso de absorventes antes de chegar à fralda e vesti-la como se fosse uma calcinha. Mas as preocupações de Ivo são de outra ordem. A partir de comentários sobre a importância de ele ter algum descanso no cuidado à esposa, diz que não adianta se ausentar – seja viajar, ir ao cinema – se "a cabeça ficar preocupada". Estimulado a passar alguns dias fora, em casa de parentes no Nordeste, afirma que não sai de casa por temer que a esposa não o reconheça mais. Chora. Não teme a morte dela, diz, para isso está preparado. Vilma intervém, dizendo: "Eu falo para o meu pai que quando ela não o reconhecer mais, ele ainda vai saber quem ela é".

Estela toma sua medicação amassada ou na seringa. Sua família recebe orientação em relação à substituição de medicamentos. A idosa apresenta constantes gemidos, sendo empregada medicação contra dor. É esclarecido que gemidos nem sempre se referem à dor, e que o remédio que ministram pode ter efeitos negativos sobre o aparelho digestivo da idosa. Estela viveu bem até uns 80 anos, comentam Selma e Jorge. Agora é uma "morta-viva". Selma diz que sua mãe teve vida maravilhosa e se questiona por que tinha de sofrer tanto. Gostaria que sua mãe fosse descansar, dizendo que daria até a sua vida por ela.

Discute-se sobre a dificuldade de Estela ser alimentada. Selma nos informa que, se sua mãe não comer, no dia seguinte, ela [filha] é quem morre e vai para o céu. Afirma não estar mais preocupada com sua própria vida. Nesse momento, Vilma, filha de Delma, intervém: "Se eu fosse sua mãe eu diria que você já fez tudo e mais um pouco, que não precisa mais nada. Pode aproveitar a vida. Quando ela se for, e você sabe que vai chegar esse dia, você vai ficar sem chão". Selma insiste que quer estar presente no momento da morte de sua mãe, que não quer deixá-la sozinha e que a ama mais agora do que antes.

Ao ser indagada sobre permitir que a mãe morra, e quem sabe poder dizer isso à idosa, Selma reage: nunca teria coragem de lhe falar isso. "Ela não está sofrendo muito, dou carinho, faço tudo para ela". Esta afirmação provoca Vitor, filho de João: "A senhora me desculpa, mas eu acho que ela não está vivendo, no sentido amplo; está sofrendo. A gente continua cuidando, mas não deixo de viver". O marido de Selma acrescenta que ela está assumindo a responsabilidade dos outros irmãos, e que embora acredite que a esposa está preparada para a morte, pensa que ela não está preparada para aliviar sua culpa. Acrescenta que uma das poucas vezes que Selma sai de casa é para vir às reuniões do grupo, e mesmo assim, para falar sobre a mãe. Talvez tivesse sido este o momento de incentivarmos Jorge a falar sobre o que lhe aflige no relacionamento com uma esposa cuidadora em tempo integral.

João, segundo seus filhos, começou a apresentar sintomas de demência há dez anos. Atualmente, usa fraldas e não dificulta o trabalho de quem dele cuida. Vitor questiona se o cigarro e a alimentação podem ter sido as causas da doença de seu pai e discute-se essa questão. A incerteza da família sobre o que é, e o que causa a demência se deve, em parte, ao grande receio sobre a hereditariedade. Perguntam, constantemente, se filhos ou outros parentes do idoso podem vir a ter demência.

Os familiares de João comentam, ainda, sobre dificuldades de sono do idoso, que troca o dia pela noite. De acordo com Vitor, o pai sempre disse que gostaria de viver até os 100 anos e se pergunta se ele vai chegar lá. Relata ter sido o primeiro a perceber os sintomas de demência do pai, enquanto sua irmã os negava. Suzana responde: "A gente peca por amor; para mim é Deus no céu e ele na terra". Afirma que se o seu pai viesse a falecer hoje, não se sentiria culpada. Não quer que chegue ao estado de Estela; reza para ele ir antes, mesmo que faleça sem que ela esteja presente. Já se preparou para isso, e sabe que fez tudo que pôde. É interessante perceber como os relatos tocam os participantes. O que se diz e o que se escuta no grupo pode contribuir para elaboração e ressignificação das vivências. Mesmo quem se cala pode ser radicalmente atingido em certos momentos.

Em relação ao autocuidado, Suzana afirma que é melhor estar em condição de cuidar do seu pai para ela "não ir antes".

Diz não ter filhos em decorrência de vários abortos que sofreu, e que seu pai é seu "bebezinho".

Infelizmente, não temos registro do terceiro encontro. No quarto e último encontro, incentiva-se que os familiares tragam suas dúvidas. Os familiares de Estela questionam sobre o que ainda podem esperar que aconteça. O médico faz alguns esclarecimentos sobre provável perda de peso, dificuldade de comer e de respirar, explicitando riscos do uso da sonda e benefícios do afeto que, nesse momento, pode ser o melhor alimento. Aponta-se que, diante da dificuldade do paciente se alimentar, é importante procurar não se angustiar, acreditando que se está cuidando adequadamente.

Mais uma vez Jorge faz referência ao que considera uma das maiores angústias do casal, os gemidos de Estela. O médico presta novamente esclarecimentos, buscando tranqüilizá-los, indicando que não aumentem a dosagem da medicação, pois não é conveniente sedá-la. É interessante considerar que a informação por si só não basta. As mudanças dos familiares são fruto de um processo que só acompanhamos em parte, muitas vezes lento, sempre delicado, de avanços e recuos.

Selma questiona a existência de Deus, por deixar que alguém tão bom quanto sua mãe sofra tanto assim. Nesse momento, Ivo conta passagens difíceis de sua vida, de maneira a ilustrar que esses acontecimentos são coisas da vida. A seguir, Selma comenta sobre atitudes das netas: a de 4 anos quer comer a comida da idosa, e a mais velha só quer dormir com ela. Discute-se a possibilidade de as crianças estarem solicitando atenção, sugerindo a importância de dedicar parte de seu tempo aos outros familiares e a si mesma.

Suzana aponta que, apesar de seu pai comer bastante, está emagrecendo e começando a ter dificuldades para engolir. Ao afirmar "Nós já perdemos 20 kg", seu irmão retruca: "nós não, ele!". Suzana conta, então, que no domingo ela não estava bem e não foi visitar o pai. Ele teve um quadro febril e melhorou quando ela chegou. Questiona se a febre pode ter sido em decorrência de ele sentir sua falta. Vitor procura mostrar que dá atenção ao pai, mas ressalta sua diferença em relação à irmã. Conta um episódio em que fez um carinho no pai, o qual pediu ao filho que ficasse mais tempo com ele. Concordou, e após uns dez minutos, saiu. Comenta que não pode viver em função da doença do pai, pois tem dois filhos, é separado e precisa trabalhar.

Ivo afirma que, apesar do estado físico de sua esposa ser o melhor de todos os pacientes do grupo, ela é quem está mais "distante". Chora, ao dizer: "Ela não sabe quem eu sou, sabe apenas que sou importante". Reconhecer-se importante para a esposa é fundamental para esse idoso e tantos outros. Talvez seja essa certeza, de que cuidam de forma amorosa, dedicada, "até que a morte os separe", como afirmam alguns, que mantenha cuidadores e cuidadoras no exercício de tarefa tão árdua como é assistir alguém que não pode mais reconhecer sua extrema fragilidade e dependência, nem agradecer os cuidados que recebem.

Limites e alcance da proposta grupal

Os encontros grupais assumiram, gradativamente, um caráter aberto, de continuidade. Não se delimita mais o número de encontros para determinados familiares. Os familiares convidados têm liberdade de comparecer e de interromper sua participação na atividade, sem prejuízo para o acompanhamento médico ao paciente. Sua presença não é obrigatória. Essa metodologia, que está em construção, certamente necessita de ajustes e revisão. Observa-se, por exemplo, diferentes modos de participação; enquanto algumas pessoas comparecem sistematicamente aos encontros ao longo de um período de tempo, outras participam pontualmente. Ainda não nos foi possível identificar, a partir do relato dos participantes, as razões para tal diversidade; mas é fundamental compreender como a proposta grupal impacta os familiares.

Nem todos os que convivem com o paciente idoso se dispõem a, ou podem vir aos encontros. Embora o Centro de Medicina do Idoso forneça atestado de comparecimento para apresentação no local de trabalho, sabemos que este nem sempre é aceito pelas instituições e empregadores. Essa situação pode reforçar a centralização da responsabilidade dos cuidados sobre apenas uma pessoa, o que tem conseqüências diversas.

Além disso, alguns cuidadores não têm com quem deixar o idoso para virem ao grupo, o que pode aumentar seu isolamento e suas dificuldades. Além disso, nem sempre a pessoa que cuida, a que está mais envolvida, dispõe-se a comparecer às reuniões. Por outro lado, é bem possível que alguns venham e não encontrem o que desejam, ou não se motivem para a discussão que se estabelece no grupo. Aqueles que não retornam se privam e nos privam de outras oportunidades de apoio e cuidado profissional. Infelizmente, o volume de trabalho das coordenadoras não tem permitido um contato sistemático com as famílias/familiares que são convidados e não chegam a comparecer ou não retornam.

No que diz respeito aos possíveis benefícios da intervenção, diversos familiares relatam alívio, conforto e aprendizagem de estratégias. Afirmam estar mais tranqüilos; a partir da discussão de temas, alguns conseguem dividir o cuidar com outros familiares, realizar atividades de lazer ou exercícios físicos. É mesmo visível, em certos participantes, a transformação. Sentem-se mais seguros para lidar com a situação e ficam agradecidos pelas orientações sobre, por exemplo, direitos sociais e questões de saúde. Em última instância, deixam de estar tão sós e passam a enfrentar as dificuldades com seus recursos e não através do desespero.

Seguindo em frente

Recursos adicionais devem ser testados em breve em nossa proposta. Algumas reuniões grupais deverão ter um caráter educativo, prestando-se informações relativas às dúvidas e dificuldades mais freqüentes. Nessas ocasiões, outras especialidades serão convidadas a integrar o grupo, ensinando e acolhendo dúvidas e questões de seu campo de atuação. Um manual simplificado será disponibilizado às famílias, de modo a sensibilizar e esclarecer aqueles que não compareçem, bem como para orientar o cuidador em suas tarefas em casa. É necessário que se construa algum instrumento de avaliação da experiência grupal, seja escrito, seja via telefone, para aqueles que não retornam à atividade. Precisamos ampliar a oferta desse trabalho às famílias, a partir de algumas frentes: por indicação dos profissionais da medicina, que acompanham, periodicamente, pacientes e familiares nas consultas de retorno; nas visitas domiciliares, destinadas a pacientes mais graves; e através de divulgação sistemática entre os profissionais que compõem a triagem multidisciplinar no CMI. Além disso, familiares que já participaram das atividades do hospital-dia, mesmo quando o idoso já tenha falecido, poderão ser convidados para contribuir com suas experiências de enfrentamento.

O trabalho multidisciplinar grupal, que vem sendo desenvolvido no Centro de Medicina do Idoso com familiares de pacientes em estágio mais avançado da doença, ainda exige muita reflexão e análise por parte da equipe responsável. No entanto, consideramos relevante o exercício de compartilhar idéias sobre essa experiência. Sua divulgação nesse estágio nos permite abrir um diálogo com outros profissionais e pesquisadores dedicados à reflexão e ao desenvolvimento de modalidades de acompanhamento e cuidado especializado às famílias de idosos fragilizados e dependentes.

Referências bibliográficas

AFONSO, L. e cols. *Oficinas em dinâmica de grupo na área da saúde*. Belo Horizonte: Edições do Campo Social, 2003.

_____. (Org.). *Oficinas em dinâmica de grupo*: um método de intervenção psicossocial. Belo Horizonte: Edições do Campo Social, 2002.

APA. *Manual diagnóstico e estatístico dos transtornos mentais – DSM-IV*. Porto Alegre: Artes Médicas, 1995.

CAMPOS, A. P. M. et al. A. intervenção psicológica grupal nas demências: uma experiência no Centro de Medicina do Idoso do Hospital Universitário de Brasília. In: FALCÃO, D. V. S. & ARAÚJO, L. F. (Orgs.). *Temas em psicologia do envelhecimento*: Perspectivas teóricas, pesquisas e práticas. (no prelo).

COELHO, V. L. D. et al. Atendimento psicológico grupal a familiares de idosos com demência. In: FALCÃO, D. V. S. & DIAS, C. M. S. B. (Orgs.). *Maturidade e velhice*: Pesquisas e intervenções psicológicas. São Paulo: Casa do Psicólogo, 2006. v. I, p. 381-406.

_____. DINIZ, G. S. Da solidão à solidariedade: grupos de familiares de idosos com demência. In: FÉRES-CARNEIRO, T. (Org.). *Família e casal*: Efeitos da contemporaneidade. Rio de Janeiro: PUC, 2005, p. 177-199.

IBGE. *Síntese de indicadores sociais 2004* (On-line), 2005. Disponível em: http://www.ibge.gov.br/home/estatistica/populacao/condicaodevida/indicadoresminimos/sinteseindicsociais2004/indic_sociais2004.pdf

MACHADO, J. C. B. Doença de Alzheimer. In: FREITAS, E. V. et al. (Orgs.). *Tratado de geriatria e gerontologia*. Rio de Janeiro: Guanabara, 2002, p. 133-147.

NERI, A. L.; SOMMERHALDER, C. As várias faces do cuidado e do bem-estar do cuidador. In: NERI, A. L. e cols. (Orgs.). *Cuidar de idosos no contexto da família*: Questões psicológicas e sociais. Campinas: Alínea, 2002, p. 9-63.

NETTO, M. P.; YAUSO, D. R.; KITADAI, F. T. Longevidade: desafio no terceiro milênio. *O mundo da saúde*, São Paulo, 2005, v. 29, n. 4. (online).

SANTOS, S. M. A. *Idosos, família e cultura*: Um estudo sobre a construção do papel de cuidador. Campinas: Alínea, 2003.

SÉ, E. V. G.; QUEROZ, N. C.; YASSUDA, M. S. O envelhecimento do cérebro e a memória. In: NERI, A. L. & YASSUDA, M. S. (Orgs.); CACHIONI, M. (Colab.). *Velhice bem-sucedida*: Aspectos afetivos e cognitivos. Campinas: Papirus, 2004, p. 141-162.

Sobre os autores

Adriana Wagner
Doutora em Psicologia pela Universidade Autônoma de Madrid. Pós-doutorado em Qualidade de Vida no IRQV (Instituto de Pesquisa em Qualidade de Vida) da Universitat de Girona/Espanha. Professora Adjunta do Instituto de Psicologia da UFRGS; bolsista de Produtividade do CNPq. Coordenadora do Núcleo de Pesquisa "Dinâmica das Relações Familiares".
adrianawagner.ufrgs@hotmail.com

Ana Gabriela de Souza Aguiar
Formanda do curso de Psicologia da Universidade Católica de Pernambuco. Bolsista PIBIC/CNPq.
gabrielaaguiar@yahoo.com.br

Andrea Seixas Magalhães
Doutora em Psicologia Clínica pela PUC-Rio. Professora Assistente do Departamento de Psicologia da PUC-Rio; Professora e Supervisora do Curso de Especialização em Terapia de Casal e Família da PUC-Rio.
andreasm@puc-rio.br

Bernardo Jablonski
Doutor em Psicologia Social pelo Instituto de Estudos e Pesquisas Psicossociais do Centro de Pós-Graduação e Pesquisa da Fundação Getúlio Vargas. Professor Assistente do Departamento

de Psicologia da PUC-Rio. Bolsista de Produtividade do CNPq. Consultor e Roteirista da TV Globo.
bjablonski@uol.com.br

Cilio Ziviani
Doutor em Psicologia Social pela Columbia University. Livre-Docente em Psicologia Social e Professor Titular Aposentado pela Universidade Federal do Rio de Janeiro. Professor Adjunto do Departamento de Psicologia da PUC-Rio. Pesquisador do Grupo de Pesquisa "Casal e Família: Estudos Psicossociais e Psicoterapia" do CNPq. Professor Adjunto da Universidade Católica de Petrópolis.
cilio@puc-rio.br

Clarisse Mosmann
Doutora em Psicologia pela PUCRS. Pós-doutorado em Qualidade de Vida no IRQV (Instituto de Pesquisa em Qualidade de Vida) da Universitat de Girona/Espanha.

Cristina Maria de Souza Brito Dias
Doutora em Psicologia pela Universidade de Brasília. Professora Aposentada da UFPB; Professora e Pesquisadora dos Cursos de Graduação e de Mestrado em Psicologia da Universidade Católica de Pernambuco. Coordenadora do grupo de pesquisa: Família e Interação Social.
cristina_britodias@yahoo.com.br

Flavia Fernanda Araújo da Hora
Formanda do curso de Psicologia da Universidade Católica de Pernambuco. Bolsista do PIBIC/CNPq.
nanisilver@yahoo.com.br

Gláucia Diniz
Doutora em Psicologia pela *United States International University*. Professora Adjunta e Coordenadora do Programa de Pós-Graduação em Psicologia Clínica e Cultura da UnB.

Coordenadora do Núcleo de Estudos em Gênero e Psicologia do Laboratório de Estudos em Saúde Mental e Cultura da UnB.
glauciadiniz13@gmail.com

Isabel Cristina Gomes
Livre-Docente em Psicologia Clínica pela USP. Professora Associada e Orientadora do Programa de Pós-Graduação em Psicologia Clínica do IPUSP. Coordenadora do Laboratório Casal e Família: Clínica e Estudos Psicossociais do IPUSP Psicoterapeuta de casal e família, na abordagem psicanalítica.
isagomes@ajato.com.br

Lidia Levy
Doutora em Psicologia Clínica pela PUC-Rio. Professora Assistente do Departamento de Psicologia da PUC-Rio. Supervisora da equipe de Psicologia e Justiça da PUC-Rio em convênio com o Tribunal de Justiça. Psicanalista, coordenadora do Núcleo de Família e Casal da SPCRJ. Membro da SPID.
llevy@puc-rio.br

Luciana Maria Santos Cesário
Assistente Social do Hospital Universitário de Brasília e Membro Efetivo da Equipe Multidisciplinar do Centro de Medicina do Idoso.
lumasace@hotmail.com

Maria Consuêlo Passos
Doutora em Psicologia Social pela PUC de São Paulo. Pesquisadora na área de Família e Desenvolvimento Humano. Psicanalista de Casal e Família.
mcpassos@uol.com.br

Maria de Fátima Araújo
Doutora em Psicologia Social pela USP-SP. Pós-doutoranda em Saúde Coletiva pela Faculdade de Medicina da USP-SP. Professora e orientadora do Programa de Pós-graduação em

Psicologia da UNESP-Assis; fundadora e pesquisadora do Núcleo de Estudos Violência e Relações de Gênero. Psicoterapeuta de casal e família.
fatimaraujo@uol.com.br

Maria do Carmo Cintra de Almeida Prado
Doutora em Psicologia Clínica pela PUC-Rio. Psicóloga do Instituto de Psicologia da UERJ. Coordenadora do Curso de Especialização em Terapia Familiar Psicanalítica da UERJ. Psicanalista, Membro Associado da SPBRJ e do GEP-Rio 3.
cintradealmeidaprado@yahoo.com.br

Maria Lúcia Rocha-Coutinho
Doutora em Psicologia Clínica pela PUC-Rio. Bolsista de Produtividade em Pesquisa do CNPq. Professora Associada do Programa de Pós-Graduação em Psicossociologia de Comunidades e Ecologia Social (EICOS) do Instituto de Psicologia da UFRJ e Professora Titular do Curso de Pós-Graduaçao da UNIVERSO.
mlrochac@imagelink.com.br

Maristela Coimbra
Terapeuta Ocupacional do Hospital Universitário de Brasília e Membro Efetivo da Equipe Multidisciplinar do Centro de Medicina do Idoso.
maristelacoimbra@yahoo.com.br

Orestes Diniz Neto
Doutor em Psicologia pela PUC-Rio. Professor Adjunto II do Departamento de Psicologia da FAFICH/UFMG. Terapeuta de Casal e Família.
orestedneto@ufmg.br

Silvia Abu-Jamra Zornig
Doutora em Psicologia Clínica pela PUC-Rio. Professora do Departamento de Psicologia e Coordenadora do Curso de

Especialização em Psicologia Clínica com Crianças da PUC-Rio. Presidente da Associação Brasileira de Estudos sobre o Bebê (ABEBE). Psicanalista, membro da Associação Brasileira de Pesquisa em Psicopatologia Fundamental.
silvia.zornig@terra.com.br

Teresa Cristina Carreteiro
Doutora em Psicologia pela Universidade de Paris VII. Pós-Doutorado em Sociologia Clínica pela Universidade de Paris VII. Professora Titular do Programa de Pós-Graduação em Psicologia da UFF, Membro do Laboratoire de Changement Social da Universidade de Paris VII. Bolsista de Produtividade em Pesquisa do CNPq. Psicanalista e membro do EBEP (Espaço Brasileiro de Estudos Psicanalíticos).
tecar2@uol.com.br

Terezinha Féres-Carneiro
Doutora em Psicologia Clínica pela PUC-SP. Pós-Doutorado em Psicoterapia de Família e Casal pela Universidade de Paris 5. Professora Titular e Coordenadora do Curso de Especialização em Terapia de Família e Casal do Departamento de Psicologia da PUC-Rio. Bolsista de Produtividade em Pesquisa do CNPq. Psicoterapeuta de Família e Casal.
teferca@puc-rio.br

Vera Lucia Decnop Coelho
Psicóloga, Doutora em Psicologia pela Case Western Reserve University e professora aposentada da Universidade de Brasília. Pesquisadora Colaboradora junto ao Departamento de Psicologia Clínica da UnB e integrante do Laboratório de Estudos em Saúde Mental e Cultura. Coordenadora e supervisora da equipe de Psicologia Clínica do Centro de Medicina do Idoso.
veradecnop@gmail.com

Impresso por :

Graphicum
gráfica e editora

Tel.:11 2769-9056